열혈강의

네이티브 못지않은 멀티 플랫폼 게임 만들기
HTML5 게임 프로그래밍

열.혈.강.의

네이티브 못지않은 멀티 플랫폼 게임 만들기

HTML5 게임 프로그래밍

초판 발행 2014년 4월 1일

지은이 이석준
발행인 최홍석
발행처 주식회사 프리렉
등 록 2000년 3월 7일 제 13-634호
주 소 경기도 부천시 원미구 길주로 77번길 33 나루빌딩 401호
전 화 032-326-7282(代)
팩 스 032-326-5866

URL   www.freelec.co.kr
ISBN   978-89-6540-060-8

기 획 이인호
편 집 안동현

표 지 이대범
내 지 김혜정
삽 화 김경미

열혈강의

네이티브 못지 않은 멀티 플랫폼 게임 만들기

HTML5
게임 프로그래밍

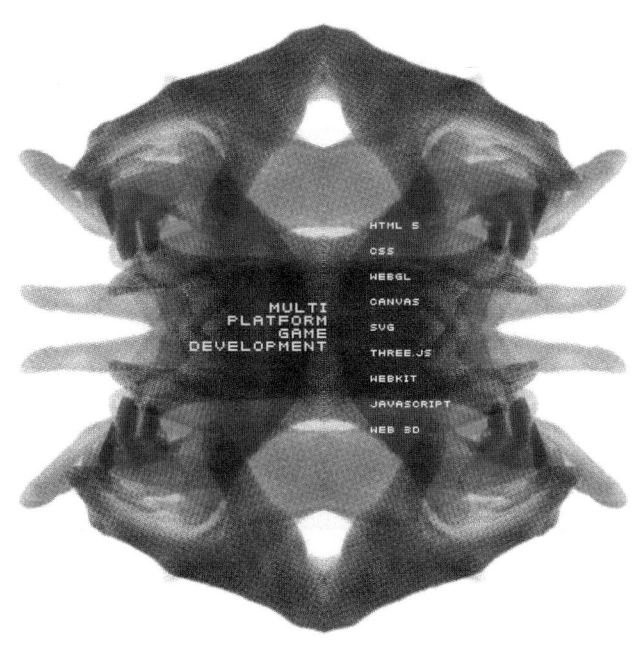

프리렉

인터넷 강의 및 쿠폰 사용 안내

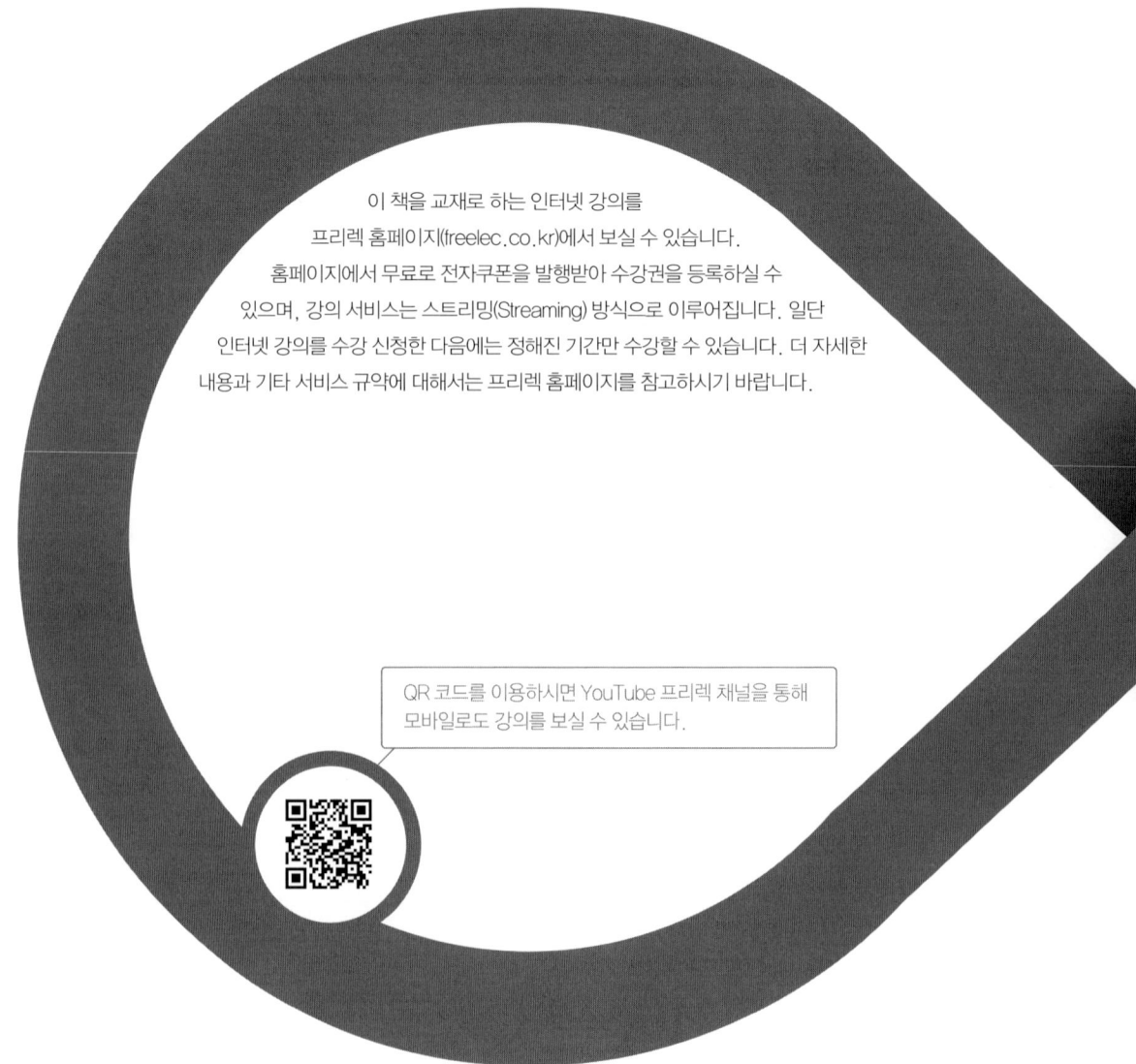

이 책을 교재로 하는 인터넷 강의를
프리렉 홈페이지(freelec.co.kr)에서 보실 수 있습니다.
홈페이지에서 무료로 전자쿠폰을 발행받아 수강권을 등록하실 수
있으며, 강의 서비스는 스트리밍(Streaming) 방식으로 이루어집니다. 일단
인터넷 강의를 수강 신청한 다음에는 정해진 기간만 수강할 수 있습니다. 더 자세한
내용과 기타 서비스 규약에 대해서는 프리렉 홈페이지를 참고하시기 바랍니다.

QR 코드를 이용하시면 YouTube 프리렉 채널을 통해
모바일로도 강의를 보실 수 있습니다.

이 책은 전자쿠폰을 발행하므로 인터넷 강의를 수강하시려면
다음의 절차를 따르시면 됩니다.

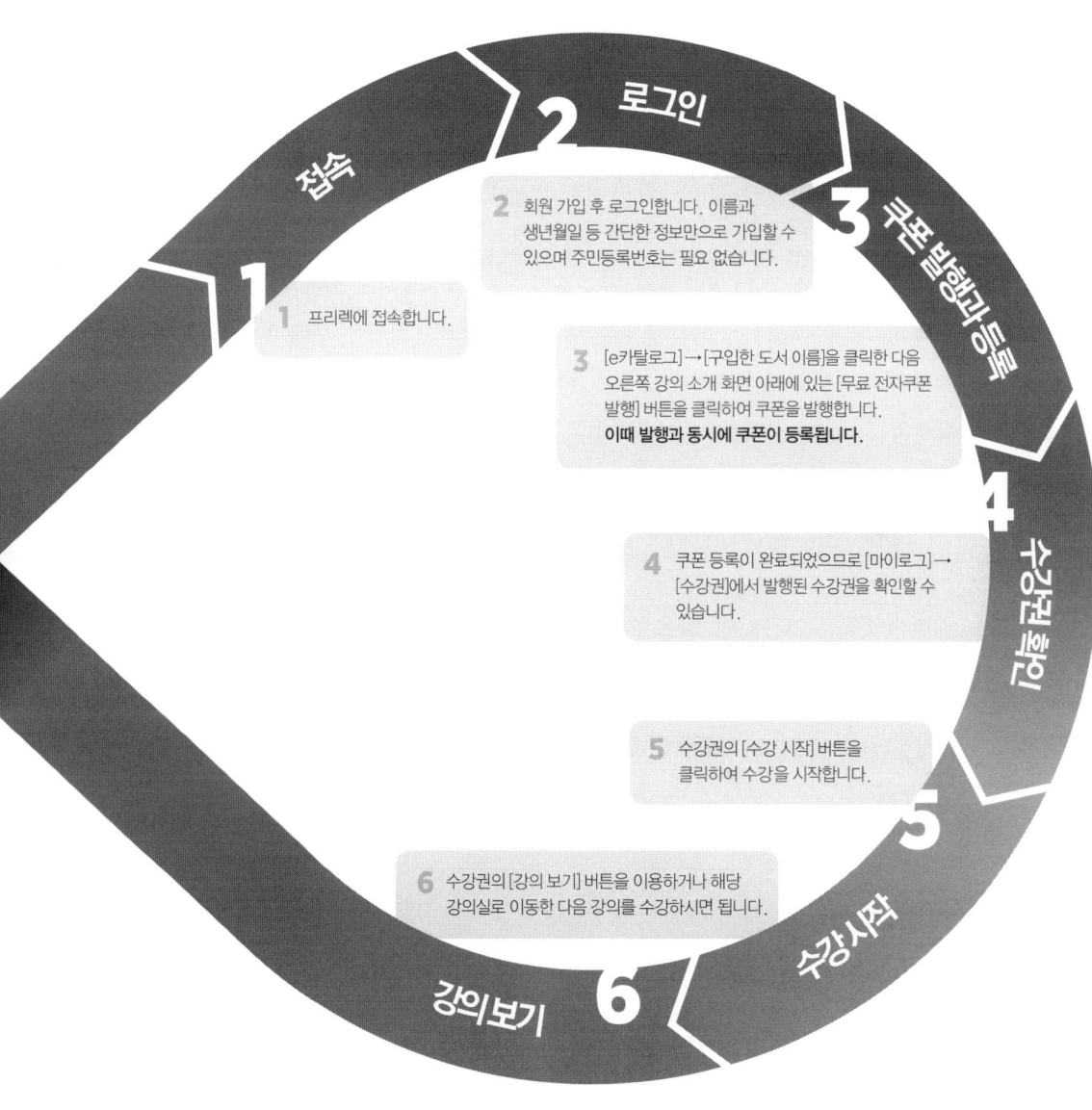

1 접속

1 프리렉에 접속합니다.

2 로그인

2 회원 가입 후 로그인합니다. 이름과
생년월일 등 간단한 정보만으로 가입할 수
있으며 주민등록번호는 필요 없습니다.

3 쿠폰 발행과 등록

3 [e카탈로그] → [구입한 도서 이름]을 클릭한 다음
오른쪽 강의 소개 화면 아래에 있는 [무료 전자쿠폰
발행] 버튼을 클릭하여 쿠폰을 발행합니다.
이때 발행과 동시에 쿠폰이 등록됩니다.

4 수강권 확인

4 쿠폰 등록이 완료되었으므로 [마이로그] →
[수강권]에서 발행된 수강권을 확인할 수
있습니다.

5 수강시작

5 수강권의 [수강 시작] 버튼을
클릭하여 수강을 시작합니다.

6 강의보기

6 수강권의 [강의 보기] 버튼을 이용하거나 해당
강의실로 이동한 다음 강의를 수강하시면 됩니다.

벽 없는
개발환경을 꿈꾸며...

프로그래밍을 업으로 한지도 벌써 20년 가까이 되어 가는 것 같습니다. 30년 전 처음 본 컴퓨터는 저에게 큰 충격이었습니다. 그당시 그 어린이에게는 그것은 질리지 않는 장난감처럼 중독성 있는 물건이었습니다. 그때는 게임을 하려면 컴퓨터 잡지의 기계어나 베이직 소스를 보고 직접 한 줄 한 줄 타이핑하여 게임을 완성해서 실행시켜 보던 시절이었습니다. 며칠 간 힘들게 타이핑해서 어렵사리 실행에 성공해 친구에게 자랑하려고 디스켓(요즘의 USB 메모리 같은 물건)에 게임 소스를 담아가서 실행하려는 순간 실행되지 않았습니다. 기계마다 서로 사용하는 언어가 달랐기 때문입니다. 그때 정말 상심이 컸습니다. 힘들게 만든 게임이 내 컴퓨터에서만 돌아가는 건 너무 억울했습니다. 이 세상 모든 기계에서 동작하는 언어는 왜 없을까?

그날 그 소년은 밤에 꿈을 꾸었습니다. 길을 걷고 있는데, 한 손에는 MSX와 다른 한 손에는 애플2를 든 노인이 다음과 같이 물었습니다.

"이 MSX가 네 컴퓨터냐 아니면 이 애플2가 네 컴퓨터냐?"

그 소년은 말합니다.

"전 두 컴퓨터에서 프로그램을 서로 같이 쓸 수 있으면 좋겠어요."

노인이 주머니에 숨겨두었던 손바닥만 한 작은 컴퓨터를 꺼냅니다.

"이건 아직은 네게 줄 수가 없구나."

소년은 잠에서 깨어납니다.

세월이 흘러 그 소년이 청년이 될 무렵 C 언어라는 아주 매력적인 언어를 만나게 됩니다. 그토록 바라던 다른 기종의 컴퓨터에서도 프로그램을 실행할 수 있도록 같은 C 컴파일러만 있다면 프로그램을 이식할 수 있는 언어였습니다. 또다시 그 청년은 몇 달 걸려서 C 언어로 직접 만든 게임을 가지고 다시 한 번 친구의 집에 그 게임을 설치해주러 갑니다. 그러나 이번에도 실행되지 않았습니다. 친구가 쓰는 컴퓨터에 있는 음향 관련 칩의 하드웨어 입출력 포트가 맞지 않기 때문입니다. 하드웨어 입출력 값이 서로 다르다는 건 프로그래밍 언어적으로는 이식성이 있어도 어쩔 수가 없었던 것입니다.

그 소년은 그날 밤 또 꿈을 꾸게 됩니다. 그 꿈속에서 또 그 할아버지를 만나게 됩니다. 할아버지는 십자드라이버와 일자드라이버를 내밀며 어느 것이 네 드라이버냐고 다시 물어봅니다.

"둘 다 아니에요. 제 드라이버는 모든 나사에 맞는 드라이버이면 좋겠어요."

그러자 그 노인은 별 모양의 드라이버를 내밉니다. 청년으로 자란 소년은 잠에서 깨어납니다.

또 세월이 흐렸습니다. 사람들은 언제부턴가 윈도우라는 운영체제를, 누가 시키지도 않았는데도 쓰고 있었습니다. 그리고 윈도우에 있는 다이렉트엑스(DirectX)라는, 하드웨어를 추상화시켜 주는 미들웨어 덕택에 하드웨어 스펙이 서로 달라도 아무 지장없이 프로그램이 구동하게 된다고 했습니다. 소년은 다시 한 번 윈도우 API와 다이렉트엑스로 만든 게임을 가지고 다시 친구의 집에서 게임을 실행시키려 합니다. 그러나 이번에도 역시 실행할 수 없었습니다. 윈도우 화면이 파랗게 질리면서 "DLL을 찾을 수 없습니다!"라는 문구가 화면 가운데 무시무시하게 출력되었기 때문입니다.

그때 즈음해서 어느 날부터인가 세상이 발칵 뒤집히는 일이 하나 생겼습니다. 인터넷과 웹의 보급으로 일반인들이 전문가들이나 할 수 있었던 인터넷 검색을 쉽게 할 수 있게 된 것입니다. 더는 사람들이 컴퓨터 다루는 법을 배우고자 학원에 다닐 필요가 없어졌습니다. 그뿐만 아니라 서로 다른 컴퓨터이더라도 웹 브라우저에서 나오는 페이지가 똑같아서 사람들은 그게 무슨 컴퓨터이고 어떤 기기인지는 별로 신경 쓰지 않아도 컴퓨터를 쉽게 다룰 수가 있게 되었습니다.

드디어 그토록 오랜 시간 찾아 헤매던, 하늘 아래 모든 컴퓨터를 하나의 개발환경으로 묶을 수 있는 것이 바로 웹이라는 사실을 알게 되기까지는 그리 오랜 시간이 걸리지 않았습니다. 소년은 다시 한번 HTML5를 사용해서 며칠 만에 게임을 만듭니다. 그리고 친구의 집에 가서 게임을 설치해 줍니다. 정확히 말자면 접속 주소를 알려주는 것이지만 말이죠. 드디어 소년은 그토록 바라던 친구 집에서 자기가 만든 게임이 아무런 문제 없이 동작하는 기적을 만나게 됩니다. 그뿐만 아니라 친구의 휴대전화, 콘솔게임기, 스마트TV에서도 아무런 문제 없이 게임이 실행되는 것을 보았습니다.

이 이야기처럼 기존 소프트웨어 개발에서 발목을 잡던 하드웨어의 한계와 이기종 간의 벽을 뛰어넘는 스마트한 시대가 다가오고 있습니다. 이런 흐름의 중심에는 HTML5가 자리하고 있습니다. 모쪼록 이 책으로부터 모든 재미난 일이 시작되었으면 좋겠습니다.

이석준 드림

이석준 | ㈜구름펙토리 대표이사
우석대학교 게임콘텐츠학과 겸임교수로 출강 중
네이버 개발자네트워크 카페장(도플광어)
전북 게임아카데미 프로그래밍과 전임교수

목차

▶ p a r t

01

게임 개발을
위한 웹

열 혈 강 의 H T M L 5 게 임 프 로 그 래 밍

HTML과 CSS

Chapter 01

1. HTML   **2.** CSS

 웹은 많은 발전을 거듭해왔습니다. 그중에서 HTML로 표현되는 마크업 언어와 CSS와 같은 스타일시트 개념은 웹을 구성하는 심장 같은 구실을 합니다. 그러나 슬픈 사실은 많은 사람이 웹 기술을 수준 낮게 바라본다는 것입니다. 실력 있는 프로그래머들 사이에서는 C나 Java와 같은 네이티브 언어만이 진짜 프로그래밍 기술이고 웹은 주변인처럼 대접하며, 심지어 웹 기술 자체를 천시하는 경향까지 있었습니다.

이것은 2000년대 초반에 닷컴 거품이 일어나면서 웹 기술을 깊이 이해하지 못한 채 제작한 웹 페이지들이 시장에 우후죽순으로 뿌려졌기 때문입니다. 그러나 최근 들어서 웹은 IT 기술 분야에서 가장 주목받는 기술 중의 하나로 떠오르고 있습니다.

1. HTML

화면에 원하는 문자를 출력하고 싶으면 C 언어에서는 printf( ) 같은 함수를 이용합니다. 그러나 이 함수는 단순하게 정해진 텍스트를 스트림에 출력하여 화면에 내보내는 역할만 합니다. 문자의 크기나 색과 같은 여러 가지 효과를 줄 수는 없습니다.

예전에도 단순 텍스트 편집기는 있었으나 사용자들이 좀 더 화려하고 풍부한 효과를 원해서 워드 프로세서라는 소프트웨어들이 나왔습니다. 이것은 단순 텍스트뿐만 아니라 그림이나 문자의 크기, 모양을 자유자재로 편집할 수 있는 소프트웨어입니다.

그러나 이런 워드 프로세서에도 단점이 하나 있었습니다. 문서를 텍스트 파일처럼 언제 어디서든 쉽게 열어 볼 수 없다는 것이었습니다. 작성한 내용을 파일로 저장하면 텍스트가 아닌 바이너리 형태로 저장되기 때문에 워드 프로세서 프로그램이나 뷰어 프로그램 없이는 내용을 볼 수 없었기 때문입니다.

1.1 HTML 문서 구조

HTML은 HyperText Markup Language의 약자로, 웹 페이지를 만들기 위한 언어입니다. 하이퍼 텍스트라는 말은 다른 문서로 연결되는 문서를 뜻합니다. 마크업은 태그로 이루어진 문서라는 것을 의미합니다. 마크업 언어는 그 특성상 태그 안에 자유롭게 다른 언어나 일반 텍스트, 그리고 멀티미디어 콘텐츠 등을 넣을 수 있습니다. 다시 말해서 여러 가지 언어를 포함할 수 있는 언어의 언어라고 보시면 됩니다. 가까운 미래에 웹 표준 안이 정착되면 모든 프로그래밍 언어는 HTML로 통합될 것입니다.

전통적인 HTML의 문서 구조는 다음과 같습니다.

```html
<html>
    <head>
        <!-- 문서를 정의하는 태그가 들어간다. -->
    </head>

    <body>
        <!-- 실제 콘텐츠 들이 여기에 들어간다. -->
    </body>
</html>
```

〈head〉 태그에 들어가는 대표적인 태그는 〈script〉 태그입니다. 눈에 보이지는 않지만, 뒤에서 문서의 내용을 조정하고 다루는 역할을 하는 아주 중요한 부분을 담당하고 있습니다. 그 태그 안에는 자바 스크립트 소스가 들어갑니다. 그 외에 CSS를 정의해주는 〈style〉 태그가 있고 제목과 관련된 내용이 들어가는 〈title〉 태그, 문서에 대한 데이터를 정의하는 〈meta〉 태그가 있습니다.

〈body〉 태그에는 일반적으로 우리가 아는 〈img〉, 〈p〉, 〈div〉, 〈ul〉, 〈a〉 같은 콘텐츠 태그가 들어갑니다. 〈body〉와 〈head〉 태그에 들어가는 태그들은 어느 한 쪽에만 들어가도록 정해져 있지만, 〈script〉 태그는 예외적으로 양쪽 모두에 들어갈 수 있습니다.

HTML 문서는 일반 텍스트 파일로 저장되며 확장자로는 .htm 또는 .html을 사용합니다.

1.2 태그의 형식

기본적으로 다음과 같은 형식으로 되어 있습니다. 태그 이름을 꺾쇠(〈〉) 기호로 묶어 태그를 시작하고(여는 태그) 여는 태그에 빗금(/) 기호를 추가하여 태그를 닫습니다(닫는 태그).

```
<태그 이름  속성=""> 콘텐츠 </태그 이름>
```

태그 이름에는 예를 들면 div, p, a 같은 것들이 있습니다. 각각의 서로 다른 태그들은 텍스트의 특성을 정의합니다.

속성은 여는 태그 안에 선언하며 여러 개가 올 수도 있습니다. 대표적으로 많이 사용되는 속성에는 id, class, src, href, style 등이 있습니다.

```
<div id='cube_node'></div>
<a href='gbox3d.tistory.com' > 블로그로 바로 가기 </a>
```

일반적으로 여는 태그가 있으면 닫는 태그가 오는 등 한 쌍으로 이루어집니다만, 일부 닫는 태그가 없는 태그도 있습니다. 이런 태그들은 **〈태그 이름 /〉** 형식으로 사용합니다. 대표적으로는 〈img〉, 〈br〉, 〈input〉 태그 등이 있습니다.

DTD

DTD(Document Type Definition)은 문서의 가장 위에 있으면서 문서의 형식을 정의합니다. DTD는 생략할 수 있지만, 그러면 브라우저가 문서의 형식을 파악하는 데 시간이 더 걸리게 됩니다. 또한, 브라우저가 문서에 맞는 형식으로 잘못 인식하여 맞지 않아 오류가 발생할 수도 있습니다.

만약 여러분이 HTML5를 지원하는 형식의 문서를 작성하고 싶다면 다음과 같이 DTD를 지정해 주어야 합니다.

```
<!DOCTYPE html>
```

앞의 선언은 아주 간단하지만, 이전 방식의 문서 형식에서는 다음과 같이 매우 복잡한 선언을 해 주어야 했습니다. 다음은 HTML 4.01에 대한 문서 형식을 선언한 것입니다.

```
<!DOCTYPE html PUBLIC "-//W3C//DTD HTML 4.01 Frameset//EN"
        "http://www.w3.org/TR/html4/frameset.dtd">
```

아이러니하게도 현재 웹에서 표준처럼 쓰이는 HTML은 아직 하나로 된 표준이 지정되지 않았습니다. (하나로 통합하려는 움직임이 바로 HTML5입니다.) 그래서 여러 종류의 형식이 있는 상황입니다. 현재 표준안을 준비 중인 HTML5부터 시작해서 HTML 4.01, XHTML 등의 다양한 형식이 있습니다. 자세한 스펙은 http://www.w3c.org에서 확인하실 수 있습니다.

최근 웹 브라우저들은 Strict(표준 지킴) Quirks(호환성 유지) 두 가지 방식으로 문서 형식을 해석합니다. 당연히 Strict 방식이 해석하는 속도가 빠릅니다. 그 대신 브라우저마다 따로 사용하는 별도의 기능들은 사용할 수 없게 됩니다.

1.3 태그의 종류

[1] 〈a〉 태그

원래 HTML에서 가장 중요한 역할을 했던 태그로, 문서에서 다른 문서로 이동할 수 있도록 해주는 태그입니다. 하이퍼 텍스트라는 말이 들어가는 것도 이 태그 때문입니다. Ajax가 등장하기 전까지는 웹 페이지의 내용을 바꿔줄 수 있는 유일한 수단이었습니다.

```
<a href="주소">링크 이름</a>
```

href 속성에 링크 이름과 연결된 리소스의 주소를 넣어주면 브라우저는 클릭 이벤트가 발생하면 자동으로 그 주소로 이동하여 새로 리소스를 로드합니다. 이때 페이지에 이전에 로딩되었던 내용이 모두 지워지면서 화면이 하얗게 변하는데, 이것 때문에 웹 페이지 형태로 만든 것은 제대로 된 애플리케이션을 대접을 받지 못했습니다.

[2] ⟨p⟩ 태그

문단으로 글들을 구분할 때 사용하는 태그입니다. HTML로 문서를 만들 때 가장 많이 사용하는 태그 중의 하나입니다.

```
<p>문단</p>
```

p는 Paragraph의 약자이며 ⟨p⟩ 태그의 문단과 문단 사이에는 일정한 공백이 들어갑니다. ⟨p⟩ 태그와 같이 많이 쓰이는 태그 중에 ⟨br⟩ 이 있습니다. HTML은 줄 바꿈 문자를 무시하기 때문에 강제인 줄 바꿈이 필요할 때 ⟨br⟩ 태그를 사용합니다.

[3] ⟨img⟩ 태그

이미지 파일을 보여주기 위한 태그입니다. 닫는 태그 없이 하나의 태그로 구성되는데, 그 이유는 웹 초창기 시절 사진을 보여주기 위해 임시로 만들었던 태그를 지금까지 사용하기 때문이라고 합니다.

```
<img src="이미지 주소" alt="이미지 설명" width="넓이" height="높이"/>
```

이 태그에는 inline-block 속성이 기본으로 지정되어 있어서 가로로 배치됩니다. 자세한 내용은 나중에 반응형 웹 레이아웃을 다룰 때 설명하도록 하겠습니다.

[4] ⟨ul⟩, ⟨ol⟩, ⟨li⟩ 태그

순서가 없는 리스트인 ⟨ul⟩과 순서가 있는 리스트인 ⟨ol⟩이 있습니다. 주로 서로 연관된 항목을 모아서 보여줄 때 사용합니다. ⟨li⟩ 태그로 리스트의 내용을 표시합니다.

```
<ul>
    <li>일리히트</li>
    <li>오우거</li>
    <li>네뷸러</li>
</ul>
```

순서 없는 리스트는 위와 같이 사용합니다. 중첩해서 사용할 수도 있습니다.

[5] ⟨div⟩ 태그

여러 가지 태그들을 서로 묶어 집단화시키려 할 때 사용하는 태그입니다. 그뿐만 아니라 자기 자신이 홀로 빈 태그처럼 사용될 수도 있는 태그입니다.

```
<div></div>
```

위와 같이 아무런 속성이나 내용을 주지 않으면 DOM 노드 트리에 추가만 될 뿐 아무런 역할도 하지 않습니다. 비슷한 역할을 하는 것 중에 ⟨span⟩ 태그가 있습니다. 차이점은 ⟨div⟩는 기본적으로 블록(Block) 엘리먼트 이고 ⟨span⟩은 인라인(Inline) 엘리먼트라는 점입니다.

 **블록 엘리먼트와 인라인 엘리먼트**

블록 엘리먼트는 세로 위주로 배치됩니다. 즉, 이전 엘리먼트 바로 아래에 붙습니다. 인라인 엘리먼트는 가로 우선으로 배치됩니다. 옆쪽에 공간이 남아있으면 그곳에 배치하고 만약 공간이 없다면 아래에 배치합니다. 인라인 엘리먼트의 이런 속성을 이용해서 반응형 레이아웃을 만들기도 합니다.

[6] 〈form〉 태그

〈form〉 태그 자체는 단순히 빈 태그입니다. 그 안에 〈input〉 태그가 들어와서 여러 가지 입력 형식을 표시하게 됩니다.

```
<form>
    ...
    <input>
    ...
</form>
```

이 태그는 데이터를 서버로 넘길 때 사용합니다. 〈form〉은 〈input〉 태그를 통해서 데이터를 받아서 서버에 넘겨 줍니다. 〈input〉 태그의 type 속성을 이용해서 텍스트 입력 창, 체크박스, 라디오 버튼, 슬라이더 컨트롤 등의 형식으로 데이터를 전송할 수 있습니다.

```
file name : <input type="text" value="noname">
```

이 코드는 입력 창을 통해서 텍스트를 입력받습니다. 초기 입력 값을 넣고 싶으면 value 속성에 값을 미리 지정해두면 됩니다.

```
<input type="radio" name="class" >
```

radio 속성을 이용하면 하나만 선택할 수 있는 라디오 버튼을 만들 수 있습니다. name 속성이 같은 것끼리 짝을 이루게 됩니다. checkbox 속성을 이용하면 다중 선택이 가능한 체크박스를 만들 수 있습니다.

```
<input type="checkbox" >
```

다음은 type 속성을 이용해서 여러 가지 UI 컨트롤을 만들어 본 예제입니다.

```
<!DOCTYPE html>
<html>
<head>
    <title></title>
</head>
<body>
<form>
    ID : <input type="text">  <br>
    Passwd :<input type="password">
</form>
<br>

<form>
    <input type="radio" name="class" value="fighter">fighter<br>
    <input type="radio" name="class" value="wizard">wizard<br>
    <br>
    <input type="radio" name="race" value="human">human<br>
    <input type="radio" name="race" value="orc">orc
</form>
<br>

<form>
    <input type="checkbox" name="vehicle" value="sword">sword<br>
    <input type="checkbox" name="vehicle" value="shield">shield
</form>
<br>
<form>
    <input type="button" value="play game"><br>
    <input type="range" min="0" max="100">
</form>
</body>
</html>
```

모바일에서 이 소스를 실행한 결과는 다음과 같습니다.

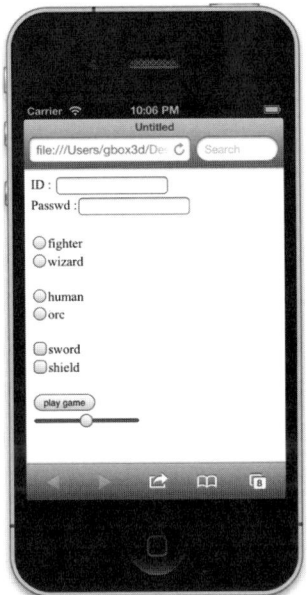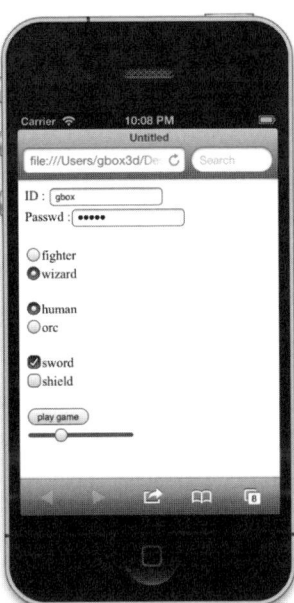

그림 1-1 실행 결과

이전에는 주로 서버에 데이터를 넘기는 용도로 사용했지만 사용하기에 따라서는 〈input〉 태그만 단독으로 사용할 수도 있습니다. 또한, 페이지 내에서 입력받은 데이터를 가지고 다시 페이지에 즉시 반영할 수도 있습니다.

예제 | 1-2

```
<html>
<head>
  <title></title>
  <meta charset="utf-8" />
  <script>
    window.onload = function() {
      var node_input = document.getElementById('inp-test');
      node_input.addEventListener('keydown',function() {
        var node_text = document.getElementById('text-test');
        node_text.innerText = node_input.value;
```

```
        },false);
     }
   </script>
</head>

<body>
<input id='inp-test' type="text">  <br>
<p id='text-test'></p>
</body>
</html>
```

〈input〉 태그의 내용을 직접 얻어와서 〈p〉 태그로 내용을 보여 주는 예입니다. keydown 이벤트를 이용해서 매번 입력이 들어 올 때마다 〈p〉 태그 내용을 갱신하도록 했습니다.

자바스크립트를 이용하여 getElementById( ) 메서드로 〈input〉 태그 엘리먼트를 얻어와서 addEventListener( ) 메서드로 이벤트를 등록하고 핸들러에서 value 속성값을 받아서 〈p〉 태그로 넘깁니다.

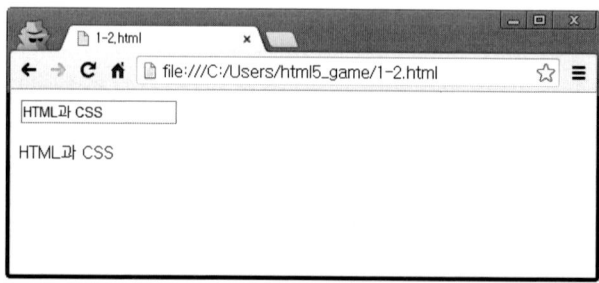

그림 1-2 실행 결과

1.4 DOM과 속성

문서로 보여줄 때 태그는 DOM 노드 트리 구조 형태로 구성됩니다. 각각의 요소들을 구분하기 위해서 class, id 속성(Attribute)을 활용합니다. 보통 트리 구조의 데이터에서 나뭇가지의 맨 끝에 있는 데이터를 노드라고 합니다. id 속성은 유일한 노드를 식별하기 위해서 사용하고 class 속성은 여러 개의 공통적인 속성들을 가지는 노드 집합을 구분할 때 이용합니다.

id 속성으로 특정한 노드를 찾으려면 다음과 같이 합니다.

```
document.querySelector('#ui-start-menu')
```

그러면 다음과 같은 노드를 찾아 줍니다.

```
<div id='ui-start-menu' > start </div>
```

id 속성으로 찾을 때는 앞에 번호기호(#)를 붙이고 class 속성으로 찾고 싶으면 앞에 온점(.)을 붙여 줍니다. 이런 형식을 셀렉터 구문이라고 하며 jQuery와 CSS에서도 다양하게 사용됩니다. class 속성의 경우는 한 개 이상의 결과가 나올 수 있으므로 querySelectorAll( ) 메서드를 사용하기도 합니다. 앞에 아무것도 붙이지 않고 단순히 태그 이름으로도 노드를 얻어올 수 있습니다.

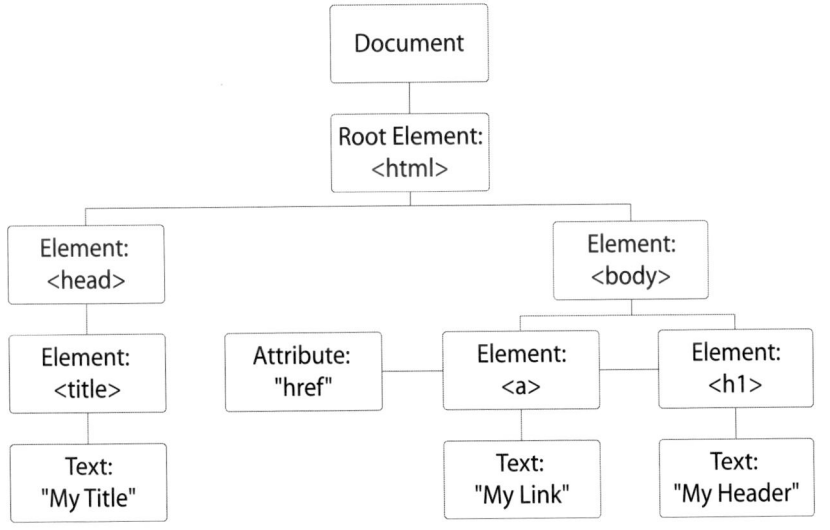

그림 1-3 DOM 구조

W3C DOM 표준안에 따르면 HTML 안에 들어 있는 모든 것들은 노드입니다. 그림 1-3에 나오는 노드는 엘리먼트(Element), 텍스트(Text), 속성(Attribute)의 3가지가 있는데, 속성 노드와 텍스트 노드는 그 밑으로 자식을 둘 수 없고 엘리먼트 노드에만 자식을 둘 수 있습니다. 엘리먼트 노드는 **〈태그 이름〉〈/태그 이름〉** 형태로 구성됩니다.

querySelector( ) 메서드

jQuery를 사용하는 것보다는 가능하면 직접 querySelector( ) 메서드를 사용하는 편이 훨씬 더 효율적이며 성능 또한 우수합니다. 왜냐하면, jQuery는 이전의 구형 웹 브라우저에도 동작하도록 만들었기 때문에 여러 가지 초기화 코드를 거쳐야 하므로 속도가 저하되고 뿐만 아니라 1.x 버전에서는 querySelector( ) 메서드를 사용하지 않아서 속도 또한 매우 느려지기 때문입니다. 단, 2.x 버전부터는 이전 버전 브라우저를 포기하고 querySelector( ) 메서드를 사용하므로 속도가 많이 좋아졌습니다.

이에 비해 querySelector( ) 메서드를 사용하면 자바스크립트 내부적으로 C++로 작성된 스크립트 엔진에 의해 연산이 되므로 성능이 매우 우수해집니다.

이외에도 좀 더 고전적인 메서드들로는 getElementByID( ), getElementsByClass( ), getElementsByTagName( ) 같은 것들이 있습니다. 이름처럼 직접 아이디, 클래스, 태그 이름을 입력받아서 해당하는 노드의 리스트를 반환하는 메서드입니다.

다음 소스는 빨간색 박스를 클릭하면 그 이벤트에 반응해서 박스의 색을 파란색으로 바꿔주는 예제입니다.

예제 | 1-3

```
<!DOCTYPE html>
<html>
<head>
   <title></title>
   <script>
      //바디 부분 문서 파싱이 모두 완료되어 메모리에 로딩되면 onload가 콜백된다.
      window.onload = function() {
         var node = document.getElementById('mybox');
         //클릭 이벤트에 대한 핸들러를 등록한다.
         node.addEventListener('click',function() {
            node.style.backgroundColor = 'blue';
         },false);
```

```
        }
    </script>
</head>
<body>
<div id='mybox' style="width: 100px;height: 100px;
                background-color: #ff0000"></div>
</body>
</html>
```

나타난 빨간색 박스를 클릭하면 파란색으로 바뀌게 됩니다.

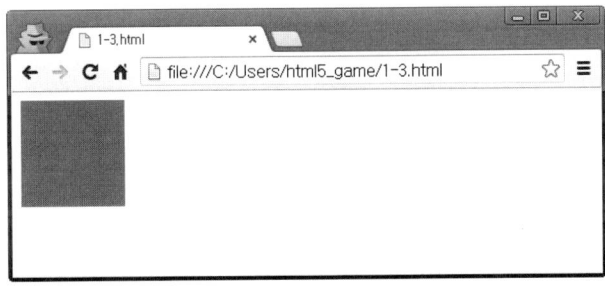

그림 1-4 실행 결과

빨간색 박스를 표현해주는 노드를 얻고자 getElementById( ) 메서드를 이용했습니다. 그리고
이벤트 처리를 위해서 addEventListener( ) 메서드로 click 이벤트를 처리했습니다.

웹 표준의 코드만 사용하였으므로 그림 1-5와 같이 모바일 기기에서도 똑같이 동작합니다.

그림 1-5 모바일 기기에서의 실행 결과

소스에서처럼 태그 안에 들어가는 속성은 id, class 말고도 style 속성과 같이 스타일시트(CSS) 값을 직접 넣어줄 수 있는 속성도 있습니다. 〈img〉 태그에서처럼 src 속성으로 이미지 경로를 직접 지정할 수도 있고 〈a〉 태그에서처럼 href 속성으로 링크 주소의 경로를 지정할 수도 있습니다. 그 외에 사용자 임의 대로 속성값을 넣어서 쓸 수도 있습니다. getAttribute(), setAttribute() 메서드를 이용하여 프로그래머가 속성을 직접 읽거나 쓸 수 있습니다.

트리 자료구조에 대해서

전공학과에서 말하는 식으로 어렵게 말하면 순환 구조가 없는 그래프의 일종이라고도 합니다. 좀 쉽게 풀어쓰면 데이터를 나무 형태로 관리하는 방식입니다. 예를 들면 뼈대 있는 가문의 족보처럼 부모가 있고 그 밑에 자식으로 데이터를 연관지어 관리합니다. 이진 탐색 같이 데이터를 효율적으로 찾고 관리하는 기법으로도 사용하고 파일 탐색기에 사용된 것처럼 디렉터리로 파일들을 묶고 그 구조를 계속 반복하는 데이터 관리 방식에서도 사용됩니다.

트리 자료구조에서는 디렉터리나 파일 같이 트리를 이루는 원소들을 노드(Node) 또는 엘리먼트(Element)라고 합니다. 파일들을 하나로 묶은 그룹은 그 파일에 대한 부모 노드라고 합니다. 그룹에 속한 파일들은 자식 노드가 됩니다.

파워포인트로 작업할 때도 글 상자 여러 개를 묶어서 그룹을 지으면 나중에 여러 개의 글 상자를 따로 움직일 필요없이 그룹을 이동하거나 회전하면 그룹에 포함된 모든 글 상자들이 따라서 움직이게 되므로 번거로운 작업을 피할 수 있습니다. 이것 또한 트리 자료구조의 덕택입니다.

다음과 같은 메서드를 이용하면 자바 스크립트 코드 상에서 새로운 노드를 직접 생성하고 추가할 수 있습니다.

- createElement( ) 메서드
- createTextNode( ) 메서드
- appendChild( ) 메서드

노드 트리의 내용을 코드에서 직접 편집할 수도 있습니다. 다음 소스는 그 예제입니다.

예제 | 1-4

```
<!DOCTYPE html>
<html>
<head>
    <title></title>
</head>
<body>
<script>
    //여러 가지 속성들을 담을 수 있는 엘리먼트 노드를 생성한다.
    var node = document.createElement("div");

    //텍스트 노드를 만든다.
    var node_text = document.createTextNode("Hello Node");
```

```
    //엘리먼트 노드에 텍스트 속성 노드를 자식으로 추가한다.
    node.appendChild(node_text);

    //위에서 생성한 노드를 바디에 다시 자식으로 붙인다.
    document.body.appendChild(node);
</script>
</body>
</html>
```

예제 1-4는 ⟨div⟩ 엘리먼트 노드를 생성하고 텍스트 노드를 생성해서 ⟨div⟩ 노드에 자식으로 붙인 후 그것을 다시 ⟨body⟩ 노드에 붙이는 예입니다.

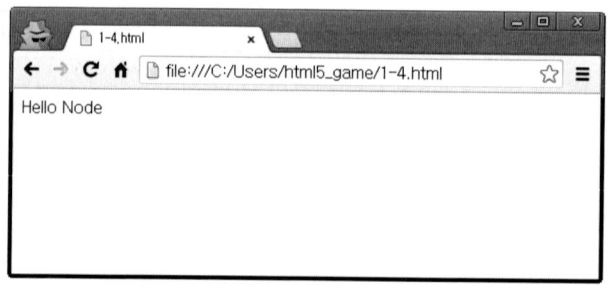

그림 1-6 실행 결과

실행한 다음 자바스크립트 콘솔을 통해 확인하면 그림 1-7처럼 원래 ⟨body⟩ 노드에 없었던 내용인 'Hello Node' 텍스트 노드를 자식으로 가진 ⟨div⟩ 엘리먼트 노드가 추가된 것을 확인할 수 있습니다.

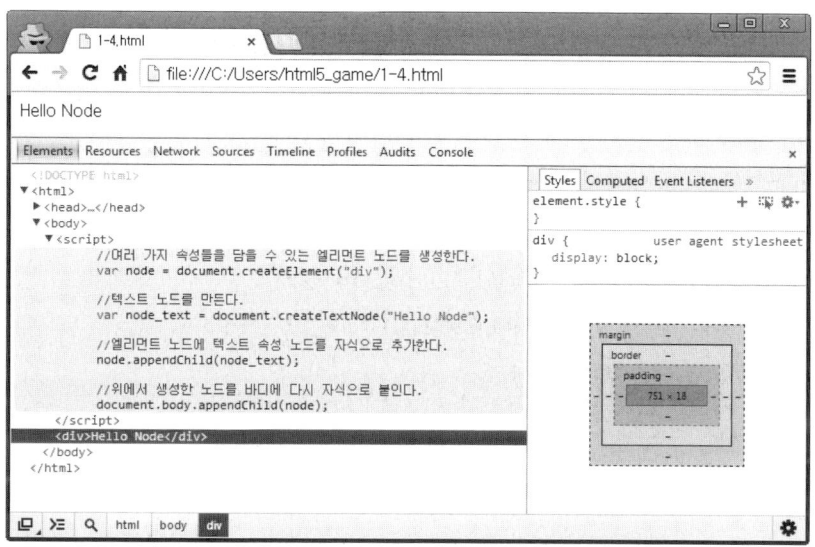

그림 1-7 자바스크립트 콘솔을 이용하여 확인

2. CSS

2.1 CSS 사용해보기

CSS가 사용하는 태그 이름은 〈style〉입니다. 일반적으로 문서 구조에서 〈head〉부분에 추가하고 사용합니다. 엘리먼트 안에서 style 속성을 이용하여 직접 정의할 수도 있습니다.

```
<head>
    <style>
        selector{
            속성 이름 : 속성값
        }
    </style>
</head>

<body>
    <div style='속성 이름=속성값'> </div>
</body>
```

형식은 다음과 같이 셀렉터 구문 뒤에 중괄호 안에서 **속성 이름 : 속성값** 형식으로 내용을 정의합니다. 앞 절에서 설명했던 것과 동일한 형식의 셀렉터(querySelector( ) 메서드) 구문을 사용합니다.

```
<style>
.foo {
    background-color : purple;
}

.foo {
    background-color : red;
}
</style>
```

만약 정의한 내용이 서로 중복된다면 맨 마지막에 선언된 내용을 따르게 됩니다. 예를 들어 위와 같이 선언한다면 클래스 속성이 foo인 엘리먼트의 배경색은 마지막에 선언한 대로 빨간색이 됩니다.

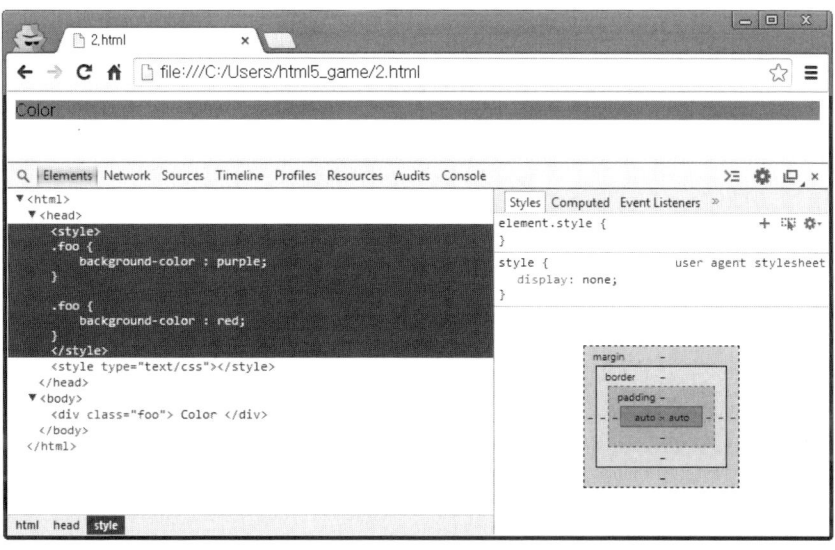

그림 1-8 클래스 속성의 중복

지금까지 설명한 내용은 같은 파일 안에 작성하여 사용하는 방법이었지만, 이외에도 따로 외부 파일로 만들어 추가할 수도 있습니다. CSS 문법으로 텍스트 파일을 작성하여 확장자를 .css로 해주고 예제 1-6과 같이 〈link〉 태그를 이용해서 원하는 문서의 〈head〉 태그에 포함하면 됩니다.

예제 | 1-5 redbox.css

```
.redbox {
    background-color: red;
    width: 100px;
    height: 100px;
}
```

노트패드나 에디트플러스와 같은 텍스트 에디터로 위와 같이 파일을 작성한 다음, 파일 이름을 redbox.css로 저장합니다. 그리고 새로 HTML 파일을 만들어서 내용은 다음과 같이 작성합니다.

예제 | 1-6

```
<!DOCTYPE html>
<html>
<head>
    <meta charset="utf-8" />
    <title></title>
    <link rel="stylesheet" type="text/css" href="redbox.css"/>
    <!--
    <script src="http://code.jquery.com/jquery-latest.js"></script>
    -->
</head>
<body>
<div class="redbox"></div>
</body>
</html>
```

\<link rel="stylesheet" type="text/css" href="redbox.css" />로 redbox.css 파일을
포함할 수 있습니다. 실행 결과는 다음과 같이 스타일이 적용되어 빨간색 상자가 화면에 나타나게
됩니다.

그림 1-9 모바일에서의 실행 결과

2.2 게임 프로그래밍을 위한 CSS 속성

웹킷(Webkit) 기반의 웹 게임을 효율적으로 개발하는 데 필요한 기본적인 CSS 속성만을 간추려 정리해보았습니다.

[1] width 속성과 height 속성

사각형 영역의 넓이와 높이를 지정할 수 있는 속성입니다. 크기는 픽셀(px) 단위나 백분율(%) 단위로 지정할 수 있습니다.

```css
.mybox {
    width : 100%;
    height : 200px;
}
```

넓이는 부모 노드 엘리먼트의 크기 만큼(100%) 잡고 높이는 200픽셀 크기로 잡으라는 내용입니다.

다음은 전체 화면을 잡아서 일정한 색을 칠해주는 예제입니다. 윈도우 크기가 변해도 그 크기에 맞게 다시 칠해줍니다.

예제 | 1-7

```html
<!DOCTYPE html>
<html>
<head>
    <meta charset="utf-8" />
    <title></title>
    <!--
    <script src="http://code.jquery.com/jquery-latest.js"></script>
    -->

    <script>
        window.addEventListener( 'resize', function() {
            console.log(window.innerHeight);
            document.body.style.height = window.innerHeight;
```

```
        }, false );
    </script>
</head>
<body style="background-color: red;">
</body>
</html>
```

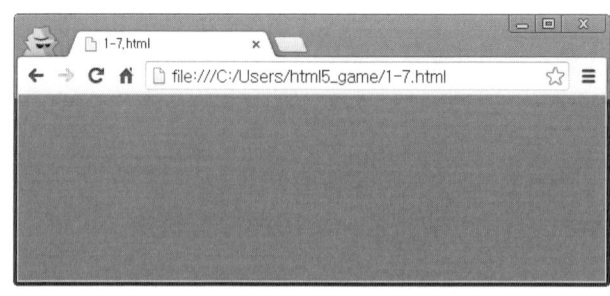

그림 1-10 실행 결과

```
document.body.style.height =window.innerHeight;
```

예제 1-7에서 사용한 방법은 〈body〉의 크기 속성에 직접 값을 써넣는 방식입니다. 넓이는 기본
적으로 100%로 잡혀 있지만 높이는 100%라도 실제 크기는 기본값이 0으로 되어 있기 때문에 임
의로 창 크기가 바뀔 때마다 매번 높이 값을 다시 얻어 설정해주었습니다.

그림 1-11 모바일에서의 실행 결과

[2] margin 속성과 padding 속성으로 간격 제어

엘리먼트 사이의 간격을 정의해서 엘리먼트 간의 위치를 제어하거나 정렬할 수 있습니다. 물론 캔버스(Canvas) 같은 것들을 사용해서 직접 위치를 정하고 거기에 도형이나 텍스트를 출력할 수도 있지만, margin과 같은 CSS 속성을 사용하면 웹킷이라는 C++로 작성된 레이아웃 엔진 단계에서 처리해주기 때문에 속도 면에서는 네이티브로 작성된 애플리케이션만큼이나 효율이 좋습니다.

이때 margin 뒤에 접미어를 붙여서 left, right, top, bottom 4방향으로 간격을 정할 수 있습니다. 예를 들어 margin-top이면 위쪽과의 여백을 정의합니다. 예제 1-8에서는 top, left 여백을 각각 5px, 10px로 주었습니다.

예제 | 1-8

```
<!DOCTYPE html>
<html>
```

```
<head>
    <meta charset="utf-8" />
    <title>margin sample</title>
    <!--
    <script src="http://code.jquery.com/jquery-latest.js"></script>
    -->
</head>
<body>

<div style="border: 1px solid;width: 320px;height: 200px">
    <div style="border: 1px solid;width: 128px;height: 128px;
                margin-top: 5px;margin-left: 10px;"></div>
</div>
</body>
</html>
```

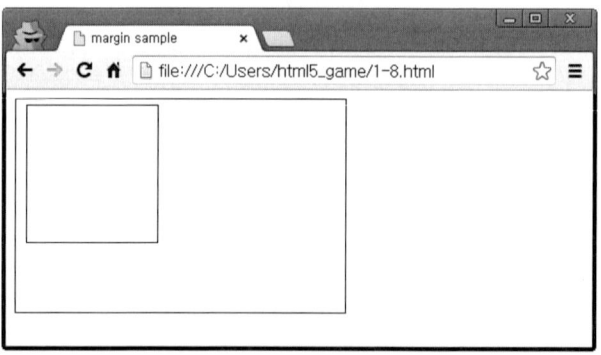

그림 1-12 실행 결과

크롬의 개발자 도구를 이용하면 실행 결과를 디버깅해볼 수 있습니다. 선택된 노드 엘리먼트의 마진과 패딩 상태를 한눈에 볼 수 있습니다.

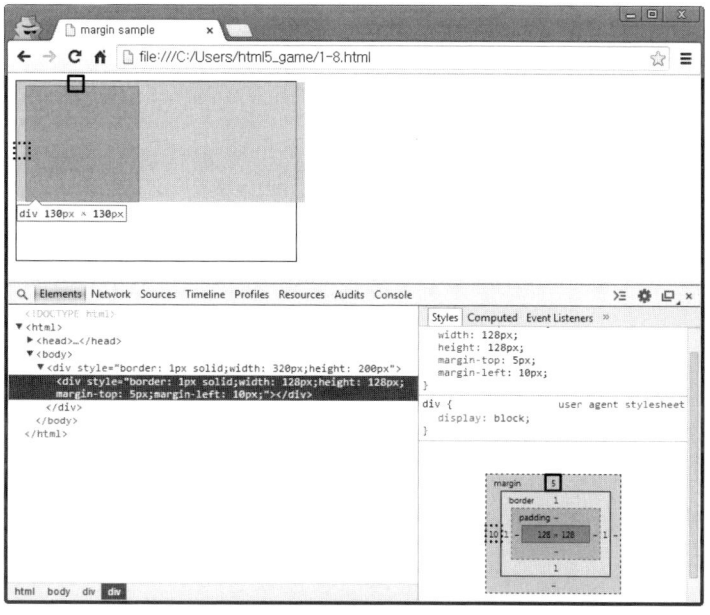

그림 1-13 개발자 도구를 이용한 확인

[3] background 속성

배경색, 이미지, 반복 패턴 여부의 기준점 등을 정의할 수 있는 속성값입니다. 접미어가 color인 background-color는 배경색을 정의합니다. 직접 색의 이름을 넣을 수도 있고 RGB 형식의 24 비트 컬러를 정의할 수도 있습니다. 다음은 모두 배경색을 빨간색으로 정의합니다.

```
background-color : 'red'
background-color : '#ff0000'
```

background-image에는 배경에 들어갈 이미지를 정의합니다. 이미지의 투명색 부분은 배경 색으로 채워지게 됩니다. background-size는 크기를 정합니다. 이미지를 예로 들면 100%로 지정하면 이미지가 엘리먼트의 크기에 맞게 채워지게 됩니다.

이미지 크기가 가로 768, 세로 1,024 픽셀인 이미지를 화면에 나오게 하려면 다음과 같이 해줍 니다.

예제 | 1-9

```html
<!DOCTYPE html>
<html>
<head>
    <meta charset="utf-8" />
    <title></title>
    <!--
    <script src="http://code.jquery.com/jquery-latest.js"></script>
    -->
</head>

<body>
<div style="
    width: 768px;
    height: 1024px;
    background-image: url(../res/redberry.jpg);
"></div>
</body>
</html>
```

다음과 같이 크기에 맞게 이미지가 출력됩니다.

그림 1-14 실행 결과

이때 style 속성에 'background-size : 50% 50%'를 추가해주면 다음과 같이 됩니다.

그림 1-15 속성 추가

크기가 반으로 줄었기 때문에 나머지 여백은 바둑판식 패턴으로 나오게 됩니다. 여기에 repeat
속성을 no-repeat로 새로 정의하면 바둑판식 반복 패턴이 없어집니다. repeat-xy가 기본값이
므로 반복 패턴이 나온 것입니다.

```
<div style="
    width: 768px;
    height: 1024px;
    background-image: url(../res/redberry.jpg);
    background-size: 50% 50%;
    background-repeat: no-repeat;
    background-position : 200px 200px
"></div>
```

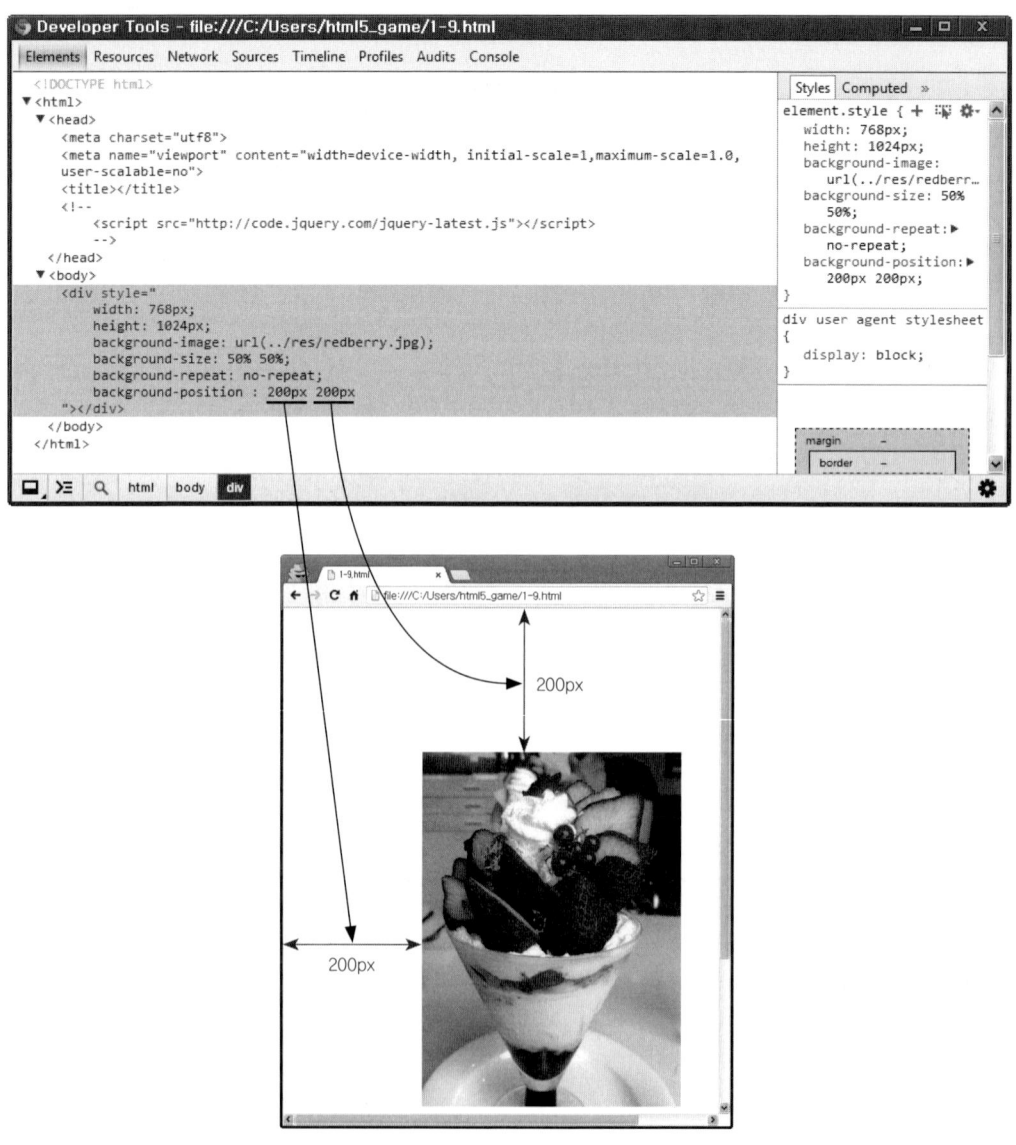

그림 1-16 개발자 도구를 이용한 결과 확인

제 2 장

자바스크립트 복습

Chapter 02

 자바스크립트는 프로토타입 기반의 멀티 패러다임 프로그래밍 언어입니다. 그러므로 객체지향 방식의 코딩 패러다임도 마찬가지로 가능합니다. 객체지향은 크게 두 가지 스타일이 있는데 여러분이 많이 아시는 클래스(Class) 기반의 객체지향과 프로토타입(Prototype) 기반의 객체지향 두 가지입니다. 후자는 델리게이션(Delegation, 위임)이 언어 차원에서 지원되며 클래스를 사용하지 않고 함수를 자체를 인스턴스화하여 재사용하는 방식으로 객체를 구현합니다. 자바스크립트는 후자에 해당하는 프로토타입 기반의 객체지향 방식을 사용하기 때문에 많은 사람에게 객체지향 언어가 아니라는 오해를 사기도 합니다.

1. 자바스크립트 기초

1.1 변수와 상수

[1] 문법

상수는 3, 4, 27처럼 변하지 않는 값을 가지며 새로운 수로 대입이나 대체가 되는 않는 것들이지만 변수는 a, b, x, y처럼 새로운 값이나 다른 변수나 상수 값을 넣어서 변할 수 있는 값을 표현하는 데 사용합니다.

```
이름 = 값
```

자바스크립트 이외에 대부분의 프로그래밍 언어에서는 위와 같은 형식으로 짝을 이루어서 표현합니다. 수학 기호로 따지면 이름과 값이 같다는 뜻이지만 프로그래밍 언어에서는 이름과 값이 연관되어 있다는 뜻으로 사용됩니다. 다시 말하면 이름이라는 변수에 값을 대입하라는 뜻으로도 해석할 수 있습니다.

다음은 자바스크립트에서 변수를 선언해서 사용하는 예입니다.

```
var a=1;
var b='hello js'
var c=true;
```

상수의 예는 다음과 같이 직접 숫자나 문자를 써주는 것입니다. 더는 다른 뜻으로 재해석할 수 없는 것들을 말합니다. 고유 명사와 비슷한 개념입니다.

```
3.14
'안녕하세요'
507
```

당연한 이야기지만 이런 상수들은 다음과 같이 변수와 같은 식으로 사용할 수 없습니다.

```
3.14 = 1;
```

자바스크립트에서의 변수 선언

자바스크립트에서는 변수를 선언할 때 앞에 var를 붙입니다. 그렇지 않으면 window 객체의 멤버 변수로 자동으로 간주하게 됩니다.

```
function test() {
    a = 300;
}

// 이 부분에서 a는 not define 상태임

test();

// 여기서부터 a는 300
console.log(a); //
```

앞의 코드를 실행시키면 로그로 출력되는 수는 300이 됩니다. test( ) 함수 내에서 var가 앞에 오지 않은 채로 a에 수를 집어넣게 되면 a는 window.a로 간주하게 됩니다. (함수 내의 지역 변수가 아닌 전역 변수처럼 동작하게 됨)

```
function test() {
    var a = 300;
}
test();
console.log(a);  // not defined error 발생
```

위와 같이 test( ) 함수 내에서 var로 선언하면 a는 내부 변수로 사용되기 때문에 이전 소스와는 다르게 test( ) 함수 호출 이후에도 a는 여전히 존재하지 않는 변수가 됩니다.

[2] 전역 속성(Global Property)

자바스크립트의 인터프리터 내부에는 정해진 값들이 있습니다. C나 Java에서도 EOF, NULL 이라는 개념이 있었으나 자바스크립트에는 좀 더 다양한 표현 값들이 있습니다. 다음 표 2-1에서 undefined는 자바에서 쓰이는 NULL 개념과 혼동하기 쉬우나, 실제론 완전히 다른 개념입니다. NULL은 메모리조차 할당되지 않은 논리적인 선언만 있는 상태임에 비해 undefined 메모리 할당은 되어 있으나 실제로 거기에 데이터를 집어넣지 않는 상태를 표시합니다.

표 2-1 전역 속성

이름	설명
Infinty	양 또는 음의 무한대 값
NaN	숫자가 아님
undefined	정의되지 않는 상태

1.2 연산자

자바스크립트는 기본 사칙연산(+, −, *, /)이 가능하며 그 외에도 몇 가지 연산이 추가로 가능합니

다. 먼저 기본 연산하는 패턴은 다음과 같습니다. 예를 들어 b와 c를 더하려면 다음과 같이 합니다.

```
b + c;
```

그리고 계산 결과를 다시 변수에 받아서 저장해두고 싶으면 다음과 같이합니다. a라는 변수로 값이 저장됩니다.

```
a = b + c;
```

이외에도 ++, -- 형식의 증가 감소 연산자가 있는데 기계적인 특성상 1씩 증가 감소 연산이 더 빠르므로 필요한 연산자입니다.

```
a = 1;
a++;
document.write(a);
```

위와 같이 하면 결괏값으로 2가 출력됩니다.

1.3 조건 제어 구문

숫자들의 관계는 여러 가지가 존재할 수 있습니다. 대표적으로 '크다', '작다' 그리고 '같다'라는 것들이 있습니다. 이 관계들을 프로그래밍적으로 검사해보는 연산자가 비교 연산자들입니다. 조건에 일치하지 않으면 이 연산자들은 false를 반환하고 조건에 맞으면 true를 반환합니다. 두 수의 크기를 비교해보는 연산자의 예를 들어보면 다음과 같습니다.

```
3.14 > 0.7747
```

위 조건식의 결과는 true이지만 만약 다음과 같다면 false가 됩니다.

```
3.14 == 0.7747
```

계산 결괏값을 변수에 대입하는 것도 가능합니다. 계산 결과를 a라는 변수에 대입하고 싶으면 다음과 같이 써줍니다.

```
a = 3.14 > 0.7747
```

기본적인 비교 연산자들은 다음과 같으며 크거나 같다, 작거나 같다 등을 표현할 때는 부등호의 순서에 주의해야 합니다. 등호가 항상 뒤에 오므로 이를 꼭 기억하셔서 순서를 혼동하시면 안 됩니다.

```
== , <= ,  >= , < , >
```

그리고 자바스크립트에만 있는 특이한 비교 연산자가 하나 있습니다. 자바스크립트는 유연한 언어이기 때문에 자료형의 검사를 느슨하게 하는 편입니다. 그래서 문자와 숫자를 비교할 때 문자열이 숫자로 된 문자열이라면 숫자로 보고 크기를 비교하기도 합니다. 만약 형식까지 정확하게 비교를 하고 싶다면 등호를 3개 써주는 방식으로 연산자를 사용하면 됩니다.

```
123 == '123'
123 === '123'
```

첫 번째 것은 자료형이 다르더라도 true를 반환하지만 두 번째 것은 서로 자료형이 다르므로 false를 반환합니다.

 **true와 false**

실제로 기계적으로 true, false는 표현할 수 없습니다. 그래서 일반적으로 0 이면 false, 0이 아니면 true로 간주하는 경우가 대부분입니다. 자바 스크립트도 역시 마찬가지입니다. 다만, 언어적으로는 boolean이라는 형으로 따로 구분됩니다.

[1] if 문

if, else, else if 문을 이용해서 조건별 분기 로직을 수행할 수 있습니다.

```
if(true) {
    // a 구역
}
```

중괄호로 구역을 나타내는데, {} 구역과 조건문 비교 연산자를 조합한 문장을 제어 구문이라고 합니다. 앞의 예제는 조건이 참이라면 a 구역이 실행됩니다. 만약 거짓(false)이라면 a 구역은 실행되지 않습니다.

```
if(조건식) {
} else {
}
```

조건식에 만족하지 않으면 else 다음에 오는 {} 부분을 실행합니다.

```
if(조건식) {
} else if(조건식) {
} else {
}
```

첫 번째 조건식에 맞지 않으면 두 번째 else if 조건식을 검사해보고 이것도 false이면 마지막으로 else 다음에 있는 {} 부분을 실행합니다. else if는 여러 개가 올 수도 있습니다.

else if와 switch

언어 구현마다 서로 다를 수 있지만, else if는 스택을 많이 소비합니다. 중첩이 되면 될수록 스택이 늘어나서 무한대로는 사용하지 못합니다. 그러므로 단순한 비교일 경우에는 switch가 더 좋습니다.

[2] while 문, for 문

while 문처럼 일정 조건을 만족하는 동안 계속 구역을 반복적으로 실행시킬 수 있는 반복 제어 구문도 있습니다. 같은 개념으로 for 문도 있습니다.

다음은 i가 10보다 적을 동안 {}로 묶어진 문장을 계속 반복 실행하게 됩니다.

```
i=0;
while(i < 10) {
   document.write(i++);
   document.write('<br>');
}
```

다음 코드는 먼저 나온 while 문과 똑같은 결과를 출력합니다. 자바스크립트에는 이외에도 여러 가지 루프 문이 있지만, 그중에서 가장 속도가 빠른 것은 이렇게 직접 쓰는 for 문입니다.

```
for(var i=0; i<10; i++) {
   document.write(i++);
   document.write('<br>');
}
```

1.4 함수

[1] 자바스크립트의 함수

함수를 선언하기 위한 기본 형태는 다음과 같습니다. 앞에 function 키워드가 붙고 함수 이름, 그리고 인자 목록이 옵니다. 이때 함수 이름은 생략할 수 있습니다. 함수 이름이 생략된 함수를 무명 함수 또는 람다 함수라고 합니다.

```
function 함수 이름 (인자 목록... ) {
    함수 내용
}
```

선언된 함수는 그 자체로는 아무런 일도 하지 않습니다. 호출(Call)이라는 동작을 통해서 비로소 함수는 자기 역할을 수행합니다. 함수 이름의 소괄호 안에 인자들을 넣은 다음 함수를 호출합니다.

함수 이름(인자);

```
// 선언
function foo( msg ) {
    document.write(msg);
}
// 호출
foo('hello');
```

이렇게 직접 함수를 호출하는 방법 외에도 apply( ) 메서드와 call( ) 메서드를 사용하는 방법도 있습니다.

[2] 함수 객체

자바스크립트는 함수를 따로 보지 않고 변수와 같이 다룹니다. 그래서 함수 자체도 변수처럼 대입해서 사용할 수 있습니다. C 언어에서는 함수 포인터라는 어려운 개념으로 사용되지만, 자바스크립트에서는 매우 쉽게 사용할 수 있습니다.

```
bar = foo;
bar('hello');
```

위와 같이 미리 선언된 함수 객체를 새로운 변수에 대입하고 그 변수는 함수 이름처럼 사용할 수 있습니다. 그래서 다음과 같이 처음부터 이름을 가지지 않는 무명 함수가 존재합니다.

```
bar = function(msg) {
    document.write(msg);
```

```
}
bar('hello');
```

선언하면서 동시에 함수를 호출하는 것도 가능합니다. 다음 코드는 bar('hello'); 와 똑같은 내용입니다.

```
(bar = function(msg) {
    document.write(msg);
})('hello');
```

[3] 클로져의 이해

클로져(Closure)는 함수형 언어에서 나타나는 특성 중 하나로, 특정 지역 변수를 사용하는 함수 객체가 계속 살아있는 동안에는 지역 변수도 같이 살아 있는 경우에 해당합니다. 다시 말해서 해당 함수가 계속해서 사용되는 동안에는 그 함수가 생성된 단계에서 같이 생성된 변수들의 값을 계속 유지하는 특성입니다.

이뿐만 아니라 그 변수와 함수는 쌍으로 관계를 맺게 되므로 여러 개의 서로 다른 객체(Object)의 개념으로도 확장될 수 있습니다. 이것은 기존의 객체지향 언어들에서 사용되던 객체를 대신하여 사용될 수 있습니다.

다음은 count 값은 전역 변수로 선언하지 않았지만, 함수 호출 후에도 없어지지 않고 남아서 foo 라는 변수가 살아있는 동안에는 값을 유지하며 계속 증가하는 예제입니다.

```
//foo는 전역 변수로 선언되었다.
var foo;

//무명함수 호출
(function() {
    var count=0;

//함수 객체를 foo에 대입한다.
    foo = function() {
        document.write(count++);
```

```
        document.write('<br>');
    }
})();

foo(); //count 1
foo(); //count 2
```

기존의 객체와 클로져는 서로의 장단점이 있습니다. 기존의 객체는 명확하게 객체를 표현하는 데 유리합니다. 이에 비해 클로져의 경우는 기존 객체들이 표현하기 어려운 모호한 개념을 표현하는 데는 유리하지만, 자칫 잘못하면 유지 보수나 공동 작업 시 혼돈이 발생할 수 있습니다.

다음은 클로져로 여러 개의 객체 인스턴스를 관리하는 예제입니다. 두 개의 카운터 객체의 인스턴스를 만들어 따로 카운터 값을 관리하도록 했습니다.

예제 | 2-1

```
<!DOCTYPE html>
<html>
<head>
    <title>closer sample</title>
</head>

<body>
<button id='clo1'>closer1</button>
<button id='clo2'>closer2</button>

<script>
    function closer() {
        //count가 클로져 변수이다. 내부 멤버 함수로 동작한다.
        var count = 0;
        return function(evt) {
            var el = document.createElement('div');
            el.innerText = evt.target.id + 'count :' + count++;
            document.body.appendChild(el);
            return false;
        }
    }
    document.querySelector('#clo1').addEventListener('click',closer());
    document.querySelector('#clo2').addEventListener('click',closer());
```

```
</script>
</body>
</html>
```

결과는 다음과 같이 클릭한 버튼에 따라서 서로 다른 카운터 값이 출력됩니다.

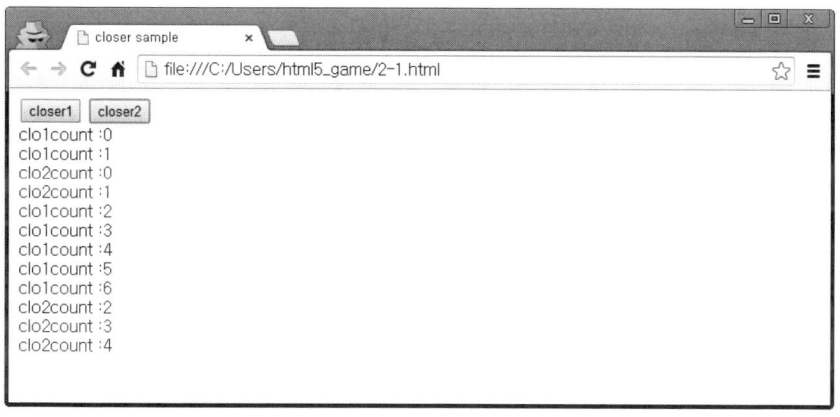

그림 2-1 실행 결과

클로져의 이론적인 부분을 좀 더 자세한 내용을 알고 싶으면 다음을 참고 하세요.

URL http://en.wikipedia.org/wiki/Closure_(computer_programming)

[4] 생성자 함수

자바스크립트는 프로토타입(원형) 기반의 객체 지향 언어입니다. 프로토타입 기반의 객체지향 방식은 C 언어나 자바 같은 객체지향 언어와 달리 클래스를 사용하지 않고 생성된 객체 자체를 원형(프로토타입)으로 하여 new 같은 키워드를 통해서 복제한 다음 객체의 동작 방식을 재사용 합니다. 이와 같은 방식을 클래스리스(Classless) 또는 인스턴스 기반의 프로그래밍이라고도 합니다. 자바스크립트 외에 게임 엔진의 스크립트언어로 많이 사용되는 루아, 토크 스크립트, 언리얼 스크립트에서도 같은 방식을 사용합니다.

```
function foo() {
    console.log('hello constructor');
}
var bar = new foo();

console.log(bar.constructor);
console.log(bar);
```

다음과 같이 자바스크립트는 new 키워드를 통해서 C++이나 Java에서 객체를 생성하는 문법과 비슷한 모양을 제공합니다.

var obj = new 생성자 함수;

생성된 객체에는 constructor라는 변수에 생성자 함수의 레퍼런스가 들어갑니다. 그래서 다음과 같이 코딩할 수도 있습니다. 두 개 서로 모두 똑같이 동작합니다. 생성자 함수를 직접 대입하는 방법입니다.

```
//new 대신 사용 가능함
var bar = {}
bar.__proto__.constructor = foo; //생성자 함수 직접 대입
bar.constructor();

console.log(bar.constructor);
console.log(bar);
```

new를 풀어쓰면 위의 예처럼 다시 쓸 수 있습니다. 객체를 만들고 __proto__ 객체의 생성자에 원하는 함수를 대입해주면 됩니다. 이후에 설명할 함수 내에서 쓰이는 this는 연결된 객체에 대한 참조 값이 됩니다.

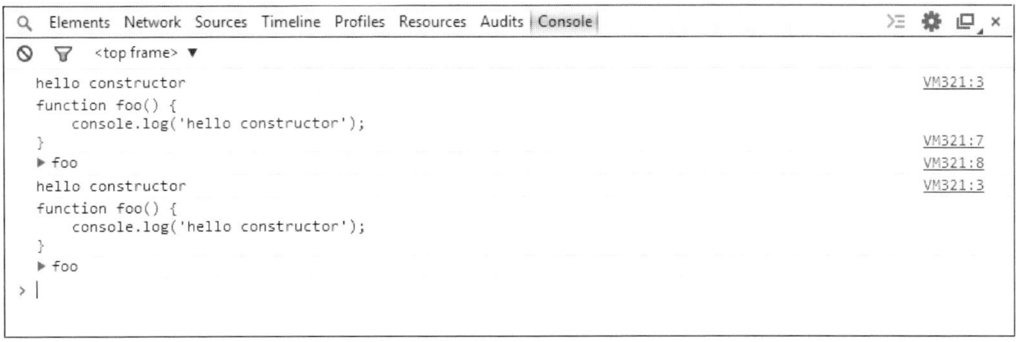

```
Q  Elements  Network  Sources  Timeline  Profiles  Resources  Audits | Console |          >≡  ✿  ⬜ ×
⊘  ▽  <top frame> ▼
  hello constructor                                                                VM321:3
  function foo() {
      console.log('hello constructor');
  }                                                                                VM321:7
  ▶ foo                                                                            VM321:8
  hello constructor                                                                VM321:3
  function foo() {
      console.log('hello constructor');
  }
  ▶ foo
> |
```

그림 2-2 자바스크립트 콘솔

위와 같이 똑같은 결과를 얻을 수 있습니다.

[5] 표준 함수

자바스크립트는 기본적으로 객체 단위로 모든 기능을 사용하지만, 전역 함수 형태로 구현된 것들이 있습니다. 이를 정리하면 표 2-2와 같습니다.

표 2-2 자바스크립트 표준 함수

함수	설명
decodeURI( )	URI를 디코드한다.
decodeURIComponent( )	URI 컴포넌트를 디코드한다.
encodeURI( )	URI를 인코드한다.
encodeURIComponent( )	URI 컴포넌트를 인코드한다.
escape( )	문자열을 인코드한다.
eval( )	문자열을 평가하고 스크립트 코드라면 실행한다.
isFinite( )	유한수 여부를 확인한다.
isNaN( )	값이 숫자가 아니면 true, 숫자이면 false를 반환한다.

Number( )	숫자로 변환한다.
parseFloat( )	문자열을 구문 분석하여 부동 소수점 숫자를 반환한다.
parseInt( )	문자열을 구문 분석하여 정수를 반환한다.
String( )	객체의 값을 문자열로 변환한다.
unescape( )	escape( ) 함수로 인코드한 문자열을 디코드한다.

parseInt( ) 함수

문자열을 정수형으로 파싱하는 함수입니다. 〈input〉 태그 등으로 값을 입력받을 때 문자열 형태로 입력을 받습니다. 이 값을 그대로 숫자와 더해주면 양쪽 다 문자열로 인식해서 수를 계산하지 않고 문자열을 이어 주게 됩니다. 그러므로 이 함수를 이용하여 문자열을 정수형으로 변환해야만 올바른 결과를 얻을 수 있습니다.

```
var a='123';
var b=50;

document.write(a+b + '</br>'); // 12350
document.write( parseInt(a) + b + '</br>'); //173
```

위와 같이 parseInt() 사용하지 않으면 원하는 결과 대신에 서로 이어진 숫자로 이루어진 문자열이 나오게 됩니다.

이 외에도 실수 변환을 위한 parseFloat( ) 함수, 자동으로 알아서 형식을 구분하여 문자를 숫자로 만들어주는 Number( ) 함수, 그 반대로 숫자를 문자열로 바꿔주는 String( ) 함수도 있습니다.

```
console.log(Number(true));  // 1
console.log(Number(false)); // 0
console.log("3.14");        // 3.14

console.log(String( 3.14 )); // "3.14"
```

인코딩, 디코딩 함수

이종 코드를 사용하는 네트워크 간 통신을 할 때 사용합니다. escape() 함수, unescape() 함수가 있습니다. 이 함수는 알파벳 기본 문자는 인코딩하지 않으며 특수 문자(한글 포함)만 인코딩합니다. 특수 문자 중에서도 * @ - _ + / 등은 인코딩에서 제외됩니다. 다음은 예제입니다.

```
escape("abc123");     // "abc123"
escape("äöü");        // "%E4%F6%FC"
escape("ć");          // "%u0107"

// 특수문자
escape("@*_+-./");    // "@*_+-./"
```

실행해보면 주석으로 표시한 값이 결괏값이 됩니다.

`console.log(escape('안녕하세요'));`는 결괏값이 '%uC548%uB155%uD558%uC138%uC694' 가 됩니다. 결괏값에서 C548(16진수) 값은 '안'이라는 문자의 코드 값이 됩니다. UTF-8 코드 체계는 %xx 형식이고, UTF-16은 %uxxxx 형식으로 2바이트를 표현합니다.

escape() 함수는 자바스크립트 1.5 스펙부터 호환성 문제 때문에 표준에서 빠지게(deprecated) 되었습니다. 표준안에서는 대신 encodeURI(), encodeURIComponent()를 사용하기를 권장하고 있습니다. 이렇게 인코딩한 문자열은 decodeURI(), decodeURIComponent() 함수로 디코딩할 수 있습니다.

`console.log(encodeURI('안녕하세요'));`는 결괏값이 '%EC%95%88%EB%85%95%ED%95 %98%EC%84%B8%EC%9A%94'가 됩니다. escape()와는 다르게 모두 UTF-8형을 사용하기 때문입니다. encodeURI()는 모든 특수 문자를 변환합니다. 그러나 encodeURICompoent() 는 특수 문자 중 - _ . ! ~ * ' ( )는 변환하지 않습니다.

실시간 해석

eval() 함수는 실행 중간에도 자바스크립트를 추가 적으로 읽어들여 해석할 수 있는 함수입니다. 다음과 같이 인자로 해석하고 싶은 자바스크립트 문자열을 넣습니다.

그러나 eval() 함수에는 커다란 단점이 하나 있습니다. 최근의 자바스크립트 해석기들은 자바스크립트 코드를 읽어들이고 최적화과정을 한 번 더 수행합니다. 그러나 eval()을 쓰면 그런 수혜를 받을 수 없습니다. 어쩔 수 없이 eval()을 써야 하는 경우를 빼놓고는 나머지는 〈script〉~〈/script〉를 사용해야 합니다. 특히 크롬처럼 V8과 같은 JIT 방식(자바스크립트 코드를 바이트 코드로 컴파일하여 실행)의 엔진을 사용하는 브라우저(물론 안드로이드 환경도 마찬가지)에서는 더 중요합니다.

```
console.log(test); // undefined
eval("var test = 'hello eval'");
console.log(test); //hello eval
```

1.5 기본 객체

[1] Array 객체

할당과 원소 접근

자바스크립트에서 배열은 대괄호([ ])로 표기합니다. length라는 멤버 변수를 기본으로 가지며, 이 멤버 변수는 배열의 수를 나타냅니다. 자바스크립트 배열은 타입에 상관없이 다른 타입의 자료형을 같이 나열할 수 있습니다.

배열을 위한 특수한 형태의 for 문이 있는데, 일명 for in 문이라고도 합니다. 특정 배열에서 차례대로 인덱스를 얻어와 접근할 때 유용하게 사용할 수 있습니다. 그러나 일반적인 for 문에 비해서 속도는 많이 떨어집니다.

```
var array = [52,273,103,32,274,129];

//for in 문을 이용한 원소에 대한 순차적인 접근
for(var index in array) {
    console.log(array[index]);
}

// 결과 확인하기
console.log(array.join(' , '));
```

new 키워드로 배열을 직접 할당해서 사용할 수도 있습니다.

```
var myarray2 = new Array();
```

배열의 원소는 굳이 순차적이지 않더라도 원소를 나열할 수 있습니다. 다음과 같이 숫자를 건너뛰어 값을 넣을 수 있는데 2, 3, 4번째 공간은 빈 공간으로 할당됩니다.

```
myarray2[0] = 1;
myarray2[1] = 'hello';
//2, 3, 4 is undefined
myarray2[5] = 'array';
```

탐색

indexOf(), lastIndexOf() 메서드를 사용해서 특정 원소가 몇 번째 배열에 있는지 찾아낼 수 있습니다. indexOf()는 찾아진 원소 중에 첫 번째 원소를 찾고 lastIndexOf() 메서드는 마지막 원소를 찾습니다.

```
var fruits = ["Apple","Banana", "Orange", "Apple", "Mango"];
//왼쪽부터 찾는다. (찾은 원소 중에 첫 번째 원소의 위치를 반환)
var findindex = fruits.indexOf("Apple"); // 0

//찾아진 원소 중에 마지막 원소의 위치를 반환한다.
var lastindex = fruits.lastIndexOf("Apple"); // 3
```

push() 메서드와 pop() 메서드

push() 메서드는 배열의 마지막 원소(오른쪽) 끝에 새로운 원소를 추가하는 메서드이고 pop() 메서드는 배열의 마지막 원소를 하나 꺼내어 오는 메서드입니다. 꺼내올 때 마지막 원소는 삭제됩니다.

첫 번째 원소에서 같은 연산을 하기 위한 메서드에는 shift(), unshift()가 있습니다. shift() 메서드는 pop() 메서드와 같지만, 첫 번째 원소(맨 앞부분)에서 연산이 일어난다는 점이 다르고 unshift() 메서드는 push() 메서드와 같고 첫 번째 원소에서 일어나는 것이 다릅니다.

```html
<!DOCTYPE html>
<html lang="en">
    <head>
        <meta charset="utf-8"/>
        <title> push pop shift unshift </title>
        <script>
            window.onload = function() {
                var fruits = ["Banana", "Orange", "Apple", "Mango"];
                fruits.push('grape');
                console.log(fruits);

                //pop front
                document.getElementById('shift').onclick = function() {
                    console.log(fruits.shift());
                    console.log(fruits);
                };
                //push front
                document.getElementById('unshift').onclick = (function() {
                    var index = 0;
                    return function() {
                        fruits.unshift('fruit' + index++);
                        console.log(fruits);
                    }
                })();

                document.getElementById('pop').onclick = function() {
                    fruits.pop();
                    console.log(fruits);
                };

                document.getElementById('push').onclick = (function() {
                    var index = 0;
                    return function() {
                        fruits.push('fruit' + index++);
                        console.log(fruits);
                    }
                })();
            }
```

```
            </script>
        </head>
        <body>
            <button id='push'>
                push
            </button>
            <button id='unshift'>
                unshfit
            </button><br>
            <button id='shift'>
                shift
            </button>
            <button id='pop'>
                pop
            </button>
        </body>
</html>
```

자바스크립트 콘솔을 이용하면 메서드별 값의 변화를 직접 확인할 수 있습니다.

크롬 브라우저의 자바스크립트 콘솔은 [도구] → [자바스크립트 콘솔] 메뉴를 선택하면 브라우저 하단에 창이 생기거나 새로운 창이 열리며 나옵니다.

〈pop〉 버튼을 클릭하면 배열의 끝에서 값이 하나씩 꺼내 집니다. 〈push〉 버튼을 클릭하면 배열의 끝에 데이터을 집어넣는 것이 콘솔 창에 출력됩니다. `console.log(fruite);`로 배열에 들어 있는 데이터 값들을 콘솔에 출력해서 볼 수 있습니다. 마찬가지로 〈unshift〉 버튼은 앞에서 데이터를 넣고 〈shift〉 버튼은 앞에서 데이터를 꺼내 옵니다.

〈push〉, 〈unshift〉 버튼에 대한 이벤트 핸들러에는 index라는 클로져 변수를 사용해서 인덱스 값이 차례대로 카운트 되도록 했습니다.

그림 2-3 실행 결과

reverse() 메서드

배열의 순서를 반대로 뒤집습니다.

```
var fruits = ["Banana", "Orange", "Apple", "Mango"];

fruits.reverse();
console.log(fruits);
```

slice() 메서드

특정 영역을 잘라올 때 사용합니다. 반환 값은 새로운 배열에 넣기 때문에 원본 배열에는 영향을 주지 않습니다. 첫 번째 인자에는 잘라올 시작 위치, 그리고 두 번째는 잘라올 끝 위치를 넣어줍니다.

```
var fruits = ["Banana", "Orange", "Apple", "Mango"];
document.write(fruits.slice(1,3) + '<br>');
document.write(fruits.slice(-4,-2) + '<br>');
```

인자로 1, 3을 넣어주면 내용이 ["Orange", "Apple"]인 배열을 반환합니다. 음수 값은 오른쪽부터 인덱스를 계산합니다. 즉, 맨 오른쪽 원소가 −1부터 시작합니다. 그리고 왼쪽 첫 번째 원소는 0입니다.

splice() 메서드
• • • • • • • • • • • •
배열에 내용을 추가하거나 삭제할 때 사용합니다. 이 메서드는 원본의 내용에 영향을 줍니다. 기본적으로 첫 번째 인자는 추가나 삭제가 일어날 위치를 지정하고 두 번째 인자는 연산 시 지워질 개수를 지정합니다. 세 번째 인자부터는 새로 추가될 원소들이 나열됩니다.

예제 2-3

```
<!DOCTYPE html>
<html lang="en">
<head>
   <meta charset="utf-8"/>
   <title> insert remove replace sample using splice </title>
   <script>
      window.onload = function() {
         var fruits = ["Banana", "Orange", "Apple", "Mango"];
         //array.splice(index,howmany,item1,.....,itemX)
         //index 위치
         //howmany 몇 개가 위치 기준으로 삭제될 것인가 정함
         //0이면 삭제되는 것이 없고 추가만 됨
         //item...n 삭제되고 그 자리에 새로 추가될 항목들
         document.getElementById('ins').addEventListener('click',(function() {
            var index=0; //클로져 변수
            return function() {
               fruits.splice(2, 0,index++); //2번째 위치에 추가한다.
               console.log(fruits);
            }
         })()
         );

         document.getElementById('del').addEventListener('click',(function() {
            var index=0;
            return function() {
               fruits.splice(2, 1); //2번째 위치에서 삭제된다.
```

```
                console.log(fruits);
            }
        })()
        );

        document.getElementById('overw').addEventListener('click',(function() {
            var index=0;
            return function() {
                fruits.splice(2, 1,index++);
                console.log(fruits);
            }
        })());
    }
    </script>
</head>
<body>
<button id='ins'>ins</button>
<button id='del'>del</button>
<button id='overw'>over write</button>
</body>
</html>
```

그림 2-4 실행 결과

이 예제도 역시 실행 결과는 콘솔 창에 나타납니다. 〈ins〉 버튼을 클릭하면 두 번째 데이터 뒤에서 부터 숫자가 하나씩 증가하며 추가됩니다. 〈del〉 버튼을 클릭하면 하나씩 지워집니다. 〈over write〉 버튼을 클릭하면 두 번째 값이 갱신됩니다. splice() 메서드의 두 번째 인자가 1이면 삽입된 위치에 서 하나가 지워지기 때문에 있던 게 바뀌는 것처럼 보이게 됩니다. 〈ins〉 버튼 핸들러에 서는 두 번째 인자가 0이기 때문에 지워지는 데이터 없이 추가됩니다.

정렬
• • • •

배열 객체의 sort() 메서드를 활용해서 간편하게 원소들을 순서대로 정렬할 수 있습니다. 숫자로 만 이루어진 배열이라면 평가 메서드 지정 없이 순서대로 정렬 가능하지만, 객체 형태의 배열이나 별도의 원소에 대한 평가가 필요한 경우에는 인자로 평가 메서드를 넣어줍니다.

예제 | 2-4

```html
<!DOCTYPE html>
<html lang="en">
<head>
    <meta charset="utf-8"/>
    <title>sort</title>
    <script>
      var array =
            [{name:'gbox',hp:52},{name:'3dgame',hp:273},
            {name:'Rhea',hp:103},{name : 'acid',hp:32},
            {name : 'kaswan',hp:274},{name : 'jpcorp',hp:129}];

      console.log('정렬전');
      console.log(JSON.stringify(array));
      array.sort(function(left,right) {
         return left.hp - right.hp;
      });

      console.log('정렬후');
      console.log(JSON.stringify(array));
   </script>
</head>
<body>
</body>
</html>
```

평가 함수는 left, right 인자를 두 개 받게 되는데, 이 인자들은 배열에 순서대로 오는 데이터입니다. 만약 평가 함수의 값이 0보다 작게 나오면 left와 right를 바꾸게 됩니다. left-right한 값을 반환시키면 오름차순으로 정렬하게 됩니다. right-left하면 내림차순이 됩니다.

콘솔 창을 통해서 정렬 이전 값과 이후 값을 확인해볼 수 있습니다.

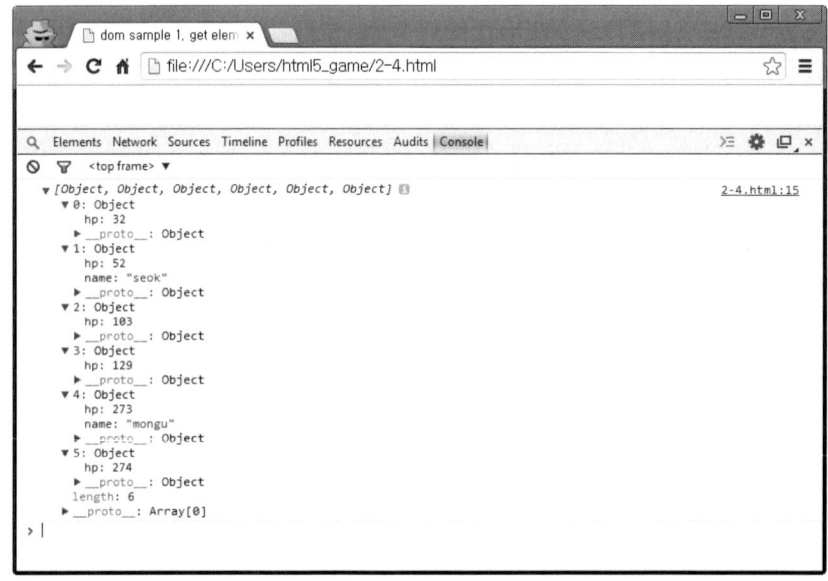

그림 2-5 실행 결과

루프 중 안전하게 삭제하기

루프를 돌면서 특정 조건에 해당 원소를 골라서 지울 때, 첫 번째 원소부터 순회하면서 내용을 지울 경우 원치 않는 동작을 하게 됩니다. 이미 지워진 원소의 다음 원소를 건너뛰게 되어서 중간에 원소가 사라지게 됩니다.

마지막 원소부터 순회하면 간단하게 문제를 해결할 수 있습니다. 다음 예제와 같은 방식으로, 게임 프로그래밍에서 객체를 다룰 때 자주 사용하게 되실 겁니다.

예제 | 2-5

```
<!DOCTYPE html>
<html lang="en">
<head>
    <meta charset="utf-8"/>
    <title> safe deleting in loop </title>
    <script>
        var array = [52,273,103,32,274,129];
        //100 이상의 수만 골라서 제대로 지워지지않는다.
        for(var index in array) {
            if(array[index] > 100)
            {
                array.splice(index,1);
            }
        }
        document.write(array + '<br>');

        //제대로 동작한다.
        for(var i=array.length;i >= 0;i--)
        {
            if(array[i] > 100)
            {
                array.splice(i,1);
            }
        }
        document.write(array + '<br>');
    </script>
</head>
<body>
</body>
</html>
```

먼저 쓴 for in 문장은 삭제가 일어나면 그다음 루프에서 데이터를 건너뛰기 때문에 제대로 동작하지 않습니다. 그러나 두 번째로 쓴 for 문은 마지막 데이터부터 차례대로 루프를 돌며 해당하는 값이 나오는 데이터를 삭제하기 때문에 제대로 원하는 결과를 얻을 수 있습니다. 뒤에서부터 거꾸로 루프를 돌며 데이터를 삭제하면 설령 순간에 데이터가 삭제되어 배열의 크기가 줄더라도 다음 루프에는 인덱스 값이 줄기 때문에 데이터를 건너뛰는 현상이 없습니다.

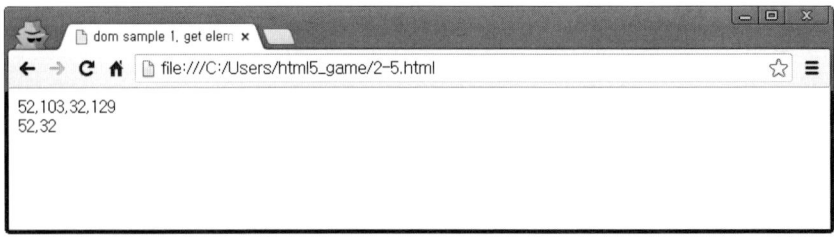

그림 2-6 실행 결과

[2] String 객체

String(문자열) 문자로 된 배열입니다. 그래서 이것은 배열의 특수한 형태로 볼 수 있습니다. 변수에 문자열을 대입해주면 그 변수는 문자열 객체가 됩니다.

```
var strMsg = 'hello world';
```

또는, new를 사용해서 직접 객체를 만들어 사용할 수도 있습니다.

```
var strMsg = new String('hello world');
```

특정 위치에서 문자 또는 코드화된 데이터 직접 얻기

charAt() 메서드를 이용해서 특정 위치에서 문자를 얻어낼 수 있습니다.

```
console.log(strTemp.charAt(39));            // 위치에서 문자 얻기
console.log(strTemp.charCodeAt(0));         // 문자에 대한 문자 코드 얻기
```

반대로 코드 값으로 문자열을 생성할 수도 있습니다.

```
var hello = String.fromCharCode(72,69,76,76,79); // 문자 코드로 문자열 만들기
console.log(hello); // 'hello' 출력됨
```

찾기와 찾아 바꾸기 관련 메서드

배열처럼 문자열 중에 특정 문자열과 같은 문자열을 찾아 위치를 반환해주는 메서드에는 indexOf()가 있습니다.

```
var test = 'image.jpg';
console.log(test.indexOf('.jp'));
```

위 코드에서는 .jp가 시작되는 위치인 5가 됩니다. 만약 찾는 문자열이 없다면 −1이 됩니다. 만약 찾는 문자열이 여러 개라면 indexOf()는 맨 처음 찾은 위치를 반환하고 lastIndexOf()는 마지막에 찾은 위치를 반환합니다.

replace() 메서드는 특정 문자열을 찾아내서 새로운 문자열로 자동으로 바꿔주는 메서드입니다.

replace(찾는 문자열, 새로 바꿀 문자열)

잘라내기

slice(), substr() 등의 메서드를 응용해서 문자열을 잘라낼 수 있습니다. slice() 메서드로는 시작과 끝을 지정하여 문자열을 추출해낼 수도 있습니다.

```
var n =strTemp.slice(1, 5);
```

n에는 추출된 새로운 문자열이 들어갑니다. substr() 메서드는 slice() 메서드와 비슷하나 두 번째 인자는 시작점 기준으로 잘라낼 문자 개수라는 점에서 차이가 있습니다.

tokenize

split() 메서드를 써서 문자열을 단어별(토큰)로 잘라서 배열에 집어넣을 수 있습니다. 첫 번째 인자로 잘라낼 때 사용할 구분 문자들을 넣어 줍니다. &을 구분자로 쓰고 싶으면 인자로 넘겨 줍니다.

```
var strTemp = "jack&the&ripper";
var tokens = strTemp.split('&');
console.log(tokens[0]); //jack
console.log(tokens[1]); //the
console.log(tokens[2]); //ripper
```

[3] Date 객체

시간 계산하기

현재 시각을 구하려면 new로 Date 객체를 생성합니다. 생성된 Date 객체는 생성된 시점의 값을 변함 없이 가지고 있기 때문에 최신의 시각을 구하려면 다시 객체를 생성해주면 됩니다.

```
var currentTime = new Date();        //현재 날짜 및 시각
document.write(currentTime);         //현재 시각 출력
```

getTime() 메서드는 현재 시각을 밀리 초 단위로 얻어 옵니다. (1971.01.01 기준) 만약 현재 시각을 기준으로 30일 전 날짜를 구하고 싶으면 다음과 같이 해주면 됩니다.

```
var bf30day = new Date(currentTime.getTime() - (30*1000*60*60*24));
console.log('30일 이전 날짜' + bf30day);
```

Date에 인자로 밀리 초를 얻어주면 해당 시각의 날짜를 계산해 Date 객체를 생성합니다. 30에 1초의 1,000밀리 초, 1분의 60초, 1시간의 60분, 1일의 24시간을 곱해 원하는 시간을 얻습니다.

특정 날짜를 넣어서 Date 객체를 초기화할 수도 있지만, 주의할 점은 1월이 0부터 시작한다는 점입니다. 예를 들어 2012년 1월 1일로 Date 객체를 만들고 싶으면 다음과 같이 해주어야 합니다.

```
new Date(2012, 0, 1);
```

시간 델타 값 구하기

시간 델타 값은 물리나 애니메이션을 처리할 때 매우 중요합니다. 다음 예제는 앞으로 배울 엔진의 타이밍 관련 부분 소스입니다.

```javascript
gbox3d.core.Timer = function() {
    this.prevTime = (new Date()).getTime();
};


gbox3d.core.Timer.prototype.getTime = function() {
    var a = new Date();
    return a.getTime()
};


gbox3d.core.Timer.prototype.getDeltaTime = function() {
    var current = this.getTime();
    var delta = current - this.prevTime;
    this.prevTime = current;

    return delta/1000.0;
}

gbox3d.core.Timer.prototype.getDeltaTick = function() {
    var current = this.getTime();
    var delta = current - this.prevTime;
    this.prevTime = current;

    return delta;
}
```

getDeltaTime() 메서드는 이전에 호출된 시점을 기준으로 현재 호출 시점까지 진행된 시간을 1/1,000초 단위의 값으로 반환해줍니다.

[4] Math 객체

반올림과 버림
. . . .

비슷하지만 약간씩 조금 다른 3가지 메서드가 있습니다.

- round( ) 메서드

- floor( ) 메서드

- ceil( ) 메서드

주로 이들 메서드는 소수점 이하를 버리고 정수로 만들어 줄 때 사용합니다. ceil() 메서드, round() 메서드는 반올림 처리를 하고 floor() 메서드는 버림 처리를 합니다. ceil() 메서드는 숫자를 연속적으로 올리지만, round() 메서드는 소수점 첫자리 기준으로 반올림합니다.

무작위 수 구하기
. . . .

random( ) 메서드는 0 ~ 1.0 사이의 무작위 수를 발생시킵니다. 이것을 이용해서 임의의 범위의 숫자를 무작위로 얻으려면 다음과 같이 해주면 됩니다. 다음 예는 −50 ~ 50 사이의 무작위 수를 얻습니다.

```
Math.round(myrand * 100) - 50
```

기타
. . . .

표 2-3은 수학 관련 멤버 상수입니다.

표 2-3 수학 관련 멤버 상수

상수	설명
E	오일러의 수를 반환한다. (약 2.718)
LN2	2의 자연로그를 반환한다. (약 0.693)
LN10	10의 자연로그를 반환한다. (약 2.302)

LOG2E	밑을 2로 하는 E의 자연로그를 반환한다. (약 1.442)
LOG10E	밑을 10으로 하는 E의 자연로그를 반환한다. (약 0.434)
PI	원주율을 반환한다. (약 3.14)
SORT1_2	1/2의 제곱근을 반환한다. (약 0.707)
SORT2	2의 제곱근을 반환한다. (약 1.414)

표 2-4는 수학 관련 메서드입니다.

표 2-4 수학 관련 메서드

메서드	설명
abs(x)	x의 절댓값을 반환한다.
acos(x)	x의 arccosine을 라디안으로 반환한다.
asin(x)	x의 arcsine을 라디안으로 반환한다.
atan(x)	x의 arctangent를 -PI/2와 PI/2 사이의 라디안으로 반환한다.
atan2(y,x)	x의 arctangent를 반환한다.
ceil(x)	올림한 수를 반환한다.
cos(x)	코사인을 반환한다.
exp(x)	Ex를 반환한다.
floor(x)	내림한 수를 반환한다.
log(x)	E를 밑으로 하는 x의 자연로그를 반환한다.
max(x, y, z, ..., n)	인자 중 최댓값을 반환한다.
min(x, y, z, ..., n)	인자 중 최솟값을 반환한다.
pow(x, y)	x의 y 제곱을 반환한다.
random( )	0과 1 사이의 난수를 반환한다.

round(x)	반올림한 수를 반환한다.
sin(x)	사인 값을 반환한다.
sqrt(x)	제곱근을 반환한다.
tan(x)	탄젠트를 반환한다.

[5] Number 객체

고정 소수점 자릿수를 지정해주는 toFixed() 메서드와 전체 유효 숫자 개수를 지정할 수 있는 toPrecision() 메서드가 있습니다.

```
var number = 273.89378759;
number.toFixed(4);        // 273.8937
number.toPrecision(4);    // 273.9
```

2. 자바스크립트 객체지향 프로그래밍

2.1 프라이빗과 퍼블릭 그리고 특권 함수

자바스크립트도 객체지향의 한 구성 요소인 은닉화를 지원합니다. this를 쓰지 않고 일반적인 변수 선언으로 함수 내에서 사용된 변수는 함수 밖에서, 즉 외부에서 접근할 수 없습니다. 그렇다고 이것이 초기에 한번 실행되고 없어지는 변수는 아니고 객체가 존재하는 동안 계속 유지됩니다. 이것들은 특권 함수라는 개념으로 접근할 수 있습니다.

특권(Privileged) 함수는 this를 이용해서 함수 객체를 변수로 받아와서 사용하는 것을 말합니다. 이렇게 하면 이 함수는 외부에서 사용할 수 있으며, 함수 내에서는 내부 변수에 접근할 수 있습니다.

예제 2-6

```html
<!DOCTYPE html>
<html lang="ko">
    <head>
        <meta charset="utf-8" />
        <title> none </title>
        <style></style>
        <script src="http://code.jquery.com/jquery-latest.js"></script>
        <script>
            function CCalc(a,b) {
                //프라이빗 변수가 된다.
                var a =a;
                var b =b;
                //특권(privileged) 함수
                this.Sum = function() {
                    return a+b;
                }
            }
            var obj = new CCalc(6,7);

            document.write(obj.Sum());
            document.write('<br/>');

            // obj.a와 obj.b는 undefined 상태가 된다.
            document.write(obj.a + obj.b);

        </script>
    </head>
    <body>
    </body>
</html>
```

CCalc() 함수 내에 선언된 a, b 값은 함수 내부에서만 사용되는 지역 변수가 됩니다. 그래서 new CCalc()로 생성한 객체에서는 a, b로 직접 접근할 수 없습니다. 대신 this.Sum() 같은 특권 함수를 이용해서 우회적으로 접근할 수 있습니다. Sum() 함수는 a, b의 합을 반환합니다.

a, b에 직접 접근하면 undefined 상태이기 때문에 obj.a + obj.b의 결과 값은 NaN이 됩니다.

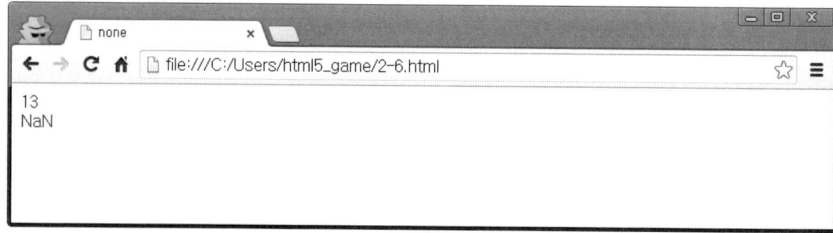

그림 2-7 실행 결과

2.2 prototype

프로토타입은 객체지향 요소 중의 하나인 상속을 가능하게 하는 요소입니다. 이것은 클래스 기반
과 프로토타입 기반에서 가장 명확히 구분되는 특징 중 하나입니다. 프로토타입은 주로 함수를 확
장하는 데 많이 사용하며 함수 내부적으로는 퍼블릭 변수만 사용할 수 있습니다.

```
function CCalc(a,b) {
    var pri_a = a;
    var pri_b = b;
    this.pub_a = a;
    this.pub_b = b;
}
//프로토타입은 객체지향 방법론 중에 나오는 상속의 특수한 형태이다.
//오직 퍼블릭 변수만 사용할 수 있다.
CCalc.prototype.sum = function() {
    document.write(this.pub_a + this.pub_b);
    document.write('<br/>');
    /*
    document.write(pub_a + pub_b);
    document.write('<br/>');
    */
}
var obj = new CCalc(6,7);
obj.sum();
```

프로토타입 변수도 존재하는 이것은 마치 싱글턴과 유사하게 사용될 수 있습니다.

싱글턴 패턴

싱글턴 패턴은 디자인 패턴 중의 하나인데 비교적 간단하고 쉬운 개념이어서 널리 쓰이는 편입니다. 간단히 설명하면 여러 개의 객체의 인스턴스가 존재하더라도 유일하게 하나의 대푯값이 필요한 경우에 사용하는 패턴입니다. 일반적으로 클래스 기반의 객체지향 언어에서는 static 멤버 변수를 이용해서 사용합니다.

3. DOM 응용 프로그래밍

3.1 get~ 관련 메서드

문서 객체 모델(DOM)을 다루고자 문서 객체를 얻어내기 위한 메서드에는 태그 이름, 이름, 클래스, 아이디로 찾아내는 메서드가 있습니다. 아이디를 제외하고 다른 메서드들은 반환 값이 배열이지만 아이디는 오직 하나의 유일한 값을 반환받습니다.

표 2-5 get 관련 메서드

복수형	단수형
getElementsByName( ) 메서드 getElementsByTagName( ) 메서드 getElementsByClassName( ) 메서드	getElementById( ) 메서드

다음은 표에 있는 메서드들을 사용한 예제입니다.

예제 | 2-7

```
<!DOCTYPE html>
<html lang="en">
    <head>
        <meta charset="utf-8" />
        <title>get element</title>
        <script>
```

```
        window.onload = function() {
            //이름 속성으로 찾기
            var elem = document.getElementsByName('name_test');
            elem[1].innerText += ' getElementsByName test';
            //클래스 속성으로 찾기
            var elem = document.getElementsByClassName('clstest');
            elem[2].innerText += ' getElementsByClassName test';

            //태그 이름으로 찾기
            var elem = document.getElementsByTagName('li');
            elem[2].innerText += ' getElementsByTagName test';
            //아이디 속성으로 찾기
            var elem = document.getElementById('test');
            elem.innerText += ' getElementById test';
        }
    </script>
</head>
<body>
    <ul>
        <li name='name_test'>1 </li>
        <li name='name_test'>2 </li>
        <li name='name_test'>3 </li>
        <li class='clstest'>4</li>
        <li class='clstest'>5</li>
        <li class='clstest'>6</li>
        <li id='test'>7 </li>
        <li >8 </li>
    </ul>
</body>
</html>
```

방금 설명한 것처럼 위의 예제를 보면 특정한 문서 객체(이하 element)를 찾는 방법은 여러 가지가 있습니다. 먼저 태그 안에 name이라는 속성을 줄 수 있는데, 그것으로 엘리먼트들을 찾는 방법이 있습니다. getElementsByName() 메서드는 name이라는 속성은 복수로 같은 것이 올 수 있으므로 반환값은 배열형입니다.

그러나 자바스크립트 초창기부터 있었던 이름으로 구분하는 방식은 지금은 많이 사용되지 않습니다. 대신에 지금은 가장 많이 쓰는 방법은 getElementsByClassName() 메서드를 써서 클래스 이름으로 엘리먼트를 찾는 방법입니다. 클래스(Class)라는 의미 자체가 분류상 같은 부류를 묶어놓은 집합을 가리키는 뜻이므로 의미상으로 맞기 때문에 되도록 이름 대신에 클래스 이름을 사용합니다. getElementsByTagName() 메서드를 써서 직접 태그 이름으로 찾는 방법도 있습니다. 특정 태그에게 전역적으로 속성을 부여하는 경우를 제외하고는 거의 사용되지 않습니다.

아이디(id)를 써서 찾는 getElementById() 메서드가 있습니다. 아이디는 일반적으로 유일하게 하나만 있는 것으로 구분할 때 사용합니다. 중복될 때라면 DOM은 트리 구조를 순회하다 가장 처음 만나는 엘리먼트를 반환합니다.

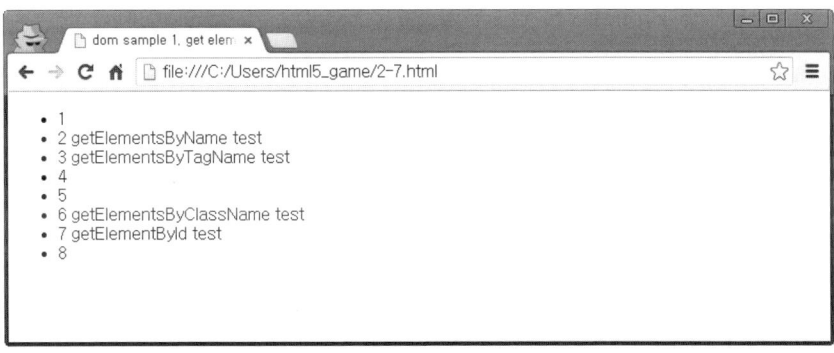

그림 2-8 실행 결과

1~3번째는 같은 이름 속성을 가지는데, 예에서는 다음과 같이 elem[1].innerText='getElementsByName test'로 두 번째 엘리먼트에 'getElementsByName test' 문자열을 넣어 주었기 때문에 2번째에서만 테스트 결과가 나옵니다.

4~6은 같은 클래스 속성을 가지지만 elem[2].innerText = 'getElementsByClassName'으로 세 번째 엘리먼트에 해당 텍스트를 넣었기 때문에 6번째 줄에서 해당하는 텍스트가 나옵니다.

1~8은 모두 〈li〉 엘리먼트입니다. 그래서 getElementsByTagName()으로 얻어온 elem[2]의 텍스트 노드에 넣어준 텍스트는 3번째 줄에 'getElementByTagName test'로 출력됩니다.

7번째 줄의 〈li〉 엘리먼트의 id가 test이므로 getElementById('test')로 얻은 내용과 함께 7번째 줄에 텍스트를 출력하도록 하고 있습니다.

3.2 트리 순회(Traverse)

문서 객체들은 트리 구조로 배치되어 있습니다. 그래서 트리 순회 알고리즘을 사용하면 효율적으로 문서 객체들을 효율적으로 검색하고 다룰 수 있습니다.

다음 예제는 재귀 호출을 이용해서 문서 객체 트리를 탐색하는 방법을 나타냅니다.

```
function traverse(node) {
    var children = node.children;
    var i;
    for (i = 0; i < children.length; i++) {
        traverse(children[i]);
    }
}
```

3.3 속성(Attribute)

getAttribute( ) 메서드와 setAttribute( ) 메서드를 이용해서 값에 접근할 수 있으며 JSON 형태의 객체 데이터도 다룰 수 있습니다.

예제 | 2-8

```
<!DOCTYPE html>
<html lang="ko">
<head>
    <meta charset="utf-8"/>
    <title> get attribute </title>
    <style>  </style>
</head>
<body>
<div id="movie-info" movie='설국열차' data-json='{"name":"송강호","actor":"주연배우"}' >
    hot movie news :
</div>

<script>
    var node = document.getElementById('movie-info');
    node.innerText += node.getAttribute('movie');
```

```
    //JSON 형태로 가지고 있다가 파싱해서 사용 가능
    var movie_data = JSON.parse( node.getAttribute('data-json'));
    node.innerText += ',주연 :' + movie_data.name;
</script>
</body>
</html>
```

id가 movie-info인 〈div〉 엘리먼트가 movie라는 단순 텍스트와 data-json이라는 JSON 문자열을 속성으로 가지고 있습니다. 먼저 getElementById()로 해당하는 엘리먼트를 node 변수에 넣습니다. node.getElement('movie')로 '설국열차' 문자열을 얻어내서 node.innerText에 붙여서 써줍니다. 이렇게 하면 〈div〉 엘리먼트에 문장이 추가됩니다.

data-json은 getAttribute()로 문자열을 얻어낸 뒤 JSON.parse() 함수로 자바스크립트 객체로 파싱해서 movie_data 변수에 넣습니다. movie_data는 자바스크립트 객체이기 때문에 movie_data.name으로 이름 값에 접근할 수 있습니다.

그림 2-9 실행 결과

3.4 DOM 처리

문서 객체를 다루려고 트리 구조에서 객체를 담을 그릇의 개념으로 노드(Node)라는 것이 있습니다. 〈div〉, 〈span〉, 〈ul〉, 〈li〉 같은 HTML 태그 엘리먼트도 노드라고 볼 수 있습니다. 구현하기에 따라서 노드와 엘리먼트를 컴포넌트처럼 따로 구분하는 때도 있지만, DOM에서는 하나의 객체로 놓고 노드에서 상속받는 형태로 각각의 엘리먼트들을 관리합니다.

상속이란?

상속에 대해서 간단히 정의하자면 "A는 B이다."라는 말이 어색하지 않으면 상속이 됩니다. 예를 들어 "사자는 동물이다."라는 말은 사자는 동물이라는 객체에서 상속받았다는 데에 별문제가 없다는 것을 뜻합니다.

"사자는 날카로운 발톱이다."라는 말보다는"또 하나, 사자는 날카로운 이빨과 발톱으로 이루어졌다." 가 적절합니다. 이것은 상속 관계로 객체들을 정의하는 것이 아니라 컴포넌트 조합으로 객체를 표현하는 방식입니다. 그래서 여기서는 〈div〉 엘리먼트는 노드이다."가 됩니다.

자식 노드는 children이라는 변수로 접근할 수 있습니다. 예를 들어 document.body.children[0]라고 하면 〈body〉 태그 밑에 첫 번째 자식 노드를 가져오게 됩니다.

createElement() 메서드로 노드 엘리먼트를 생성합니다. 이때 항상 document 객체를 사용합니다.

document.createElement(생성할 태그)

appendChild() 메서드로 노드 엘리먼트를 자식으로 붙여 줍니다.

부모 노드.appendChild(자식으로 추가할 노드)

removeChild() 메서드로 노드를 삭제합니다.

부모 노드.removeChild(삭제할 노드)

모든 자식 노드를 제거하려면 다음과 같이 하는 것이 `node.innerHtml = "";`로 하는 것에 비해서 효율이 좋습니다.

```
while(node.firstChild) {
    node.removeChild(node.firstChild);
}
```

replaceChild(새 노드, 기존 노드) // 새 노드로 교체한다.

// 복사한다. 인자 값이 참이면 자식 노드까지 모두 복사한다.
cloneNode(자식 노드까지 복사 여부)

insertBefore(삽일할 노드, 삽입할 위치에 있는 기준 노드)
insertBefore(삽일할 노드, 삽입할 위치에 있는 기준 노드)

예제 2-9

```
<!DOCTYPE html>
<html lang="en">
<head>
    <meta charset="utf-8"/>
    <title>DOM edit node sample by gbox3d</title>
</head>
<body>
<button id ='btn1'> add </button>
<button id ='btn2'>inserBefore</button>
<button id ='btn3'>removeChild</button>
<button id ='btn4'>replace</button>
<button id ='btn5'>clone node</button>
<ul>
    <li>1</li>
    <li>2</li>
    <li>3</li>
    <li>4</li>
    <li>5</li>
</ul>
<script>
    var ul_elm = document.getElementsByTagName('ul')[0];
```

```
        var elm = document.body.children;

        document.getElementById('btn1').addEventListener('click', function() {
            var node = document.createElement('li');
            node.innerText = 'test node';
            ul_elm.appendChild(node);
        });

        document.getElementById('btn2').addEventListener('click',function() {
            var node = document.createElement('li');
            node.innerText = 'test node insertBefore';
            var refNode = ul_elm.firstChild;
            ul_elm.insertBefore(node, refNode);
        });

        document.getElementById('btn3').addEventListener('click',function() {
            var node = ul_elm.children[0];
            ul_elm.removeChild(node);
        });

        document.getElementById('btn4').addEventListener('click',function() {
            var old_node = ul_elm.children[0];
            var new_node = document.createElement('li');
            new_node.innerText = 'test node replaceChild';
            ul_elm.replaceChild(new_node,old_node);
        });

        document.getElementById('btn5').addEventListener('click',function() {
            var node = ul_elm.cloneNode(
                    true //true면 자식 노드까지 복사한다.
            );
            document.body.appendChild(node);
        });
    </script>
    </body>
</html>
```

⟨add⟩ 버튼을 클릭하면 createElement( ) 메서드를 이용해서 ⟨li⟩ 엘리먼트를 만들고 append Child( ) 메서드로 ⟨ul⟩ 엘리먼트의 맨 마지막 자식으로 추가해주기 때문에 5 밑에서부터 'test node'라는 문자열이 추가됩니다.

⟨insertBefore⟩ 버튼을 클릭하면 insertBefore( ) 메서드를 써서 두 번째 인자로 넣어준 엘리먼트를 기준으로 한 위치에 엘리먼트를 삽입합니다. 두 번째 인자로 넣어준 refNode는 ⟨ul⟩ 엘리먼트의 firstChild 값으로, 첫 번째 자식 엘리먼트입니다. 그래서 1번 위치에 계속 새로운 엘리먼트가 추가됩니다.

⟨remove⟩ 버튼을 클릭하면 ul.chldren[0]을 인자로 넣어줘서 첫 번째 자식 엘리먼트부터 차례대로 삭제합니다. ul.firstChild를 넣어 주어도 같은 결과를 얻을 수 있습니다.

⟨replace⟩ 버튼을 클릭하면 replace( ) 메서드를 써서 첫 번째 인자로 넣어준 엘리먼트로 두 번째 인자로 넣어준 엘리먼트를 대치합니다. 예제에서는 단순하게 텍스트만 바뀌지만 실제로는 엘리먼트가 새롭게 바뀐 것입니다.

⟨clone⟩ 버튼을 클릭하면 지금 상태의 ⟨ul⟩ 엘리먼트가 자식 노드까지 포함하여 그대로 복제됩니다. 첫 번째 인자 값은 deep 클로닝 여부(자식 노드까지 그대로 복사할 것인지?)를 묻는 인자 값입니다.

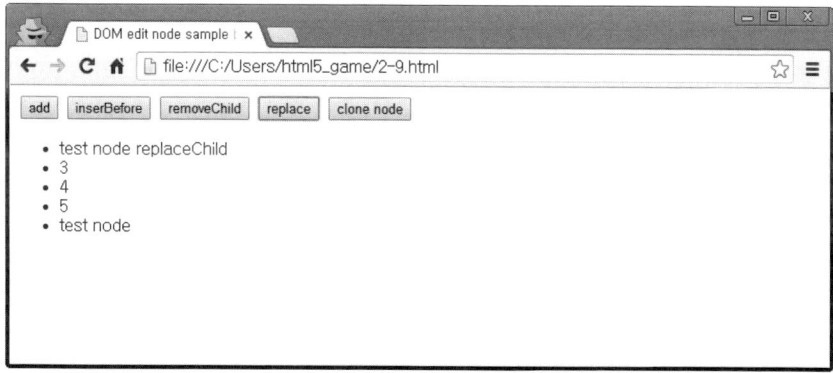

그림 2-10 실행 결과

4. 이벤트 핸들링

4.1 이벤트 등록

onclick 같은 on~으로 시작하는 변수에 함수 객체를 지정해주는 간단한 방법이 있지만, 좀 더 세밀하게 이벤트를 제어하려면 문서 객체의 메서드인 addEventListener()를 이용합니다.

첫 번째 인자로 이벤트 종류를 나타내는 문자열, 두 번째는 이벤트 핸들링 함수, 세 번째는 이벤트 버블링 여부를 지정합니다.

```
document.getElementById('test1').addEventListener(
    'click',
    function(event) {
        // 이벤트 처리..
    },
    false
);
```

4.2 이벤트 버블링

이벤트 버블링은 자바스크립트에서 이벤트를 처리하는 방식을 뜻하는 말로, 상단의 엘리먼트부터 하단의 엘리먼트(트리 구조상 자식 → 부모)로 차례대로 이벤트가 전달되는 방식입니다. 이에 비해 이벤트 캡쳐링은 하단부터 상단으로 이벤트가 전달됩니다(브라우저 화면에서 우리 눈에 가까운 쪽이 상단이고 먼 쪽이 하단이 됩니다).

addEventListener()의 세 번째 인자는 이벤트 버블링의 여부를 묻는 인자로써 true일 경우 이벤트 캡쳐링이 되어서 밑에서부터 위로 이벤트가 전달됩니다(부모부터 자식으로 이벤트가 전달됨). 기본 값은 이벤트 버블링인 false입니다.

예제 2-10

```html
<!DOCTYPE html>
<html lang="en">
<head>
    <meta charset="utf-8" />
    <title>bubbling vs capturing</title>
    <style>
        div div { margin: 10px; padding: 10px; background-color: red; }
        div div > div { background-color: yellow; }
        div div > div > div { background-color: blue; }
        textarea { width: 90%; height: 200px; }
    </style>
</head>
<body>

<p>버블링</p>
<div class="bubble" >
    <div class="1">1
        <div class="2">2
            <div class="3">3
            </div>
        </div>
    </div>
</div>
<p>캡쳐링</p>
<div class="capture" >
    <div class="1">1
        <div class="2">2
            <div class="3">3
            </div>
        </div>
    </div>
</div>
<textarea></textarea>

<script>
    var logger = document.getElementsByTagName("textarea")[0];
    function log(newtext) {
        logger.value += newtext + "\n";
        logger.scrollTop = logger.scrollHeight; //스크롤바를 항상 밑으로 내리기
```

```
    }
    var divs = document.querySelectorAll(".bubble div");

    for(var i=0; i < divs.length; i++) {
        (function(){
            var div = divs[i]; //클로져
            div.addEventListener('click',function(e){
                log(div.className);
            }
                    //버블링(생략 기본값 false)
            );
        })();
    }

    var divs = document.querySelectorAll(".capture div");

    for(var i=0; i < divs.length; i++) {
        (function(){
            var div = divs[i]; //클로져
            div.addEventListener('click',function(e){
                log(div.className);
            },
                    true //캡쳐링
            );

        })();
    }
</script>
</body>
</html>
```

이번 예제는 콘솔 창에 출력하지 않고 직접 웹 뷰에 콘솔 창을 〈textarea〉 태그로 구현했습니다. scrollTop에 scrollHeight 값을 넣어줘서 항상 맨 밑으로 스크롤 값이 오도록 했습니다.

querySelectorAll('.bubble div')로 클래스 이름이 bubble인 〈div〉의 자식 노드들을 얻습니다. 여기에 addEventListener() 메서드로 이벤트 핸들러를 각각 모두 붙여줍니다. 세 번째 인자가 생략되면 기본 값 false가 인자로 넘어가서 이벤트 버블링이 됩니다. 버블링 그룹의 파란색 영역을 클릭하면 콘솔 창에 결과 3, 2, 1이 출력됩니다.

이에 비해 캡쳐링을 이벤트 핸들러에 추가시킨 캡쳐링 그룹의 파란색을 클릭하면 1, 2, 3이 콘솔 창에 출력됩니다.

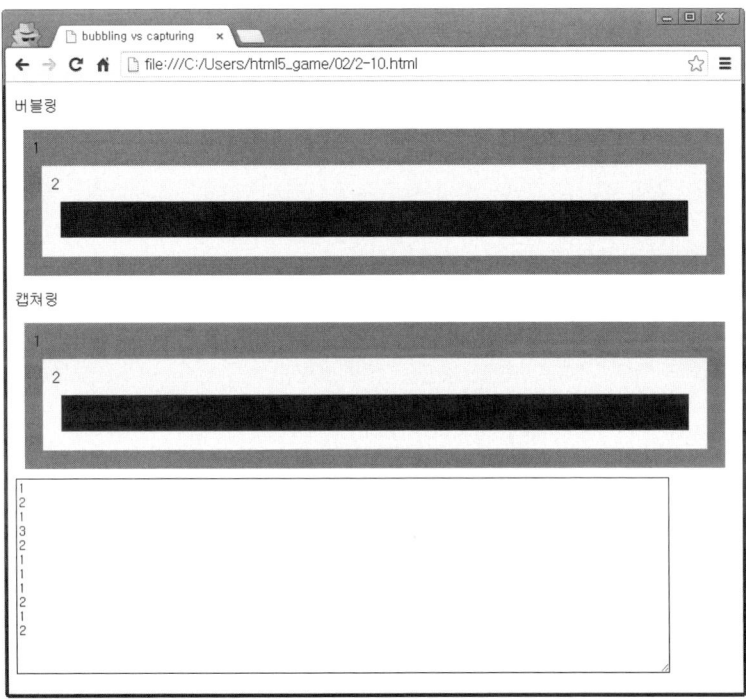

그림 2-11 실행 결과

4.3 이벤트 전달 금지

사용자가 임의로 이벤트를 다음 객체로 전달되는 것을 막을 수가 있는데, 이벤트 처리 끝 부분에 다음 두 줄을 추가해주면 됩니다.

```
function handler(event) {
    //....이벤트 처리
    event.cancelBubble = true;
    event.stopPropagation();
}
```

5. jQuery

jQuery는 존 레식에 의해서 시작된 자바스크립트 보조 라이브러리입니다. CSS에서 사용되는 셀렉터를 이용해서 자바스크립트에서도 트리 자료구조로 된 DOM 객체를 손쉽게 다루고자 하는 데에 초점을 두고 개발되었습니다.

5.1 기본 개념

항상 최신 버전을 자동으로 웹에서 내려받아 쓰고 싶으면 다음과 같이 스크립트를 추가하면 됩니다.

```
<script src="http://code.jquery.com/jquery-latest.js"></script>
```

기본 형식은 다음과 같이 달러표($) 뒤에 셀렉터를 사용해서 엘리먼트를 가져오고 나서 필요한 함수나 변수를 사용합니다.

> **$(셀렉터)**

다음은 버튼을 누르면 〈p〉 태그가 〈body〉 태그 안에 추가되는 예제입니다.

예제 | 2-11

```
<html>
<head>
<script src="http://code.jquery.com/jquery-latest.js"></script>
<script type="text/javascript">
$(document).ready(
   function() {
      $('#btn1').on('click', function() {
         console.log('hello javascript');
         $('<p></p>').text('hello jquery').appendTo('body');
      });
```

```
    });
</script>
</head>
<body>
    <input type="button" id='btn1' value='test' />
</body>
</html>
```

그림 2-12 실행 결과

$(document).ready( )에 시작 함수를 인자로 넣습니다. 여기에 시작 함수(C 언어의 main( ) 함수 같은 것)를 넣어야 도큐먼트 엘리먼트 객체들이 모두 로딩된 시점부터 함수를 시작할 수 있으므로 오류를 피할 수 있습니다.

$(셀렉터)로 특정 엘리먼트를 얻었다고 해도 이것은 순수한 DOM 엘리먼트가 아닌 jQuery 객체입니다. 그래서 가끔 다른 라이브러리 등에 연결하고 싶을 때 순수한 DOM 엘리먼트 형태의 객체를 얻어내야 할 때가 생깁니다. 간단하게 $(셀렉터)[0]라고 하면 순수한 DOM 엘리먼트 객체를 얻을 수 있습니다.

예를 들어 jQuery를 써서 클래스 이름이 angry인 순수한 〈div〉 엘리먼트 객체를 얻고 싶으면 $('div. angry')[0]라고 하면 됩니다.

5.2 DOM 다루기

기존에 있는 DOM뿐만 아니라 새로운 엘리먼트 객체를 만들 수도 있습니다. 새롭게 ⟨p⟩ 태그를 만들고 싶은 다음과 같이 $()에 인자로 태그 형식의 문자열을 전달해줍니다.

```
var el = $('<p></p>');
```

이렇게 만들어진 엘리먼트들은 아직 DOM 트리에 추가되지 않았기 때문에 우리 눈에 보이지 않습니다. append(), appendTo() 메서드로 ⟨body⟩ 또는 다른 노드에 자식으로 추가해야 합니다.

```
body.append(el);
el.appendTo(body);
```

이 코드들은 똑같이 ⟨body⟩의 자식으로 el을 추가하는 예입니다. append 인자로 넘긴 엘리먼트를 해당 멤버 객체에 자식으로 붙여주는 함수입니다. 반대로 appendTo()는 인자로 넘긴 엘리먼트에 해당 멤버 객체가 자식으로 붙는 함수입니다.

예제 | 2-12

```html
<html>
<head>
<meta http-equiv="Content-Type" content="text/html; charset=UTF-8">
<title>jq exam 2</title>
<script src="http://code.jquery.com/jquery-latest.js"></script>
<script type="text/javascript">
//페이지가준비되면호출
$(document).ready(function() {
    $('#foo').click(function() {
        $('span').appendTo('#foo');
    })
  }
);
</script>
</head>
<body>
```

```
    <span> 이글의위치를 보세요. </span>
    <div id="foo">여기를 보세요.</div>
</body>
</html>
```

아이디가 foo인 〈div〉 엘리먼트의 텍스트인 "여기를 보세요." 문장을 클릭하면 〈span〉 엘리먼트
인 "이 글의 위치를 보세요." 부분이 〈div〉 태그 안으로 이동합니다. (id가 foo인 〈div〉의 자식 노
드가 됩니다.) 그래서 결과적으로 클릭하면 문장의 위치가 서로 바뀌게 됩니다.

그림 2-13 실행 결과

5.3 이벤트

jQuery는 이벤트를 처리하기 위해서 기본적으로 bind( ) 함수와 live( ) 함수를 제공합니다.
bind( ) 함수는 이벤트를 정적으로 관리합니다. 이에 비해 live( ) 함수는 이벤트를 동적으로 관리
하지만, 매번 동적으로 이벤트를 감시해야 하므로 엘리먼트 객체들이 많으면 실행 속도가 느려질
수 있습니다. live( ) 함수는 셀렉터에 지정된 엘리먼트 객체들이 지금 현재에 있거나 또는 미래에
추가될 모든 엘리먼트에까지도 이벤트 핸들러를 자동으로 붙여 줍니다. bind( ) 함수는 오직 현재
있는 엘리먼트에만 이벤트 핸들러를 붙여 줍니다.

on( ) 함수는 bind(), live( ) 두 개의 함수를 합친 형태입니다.

```
$(selector).live(event,data,handler);
$(document).on(event,selector,data,handler);
```

위 두 코드는 똑같은 일을 합니다. 다음 예제는 on() 함수를 좀 더 자세히 설명해주는 예제입니다.

예제 | 2-13

```html
<!DOCTYPE html>
<html lang="ko">
<head>
    <meta charset="utf-8"/>
    <title> on handler </title>
    <script src="http://code.jquery.com/jquery-latest.js"></script>
</head>
<body>
<button id="add-item" >add item 1</button>
<button id="add-item2" >add item 2 </button>

<ul id="list">
    <li class="item">원래있던것들</li>
</ul>

<script>
    $(document).on('click','.item',function() {
        $(this).css('color','green');
    });
    $('#add-item').on('click',function(e) {
        $('#list').append($('<li>1번째버튼으로만든아이템</li>').addClass('item'));
    });

    $('.item').on('click',function() {
        $(this).css('border','1px solid black');
    });

    $('#add-item2').on('click',function(e) {
        $('#list').append($('<li>2번째버튼으로만든아이템</li>')
            .addClass('item')
            .on('click',function(e) {
```

```
            $(this).css('background-color','red');
        })
    );
  });
</script>
  <ul></ul>
</body>
</html>
```

$('.item').on('click', function(e){ … });로 이벤트 핸들러를 등록하면 현재 시점에서 존재하는 〈div〉 엘리먼트들에게만 이벤트 핸들러가 적용됩니다. 그래서 css('border', '1px solid black')으로 검은색 외곽선을 그리도록 했지만, 리스트 내용 중 '원래 있던 것들'에만 클릭했을 때 외곽선이 그려지는 것을 확인하실 수 있습니다. 앞으로 추가될 것들에도 이벤트 핸들러를 등록하는 방법에는 두 가지가 있습니다. on() 함수의 두 번째 인자로 셀렉터를 넣는 방법이 있습니다. 바로 $(document).on('click','.item',이벤트 핸들러)처럼 함수를 호출하는 방법입니다. 이렇게 document에 클릭 이벤트가 발생하면 셀렉터로 매번 새로운 해당 엘리먼트들이 있는지 검사하고 있으면 이벤트를 날려줍니다. 이 방법은 엘리먼트가 늘어날수록 속도가 느려질 위험이 많습니다. 그러므로 document에서부터 시작하는 것보다는 새로 추가되는 엘리먼트의 바로 부모로 지정해서 함수를 호출하는 것이 좋습니다.

그리고 또 다른 방법은 매번 이벤트 핸들러를 그때그때 직접 넣어 버리는 방법입니다. id가 add-item2인 버튼의 이벤트 핸들러처럼 엘리먼트를 만들어 추가할 때 on() 함수로 이벤트 핸들러를 매번 추가하는 방법입니다. 이 방법은 전자보다는 속도 면에서는 유리하지만, 필요 없이 메모리가 낭비될 소지가 많고 엘리먼트가 추가되는 방법이 여러 가지일 때는 핸들러가 프로그래머의 실수로 빠지는 경우가 발생할 수 있습니다. 이벤트 반응 속도가 중요하고 엘리먼트가 추가되는 경우가 적을 때 사용하는 편이 좋습니다.

1번째 버튼으로 만든 〈li〉 엘리먼트을 클릭하면 글씨만 녹색으로 바뀝니다. $('.item').on('click', function(){..});로 붙인 핸들러가 호출되지 않기 때문입니다. 2번째 버튼으로 만든 아이템을 클릭하면 배경이 빨간색으로 변합니다. 이때는 매번 핸들러를 추가해주었기 때문에 배경을 빨간색으로 칠하는 코드가 있는 이벤트 핸들러가 호출되는 것입니다.

그림 2-14 실행 결과

jQuery 개발자들은 bind()나 live()보다는 on()을 사용할 것을 권장하고 있습니다. 호출 형식은 다음과 같습니다. 셀렉터와 데이터는 생략할 수 있습니다.

$(element).on(이벤트 종류 문자열, [셀렉터], [이벤트핸들러에 넘겨줄 데이터], 이벤트 핸들러)

핸들러 함수에는 반환값을 정할 수 있습니다. 반환값이 false이면 더는 이벤트를 부모 엘리먼트로 전달하지 않습니다. true이면 핸들러 함수 다음으로 부모 엘리먼트의 핸들러 함수로 차례로 호출됩니다. 만약 반환값을 지정해주지 않았다면 true를 반환하는 것으로 합니다.

```
//false를 반환하면 더는 이벤트를 상위 객체로 전달하지 않는다.
$('.nosend').on('click', function() {
    console.log('p nosend click event');
    return false;
```

```
});

//true를 반환하면 상위 객체로 이벤트를 전달한다.
$('.send').on('click',function() {
    console.log('p send click event');
    return true; // 반환문이 만약 없다면 디폴트가 true 반환으로 처리
});
```

입력기가 마우스라면 mousedown, mousemove, mouseup 등이 있으며 터치 관련 이벤트에
는 touchstart, touchend, touchmove 등이 있습니다. 마우스와 터치 공통 이벤트로는 click
이 있습니다. 그러나 일부 안드로이드에서는 click에 반응하지 않는 때도 있습니다.

trigger() 함수로 원하는 이벤트를 강제로 발생시킬 수도 있습니다. trigger() 함수의 첫 번째 인
자는 발생시킬 이벤트 종류이고 두 번째 인자는 이벤트 핸들러로 넘겨줄 인자의 배열입니다.

예제 | 2-14

```html
<!DOCTYPE html>
<html lang="ko">
<head>
    <meta charset="utf-8"/>
    <title> 트리거 </title>
    <script src="http://code.jquery.com/jquery-latest.js"></script>
</head>
<body>
<button class="click" >click </button>
<button class="click-trigger" >click trigger</button>

<script>
    $(".click").on('click', function(event, a, b) {
        $('ul').append('<li>' + a + ',' + b +'</li>');
    });

    $(".click-trigger").on('click', function(event) {
        $(".click").trigger("click", ["foo", "bar"]);
    });
</script>
    <ul></ul>
```

```
</body>
</html>
```

$('.click').trigger('click',['foo','bar'])를 이용하여 클래스 이름이 click-trigger
인 버튼을 클릭하면 이벤트가 간접적으로 발생하도록 합니다. 두 번째로 인자가 a, b로 넘어가서
〈li〉 엘리먼트의 텍스트로 출력됩니다. 그러나 〈click〉 버튼을 직접 클릭하면 이벤트 핸들러로 넘
어오는 인자값이 없으므로 undefined이 출력됩니다.

그림 2-15 실행 결과

제 3 장

HTML5 공화국 입국하기

Chapter 03

이 장에서는 HTML5로 개발하기 위한 준비 단계로 개발에 필요한 배경지식과 역사, 그리고 개발환경에 대해서 간단히 알아보도록 하겠습니다. 초기 단순한 문서 위주의 서비스가 현재는 개발 표준 플랫폼으로 자리 잡기까지 웹은 그동안 많은 변화와 발전을 겪었습니다. 그리고 앞으로는 웹은 단순한 애플리케이션 서비스를 넘어 플랫폼으로 진화하는 과정에 있습니다. 2012년 HTML5 표준안의 일부가 결정되면서 웹이 통합 플랫폼이 되는 것이 바로 눈앞에 와있는 현실입니다.

모든 소프트웨어 플랫폼들은 기반이 되는 코어 엔진 단의 모듈을 가지고 있습니다. 그러나 지금까지 이것에 접근하려면 어려운 네이티브 개발환경으로만 가능했었습니다. 대표적인 예가 iOS SDK, Win32 API, Android SDK 등으로 불리는 개발환경입니다. 이렇게 개발된 애플리케이션의 호환 범위는 해당 플랫폼에 종속되어서 플랫폼이 바뀌거나 다른 플랫폼으로 옮길 경우 막대한 추가 비용이 발생했습니다. 업계 표준이 아니므로 환경마다 또는 시스템 운영체계마다 API가 서로 달랐던 것입니다. 이것들을 서로 공통으로 표준화하면서 업계의 현실도 반영할 수 있는 기반 기술표준이 필요했는데 그것이 마침 웹에서 떠오르게 되었고 이것이 바로 HTML5였던 것입니다.

표준화된 API로 통일화하고 거기에 맞추어 네이티브 코드를 구현하면 플랫폼이 바뀌더라도 쉽게 애플리케이션을 포팅 또는 동작할 수 있도록 하는 표준 플랫폼의 요구는 이전부터 있었고 매우 절실히 필요했습니다. 이 와중에 스마트폰이 보급되면서 다양한 운영체계나 플랫폼에서 공통으로 구동할 수 있거나 포팅이 쉬운 애플리케이션 또는 개발환경에 대한 요구가 많이 증가하게 되었습니다. 그러나 이것은 고양이 목에 방울 달기처럼 누구나 공감하는 사실이지만 현실적으로 적용하기에는 업계의 이해관계가 엇갈려 쉽게 해결의 실마리가 보이지 않았었습니다. 그러던 차에 HTML 표준안들이 속속 나오면서 웹이 크게 주목을 받게 되었습니다. 그리고 구글과 애플사의 이해관계가 서로 맞으며 더욱 시너지 효과를 발휘하게 되었습니다.

1. 웹의 역사

1990년대

이 시기는 웹의 태동기로, 주로 정적인 문서 위주의 서비스가 이루어졌습니다. 이때에도 역시 CGI를 통한 동적인 웹 서비스가 있기는 하였으나 주로 펄(Perl)을 이용해서 작성되어 아주 원시적인 단계에 머물러 있던 시기였습니다. 이시기에는 웹은 단순한 문서 공유 애플리케이션으로 밖에는 인식되지 않았던 시절이었습니다.

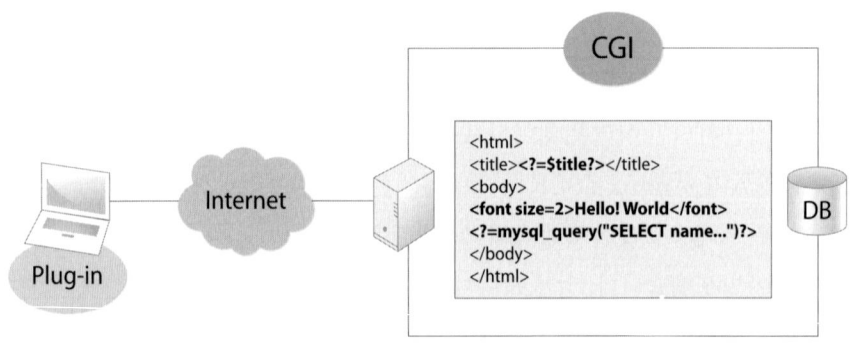

그림 3-1 1세대 문서 위주의 웹 시스템

그리고 이 시기에 지금은 없애려고 많은 애를 쓰는 액티브엑스와 자바 애플릿 등의 플러그인의 초기 버전이 나오게 되었습니다.

2000년대

이 시기부터 CGI에 주로 JSP, PHP 같은 좀 더 발전한 환경들이 널리 사용되기 시작했습니다. 특히 JSP는 마이크로소프트사의 공세에 밀려 웹 클라이언트 단에서는 빛을 보지 못했던 자바 언어의 보급에 크게 영향을 주었습니다. 웹이 플랫폼으로 도약할 발판을 마련할 수 있는 중요한 시기이기도 하지만, 또한 액티브엑스(ActiveX)의 재앙이 시작된 시기도 바로 이때부터입니다.

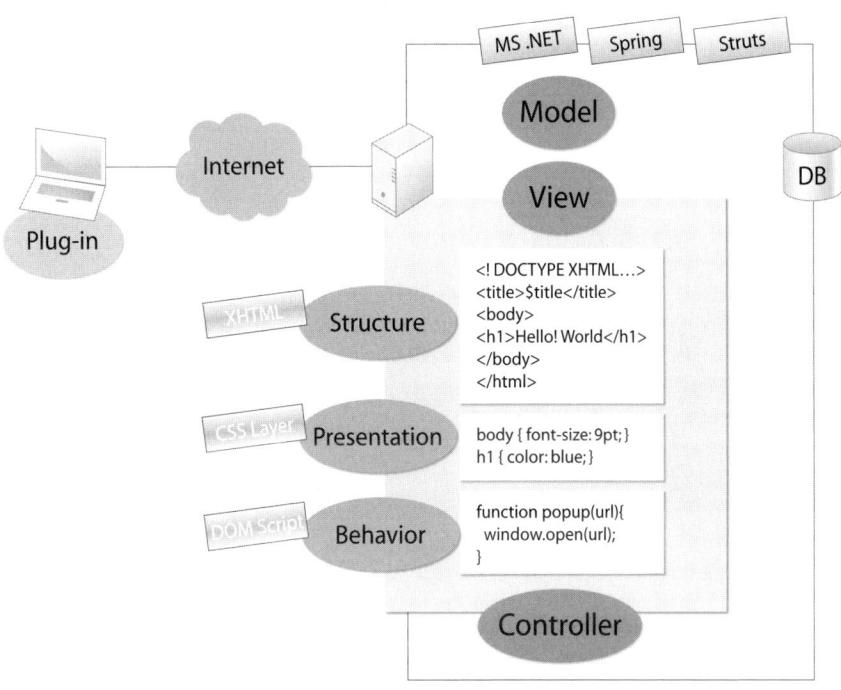

그림 3-2 2세대 웹 환경

2000년대 중반

웹 2.0의 시대라고 정의 내릴 수 있습니다만 아쉽게도 마이크로소프트사의 정책 때문에 또 한 번 웹이 플랫폼으로 진화할 기회를 잃어 버린 시기라고 볼 수 있습니다. 그러나 Ajax라는 중요한 개념이 나와서 사용되기 시작한 중요한 시기였고 오히려 이 기술은 마이크로소프트사에 의해 탄생하게 된 시기이기도 합니다.

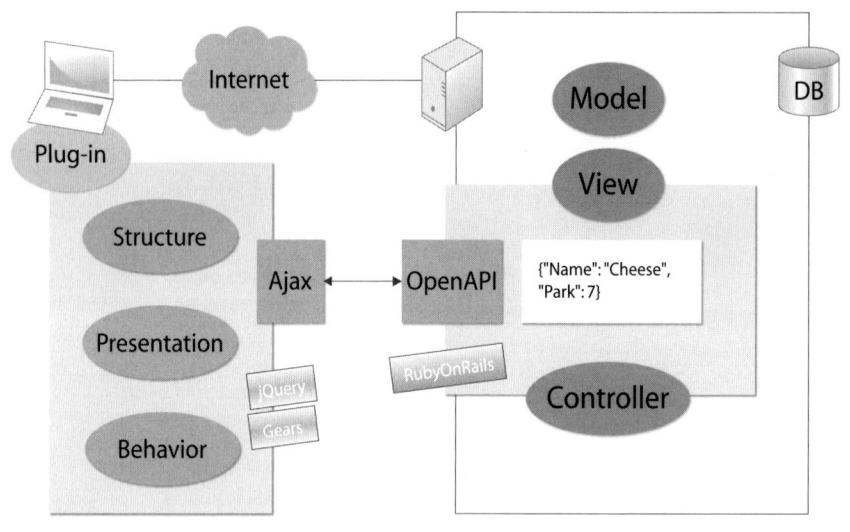

그림 3-3 3세대 웹 2.0

Ajax 기술 덕택에 프론트엔드와 백엔드 서비스가 이전보다 훨씬 더 체계적으로 나뉠 수가 있었기 때문에 웹이 개발 플랫폼으로써 자리를 잡을 수 있었던 중요한 시기였기도 합니다. 이전 방식에서는 서버에서 웹 페이지를 모두 만들어서 클라이언트로 통째로 넘겨 클라이언트는 정적인 렌더링만 담당하였는데, 이 기술로 말미암아 클라이언트 측도 독립적인 애플리케이션으로 대우받을 수 있는 실마리가 제공되었습니다. 서버 측에서는 데이터베이스의 내용을 JSON 형식으로 클라이언트에 전달하고자 OpenAPI라는 웹 프로그래밍 인터페이스를 도입하게 되었던 것입니다.

2010년대 HTML5의 시대

많은 우여곡절 끝에 드디어 웹 표준안이 대중에게 널리 퍼지기 시작한 시기입니다. 이 시기를 기점으로 마이크로소프트사의 아성이 드디어 점차 무너지기 시작합니다.

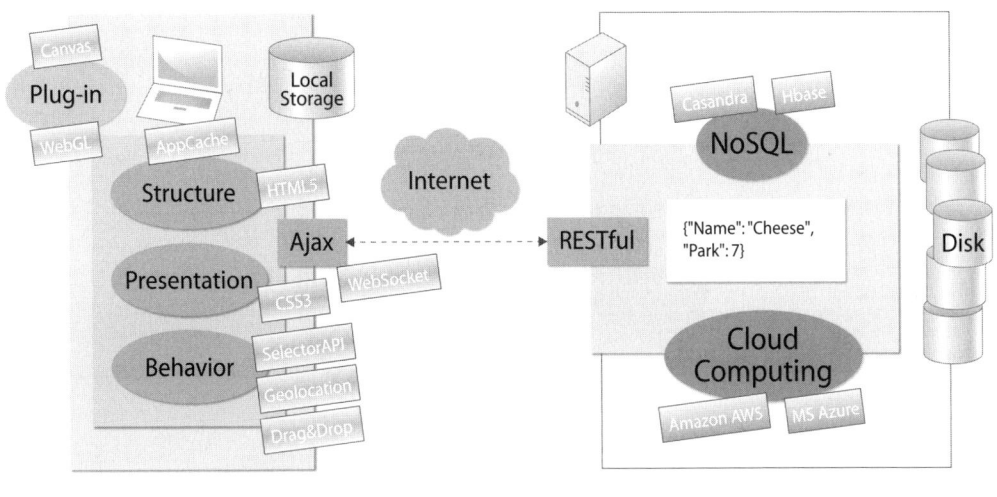

그림 3-4 HTML5 차세대 웹 시스템

OpenAPI는 RESTful이라는 형태로 발전하게 되며 모바일 환경에 좀 더 적합한 NoSQL의 개념도 많이 쓰이게 됩니다. 또한, V8엔진 기반의 Node.js라는 웹 서버 개발 플랫폼이 주목 받기 시작합니다.

이 무렵부터 웹은 플랫폼이 갖춰야 할 기본적인 것들을 모두 갖춰나가기 시작합니다.

2. 브라우저 삼국지

그동안 인터넷 익스플로러(IE)가 굳게 자리 잡고 있었던 브라우저 시장에 스마트폰 혁명이 일어나면서 3강의 시대가 도래했습니다. 삼국지의 시대처럼 그 누구도 어떤 브라우저가 앞으로 인터넷 익스플로러처럼 독점하게 될지 아니면 이대로 서로 견제하며 균형을 이룰지는 아직은 예측하기 어렵습니다.

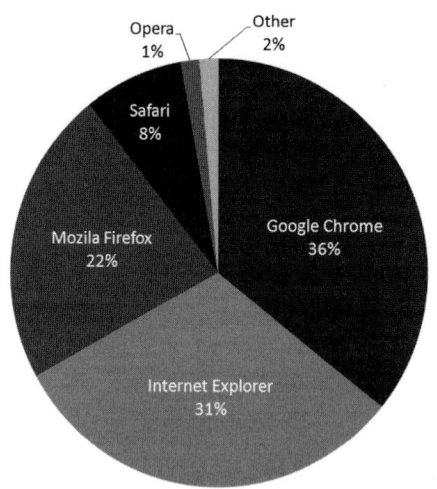

그림 3-5 브라우저 점유율

인터넷 익스플로러에는 마이크로소프트사가 전략적으로 HTML5를 지원하지 않는 정책을 폈습니다. 대신에 실버라이트라든지 닷넷(.NET) 같은 자사 기술 종속적으로 가도록 의도했기 때문에 시장에서 점점 도태되어 갔던 것입니다.

그래프를 보시면 크롬이 아주 빠르게 성장하고 있음을 알 수 있습니다. 그리고 인터넷 익스플로러 사용자들이 대거 크롬으로 이탈하는 현상을 볼 수 있습니다. 인터넷 익스플로러는 한때 70%가 넘는 점유율을 가지고 있었으나 요즘같이 환경 변화에 적절히 대응하지 못하면 앞날이 노키아처럼 매우 어두울 수도 있는 상황입니다.

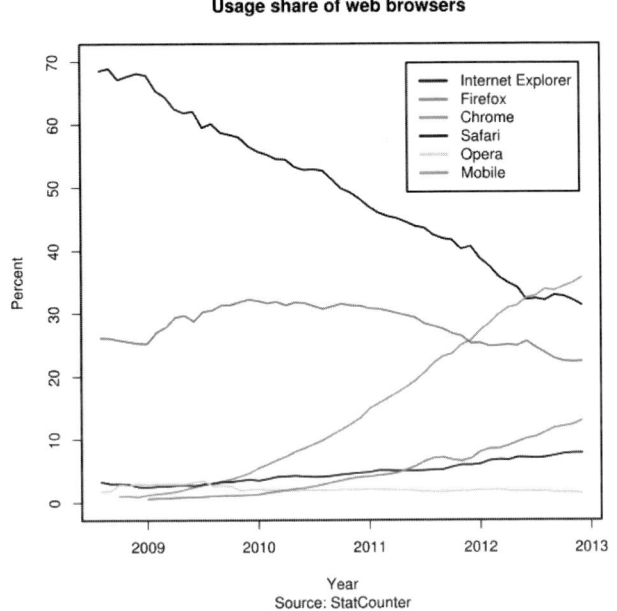

그림 3-6 브라우저 점유율 변화

2.1 크롬

크롬 브라우저는 https://www.google.com/intl/ko/chrome/에서 플랫폼별로 최신 버전을
내려받을 수 있습니다. 크롬은 구글에서 만든 브라우저로 HTML5를 지원하고 가장 점유율이 높
은 브라우저 중의 하나입니다. 위키백과에서는 다음과 같이 소개하고 있습니다.

> "구글 크롬은 웹킷(Webkit) 레이아웃 엔진을 이용하여 개발 중인 프리웨어 웹 브라우저이다. 구
> 글 크롬은 간단하고 효율적인 사용자 인터페이스를 제공하며 현존하는 다른 웹 브라우저들에 비
> 해 나은 안정성과 속도, 그리고 보안성을 갖는 것을 목표하고 있다. 2008년 9월 3일 마이크로소
> 프트 윈도용 베타 버전이 나왔으며, 2008년 12월 11일 첫 안정화 버전이 나왔다."

여기서 웹킷이라는 말이 나오는데, 이것은 사파리와 각종 모바일 브라우저에서 많이 쓰이는 오픈 소스 웹 렌더링 엔진입니다. 주로 페이지의 레이아웃(Layout)과 관련된 CSS 부분이 웹킷이 처리하는 기능들입니다. 그뿐만 아니라 레이아웃 애니메이션도 가능하기 때문에 CSS를 잘 활용하면 네이티브 애플리케이션 수준의 웹 애플리케이션도 개발할 수 있습니다.

이와 함께 크롬의 자바스크립트는 V8 엔진에 의해서 구현되었습니다. 그래서 여러 다른 브라우저에 비해서 자바스크립트의 성능이 좋은 편에 속합니다. V8 엔진은 JIT라는 방식으로 자바스크립트를 한 번 내부적으로 해당 기계어 코드로 컴파일하여 실행시키므로 다른 엔진에 비해 속도가 빠릅니다. 네이티브 코드의 50% 정도까지도 성능을 낼 수 있다고 합니다. 정리하자면 크롬은 웹 렌더링 엔진은 웹킷을 사용하고 자바스크립트 엔진은 V8을 사용했습니다.

모든 브라우저는 자바스크립트 엔진과 레이아웃 렌더링 엔진으로 나누어져 있습니다. 2013년 4월 기준으로 모바일 버전으로는 안드로이드가 출시되었으며 WebGL도 지원(베타 형식)하기 시작했습니다. 구글 플레이에서 크롬을 내려받은 다음 주소창에 다음과 같이 입력합니다.

`URL`   `chrome://flags/`

설정 창이 나오면 아래로 스크롤해서 'WebGL 사용 안 함'이 비활성화되어 있는지 확인합니다. 만약 그림 3-7처럼 활성화되어 있다면 바 활성화한 다음 브라우저를 다시 시작합니다. 최근에는 안드로이드 기본 브라우저나 모바일용 파이어폭스에서도 WebGL을 지원하므로 이를 이용해도 테스트할 수 있습니다.

관련된 예제들을 실행해보고 싶으시다면 http://threejs.org/을 방문하여 예제들을 실행해보실 수 있습니다. 또는 http://media.tojicode.com/q3bsp/에서 WebGL로 작성된 퀘이크 데모를 실행해보실 수도 있습니다.

그림 3-7 크롬 설정

2.2 파이어폭스

모질라 재단에서 개발하는 무료 웹 브라우저입니다. 현재 리눅스, 맥, 안드로이드, 그리고 윈도우용이 나와 있으며 2012년 말 기준으로 전 세계 웹 브라우저의 약 20%를 점유하고 있습니다. 독일 등의 일부 국가에서는 50%가 넘는 점유율을 기록하기도 합니다. 모질라에서 발표한 내용에 따르면 전 세계적으로 약 4억 5천만 명 이상 사용하고 있다고 합니다. http://www.mozilla.or.kr/ko/에서 파이어폭스 최신 버전을 내려받을 수 있습니다.

그림 3-8 파이어폭스 로고

모바일 버전으로는 안드로이드 버전이 나와있으며 또한 유명한 게임 엔진 중의 하나인 언리얼 엔진을 플러그인 형태로 지원하고 있습니다.

2.3 웹 렌더링 엔진

HTML을 읽어들여 화면에 뿌려주기 위한 목적으로 만들어진 엔진입니다. 웹이라는 가상 기계(웹 플랫폼)의 비디오 카드와 같은 역할을 합니다.

웹 렌더링 엔진과 관련해서는 HTML5로 멀티 플랫폼 애플리케이션을 개발할 때 주로 CSS 코드에 관련된 부분이 많습니다. 엔진의 종류에 따라 CSS의 성능에 큰 영향을 미치기 때문에 멀티 플랫폼으로 개발 시 각각의 특징에 대해 충분히 이해하고 개발한다면 웹 애플리케이션도 네이티브 애플리케이션 못지않게 최대한 성능을 끌어낼 수 있습니다. 최소한 브라우저별로 어떤 엔진을 사용되었는지 정도는 알고 있어야 합니다.

표 3-1 웹 렌더링 엔진

엔진 이름	브라우저	CSS 접두사
트라이던트(Trident)	인터넷 익스플로러, 넷스케이프 8, QQ 브라우저	-ms-
웹킷(Webkit)	크롬, 사파리, 맥스톤, 돌핀, 노키아 기본 브라우저 안드로이드 기본 브라우저	-webkit-
게코(Gecko)	파이어폭스	-moz-
프레스토(Presto)	오페라, 닌텐도 게임기용 브라우저	-o-

모바일 환경에서는 많이 쓰이는 iOS, Android 용 브라우저들 모두가 공통으로 웹킷을 사용하고 있습니다. 그래서 하이브리드 앱용 모바일 프레임워크들이 주로 웹킷용으로 많이 나오는 상황입니다.

[1] 트라이던트 엔진

윈도우 시스템 폴더에 들어 있는 mshtml.dll이라는 파일이 바로 이 트라이던트 엔진입니다. 인터넷 익스플로러에 사용되는 렌더링 엔진입니다. 그러므로 윈도우 환경에서 MFC나 Win32 API를 사용해서 브라우저를 만든다면 바로 이 엔진을 사용하여 브라우저를 만드는 것입니다.

[2] 웹킷

리눅스에서 윈도우 환경과 같은 GUI 데스크톱을 만들려고 진행하는 KDE(K Develop Environment) 프로젝트에서 HTML 관련 렌더링 처리를 위한 KHTML라는 것이 있습니다. 이 것을 애플 개발자들이 가져다가 사파리에 올릴 목적으로 만든 웹 레이아웃 렌더링 엔진이 바로 웹 킷입니다. 초기에는 맥 전용으로 개발되었으나 현재는 다양한 플랫폼에서 구동 가능하도록 C++ 기반으로 개발하고 있습니다. 초창기에는 애플에서 주로 프로젝트를 진행하였으나 현재는 애플, 노키아, 어도비, 구글 등이 참여하고 있습니다.

http://www.webkit.org/ 사이트에서 소스를 내려받을 수 있습니다. 이 소스를 직접 고쳐서 쓰 기보단 소스가 어떻게 동작하는지 정도만 알아두면 나중에 CSS3 관련 기능을 최적화할 때 많은 도움이 됩니다. CSS3 문법 앞에 −webkit−이라는 접두어가 붙습니다.

[3] 게코

모질라 재단에서 진행하는 오픈소스 형태로 프로젝트가 진행되고 있습니다. 라이선스 정책은 GNU GPL을 따르고 있습니다. 소스는 C++ 언어로 작성되어 있습니다.

게코는 1997년 넷스케이프사에서 시작되었습니다. 그당시 넷스케이프사의 브라우저가 인터넷 익 스플로러에 비해 웹 표준을 잘 지킨 것도 아니었으며 성능이 좋은 것도 아니었습니다. 그래서 성능 을 향상시키고 웹 표준을 지키고자 만든 레이아웃 엔진이 게코이며 1998년 넷스케이프 6에서 처음 으로 브라우저에 탑재하게 됩니다. 그 후 파이어폭스로 그 명맥을 유지하게 됩니다. 웹킷보다는 성 능이 떨어지지만, 역사가 오래되어 게코 엔진을 지원하도록 만들어진 사이트도 많은 편입니다.

3. 개발자 도구 사용법

3.1 크롬

크롬을 포함한 웹킷을 사용한 브라우저들은 거의 유사한 개발자 도구들을 제공합니다. 그 이유는 웹킷 안에 디버거 등과 같은 개발자 도구가 포함되어 있기 때문입니다.

그림 3-9 크롬 개발자 도구 열기

메뉴에서 [도구] → [자바스크립트 콘솔]을 선택합니다. 그러면 아래에 콘솔 창이 나옵니다. 윈도우에서 도스 커맨드 창(유닉스 계열의 터미널 창)과 같은 역할을 합니다. 여기에 직접 명령어를 입력하거나 자바스크립트를 직접 써넣을 수 있습니다. 마치 자바스크립트가 기계어처럼 직접 실행됩니다. 웹 브라우저를 하나의 독립된 기기로 바라본다면 논리적으로는 기계어 단계라고 볼 수 있습니다. 결국, 기계어도 하나하나 매번 해석하는 인터프리터 언어입니다. 그래서 개발자 도구를 이용하여 간단한 프로그램도 작성할 수 있습니다.

콘솔 창을 열고 `console.log('hello html5');` 을 입력 후 [Enter]를 입력합니다. 그렇게 하면 바로 "hello html5"라는 메시지가 그다음 줄에 출력되는 것을 볼 수 있습니다.

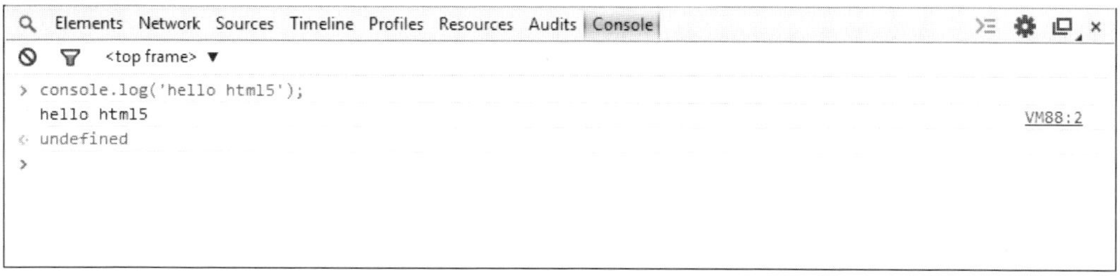

그림 3-10 자바스크립트 콘솔

그림 3-10에서 보듯이 한 줄씩 바로 실행해볼 수 있는 공간을 제공합니다. var a=10이라고 입력하고 Enter 를 입력합니다. 그리고 다음 줄에서 console.log(a)를 입력하고 Enter 를 입력하면 다음 줄에 10이 출력됩니다.

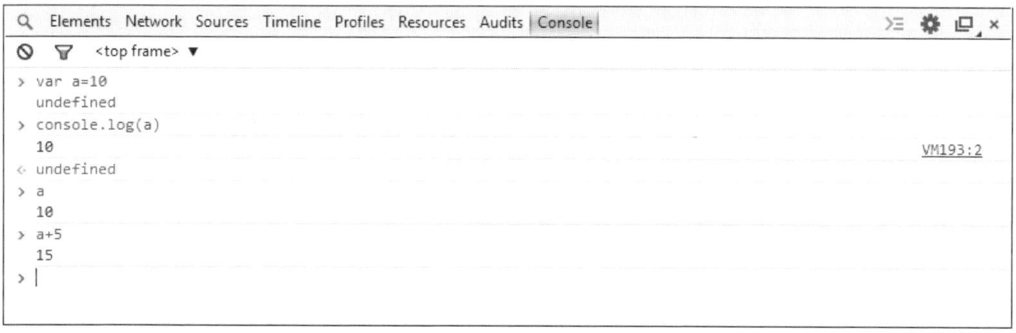

그림 3-11 자바스크립트 콘솔 실행 결과

앞의 그림처럼 간단한 사칙연산도 바로 해볼 수 있습니다. 콘솔 창에서는 한 줄씩 그때그때 해석이 됩니다.

document 객체의 write( ) 메서드를 이용해서 현재 로드된 HTML 문서(로딩된 문서가 없으면 빈 문서 상태임)의 내용을 직접 바꿀 수도 있습니다.

```
document.write('<h1>hello html5</h1>');
```

콘솔 창에 이 예제를 입력합니다. 그러면 브라우저에 <h1>hello html5</h1>이라는 태그가 입력되며 이 태그가 정의하는 텍스트가 출력됩니다. 다른 태그나 문자열도 마찬가지로 write( ) 메서드를 이용하여 문서에 추가하실 수 있습니다.

그림 3-12 실행 결과

콘솔 내에서 변수를 사용할 수도 있습니다. 다음 예제는 a, b를 선언하여 값을 넣어주고 문서 객체에 write( ) 메서드로 〈p〉 태그를 이용해서 출력해주는 예입니다.

```
var a=10,b=7;
document.write('<p>' + (a-b) + '</p>');
```

위 코드를 차례로 입력하면 다음과 같은 결과가 나오게 됩니다.

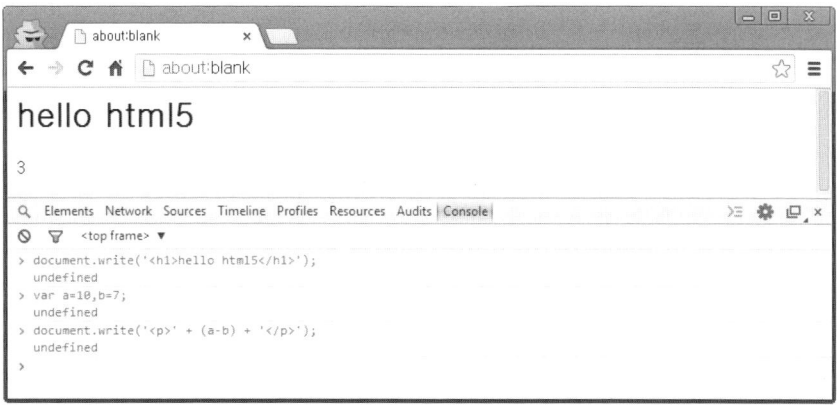

그림 3-13 실행 결과

3.2 파이어폭스

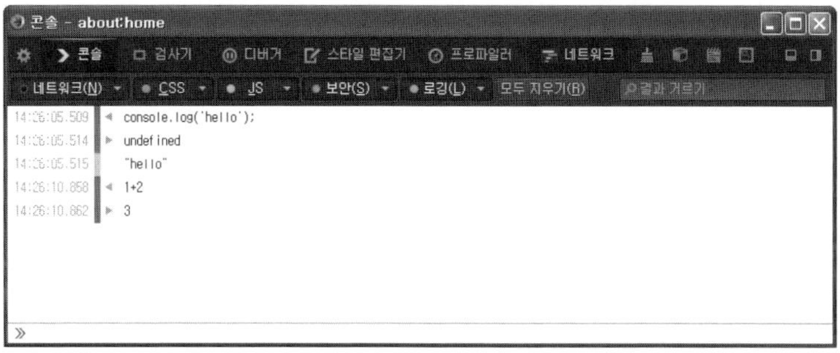

그림 3-14 파이어폭스 개발자 도구

파이어폭스에서 개발자 도구를 표시하려면 메뉴에서 [도구]→[웹 개발 도구]→[개발자 도구 모음]을 선택합니다. 그런 다음 맨 아래의 검은색 입력 창에 'console open'이라는 명령어를 입력하고 [Enter]를 치면 그림 3-14와 같이 콘솔, 검사기, 디버거, 스타일 편집기, 프로파일러 등의 메뉴로 이루어진 개발자 도구가 실행됩니다.

3.3 사파리

개발자 도구 모음이 하단에 나타나게 하려면 다음과 같이 [개발자용] → [웹 속성 보기] 메뉴를 선택합니다. 맥에서는 마치 xCode 개발환경과 비슷한 인터페이스를 가지는 웹 개발 도구가 보이게 됩니다.

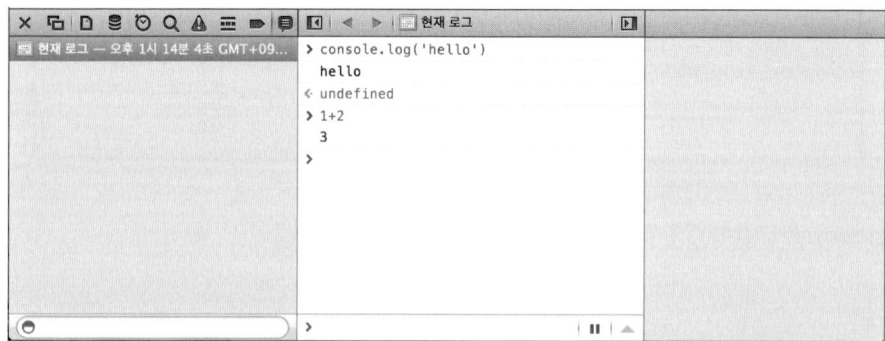

그림 3-15 사파리 개발자 도구(맥과 윈도우)

처음 사파리를 설치했을 때는 메뉴 바에 개발자용 메뉴가 보이지 않습니다. 그래서 환경 설정 메뉴에서 [고급] 탭을 클릭 후 '메뉴 막대에서 개발자용 메뉴 보기' 항목을 체크해주면 다음부터는 개발자용 메뉴가 보이게 됩니다.

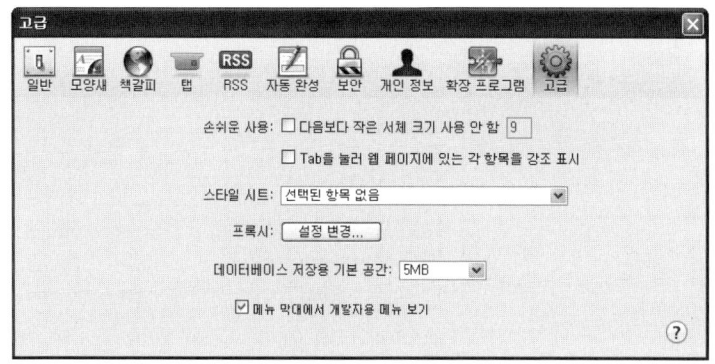

그림 3-16 사파리 설정

4. HTML5용 통합개발환경

자바스크립트로 개발할 때는 디버깅 환경보다는 오히려 자동 완성과 줄 맞춤 기능이 더 중요합니다. 브라우저 대부분이 개발자 도구 등을 제공하므로 브라우저 내에서 브레이크 포인트와 변수들의 값을 직접 보며 디버깅을 할 수 있기 때문입니다. 오히려 플러그인 형태로 어설프게 디버깅 환경을 제공해보았자 불편하기만 하고 속도도 느려질 뿐이기 때문에 그다지 많이 사용하지 않습니다. 그동안 오히려 vi 같은 순수 텍스트 편집기를 쓰는 개발자들이 많았던 것도 바로 이런 이유라고 볼 수 있습니다.

4.1 웹스톰

독일의 JetBrains사(http://www.jetbrains.com/)에서 만든 자바스크립트 개발자들을 위한 통합개발환경(IDE)입니다. 이 책에서 소개하는 3가지 중에서 가장 완성도가 높고 안정적입니다.

먼저 간단한 프로젝트 하나를 만들어 보겠습니다. 웹스톰을 설치하고 실행하면 다음과 같은 창이 나옵니다.

그림 3-17 웹스톰 실행 모습

[Open Directory]를 실행하여 작업할 파일들이 들어 있는 디렉터리를 지정해주면 자동으로 프로젝트가 만들어집니다. 별다른 설정 없이 여기서 정한 디렉터리 내에 파일들을 넣고 웹 애플리케이션을 개발할 수 있습니다.

예를 들어 'myprj'라는 폴더를 만들고 지정해주면 다음과 같이 초기 화면이 나옵니다.

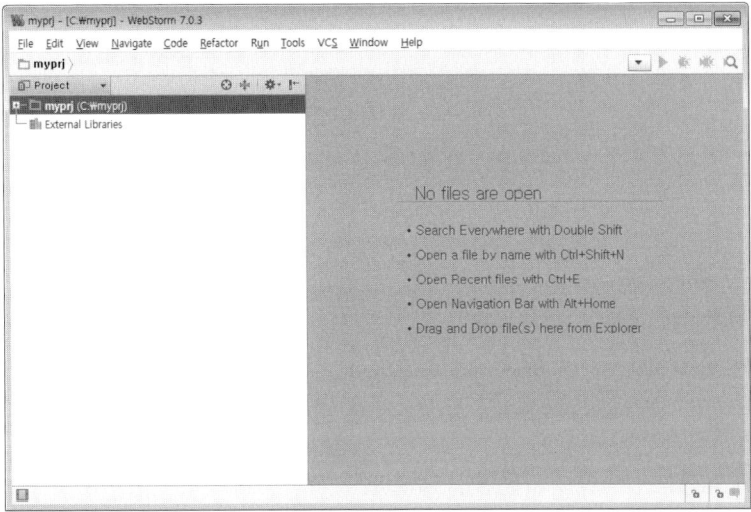

그림 3-18 초기 화면

폴더 이름에서 마우스 오른쪽 버튼을 클릭한 다음 메뉴에서 [New]→[HTML File]을 선택합니다.

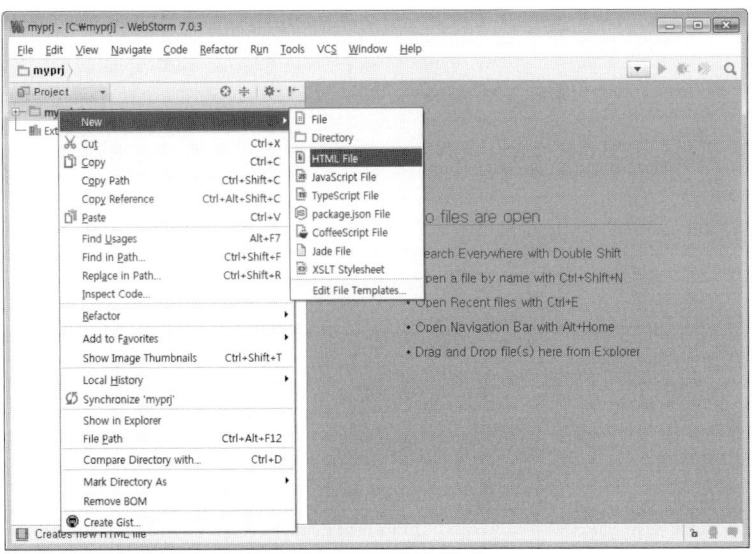

그림 3-19 새로운 파일 만들기

파일 이름을 물어보는 입력 창이 나오면 원하는 파일 이름을 입력합니다.

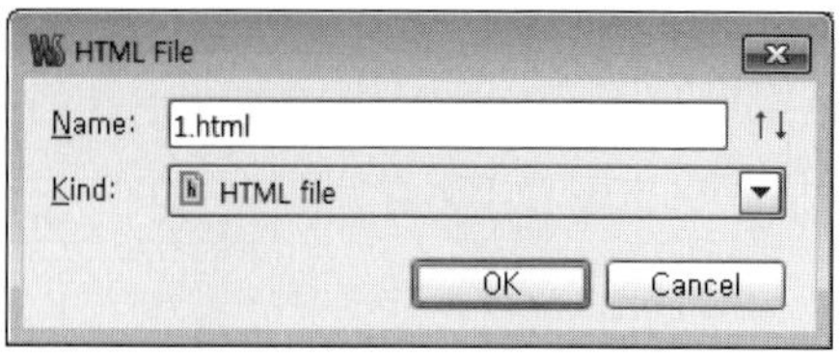

그림 3-20 파일 이름 입력

프로젝트 탭에 해당 파일이 추가되는 것을 볼 수 있습니다.

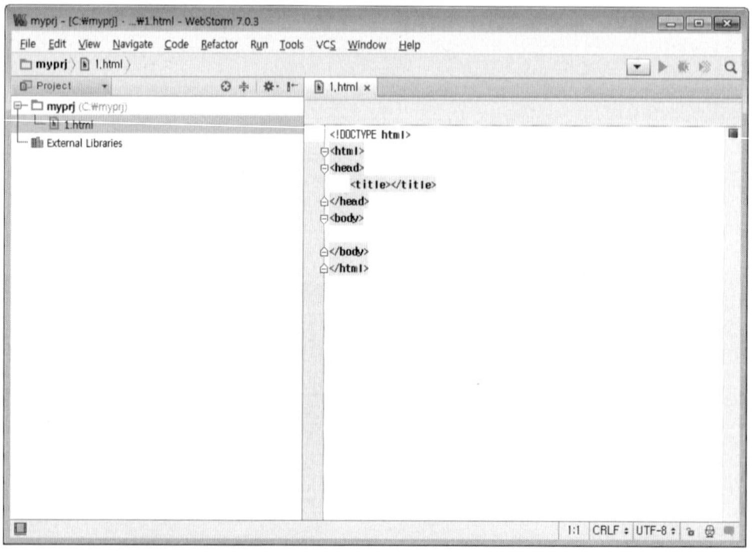

그림 3-21 파일 추가

이후 다음과 같이 파일을 작성하고 1.html이라는 이름으로 저장합니다.

```html
<!DOCTYPE html>
<html>
<head>
    <title> hello html5 </title>
    <script>
        document.write('<p>hello html</p>');
    </script>
</head>
<body>
</body>
</html>
```

이렇게 파일을 작성하고 나서 바로 브라우저로 불러 실행해볼 수 있습니다. 불러오고 싶은 파일 이름에 대고 마우스 오른쪽 버튼을 클릭한 후 나타나는 팝업 메뉴에서 [Open in Browser]를 선택합니다.

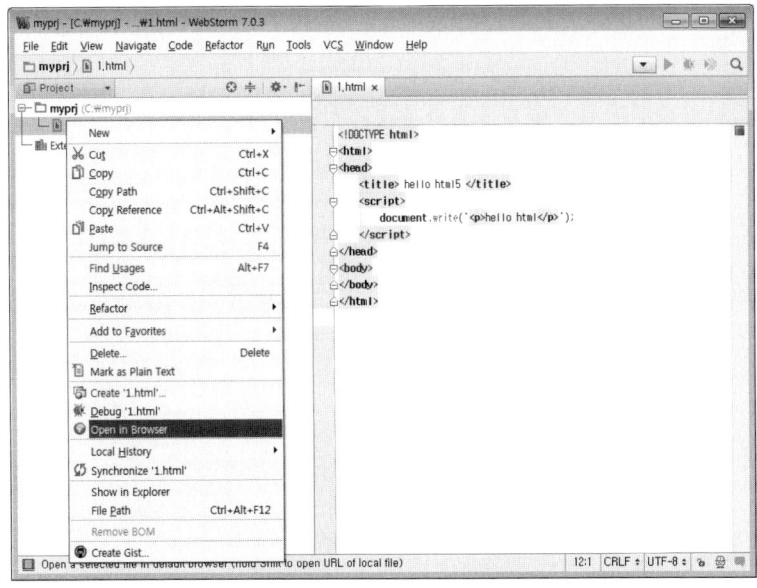

그림 3-22 브라우저로 열기

직접 브라우저의 개발자 도구를 열지 않고서도 웹스톰을 이용하여 디버깅할 수도 있습니다. 디버깅할 파일 이름에서 마우스 오른쪽 버튼을 클릭한 다음 메뉴에서 [Run]→[Edit Configurations]을 선택합니다.

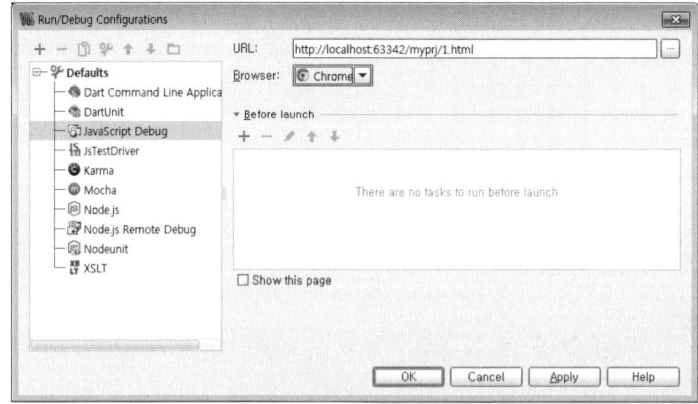

그림 3-23 디버그 설정

작성한 HTML 파일을 읽어서 실행해볼 브라우저를 선택합니다. 크롬과 파이어폭스 중에 선택할 수 있습니다. 설정이 끝났으면 〈OK〉 버튼을 클릭합니다.

벌레 모양의 아이콘을 클릭하면 선택한 브라우저가 실행되면서 디버거가 실행됩니다. 스크립트 태그 내에 있는 코드를 줄 단위로 브레이크 포인트도 지정할 수 있고 한 줄씩 실행해볼 수도 있습니다.

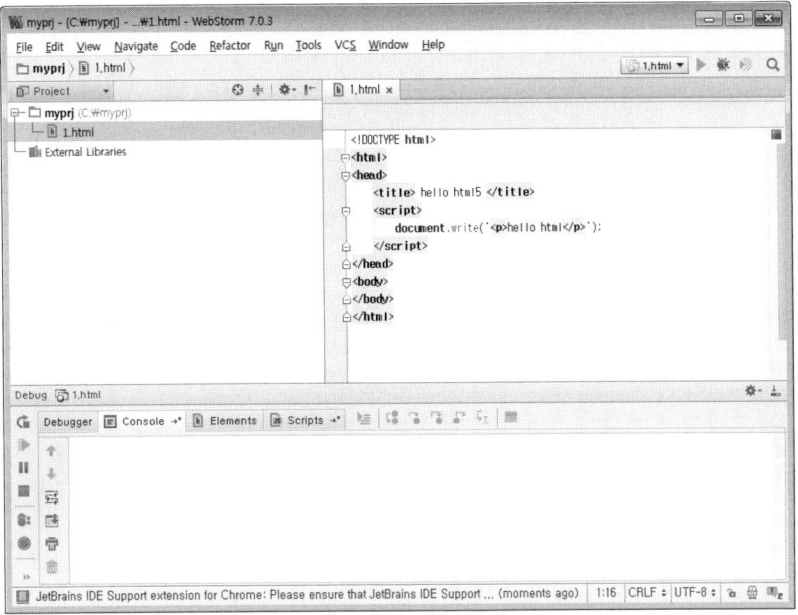

그림 3-24 디버거 실행

4.2 넷빈

지금은 오라클로 흡수된 선마이크로시스템즈에서 개발한 무료 자바 전문 개발 도구입니다. 이클립스와 같이 자바 개발 IDE로 양대산맥을 이루었으나 자바 가상 머신에서 구동하기 때문에 자바가 깔린 시스템에서는 대부분 동작하지만 이클립스에 비해 무거운 것이 단점이었습니다. 자바 언어 외에 C/C++, 루비, 파이썬, PHP 등을 지원하고 있으며 7.3 버전부터는 HTML5용 개발환경을 지원합니다. https://netbeans.org/에서 무료로 내려받으실 수 있습니다.

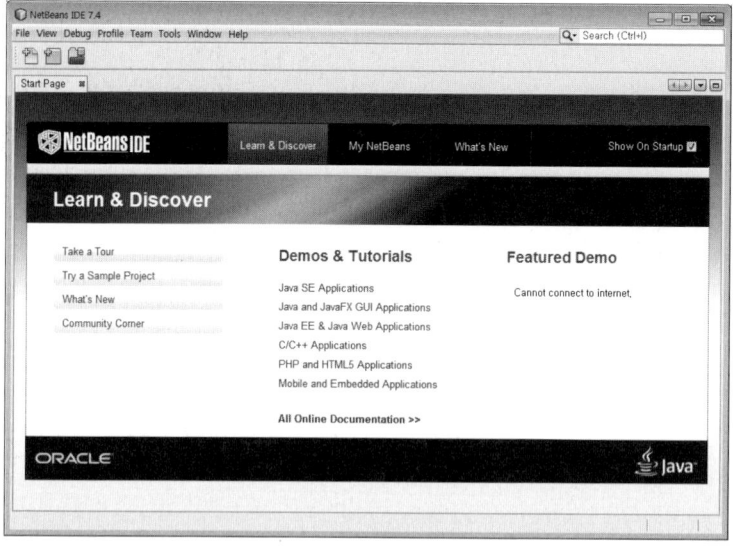

그림 3-25 넷빈 실행

넷빈을 처음 실행시키면 그림 3-25와 같은 화면이 나옵니다. 상단의 도구 모음에서 + 마크가 있는 폴더 모양 아이콘을 클릭해서 새로운 프로젝트를 만듭니다.

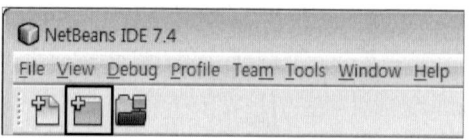

그림 3-26 새로운 프로젝트 만들기

프로젝트 설정 창이 뜨면 먼저 카테고리는 'HTML/JavaScript'로, 프로젝트 형태는 'HTML5 Application'을 선택합니다. 그리고 〈Next〉 버튼을 클릭합니다.

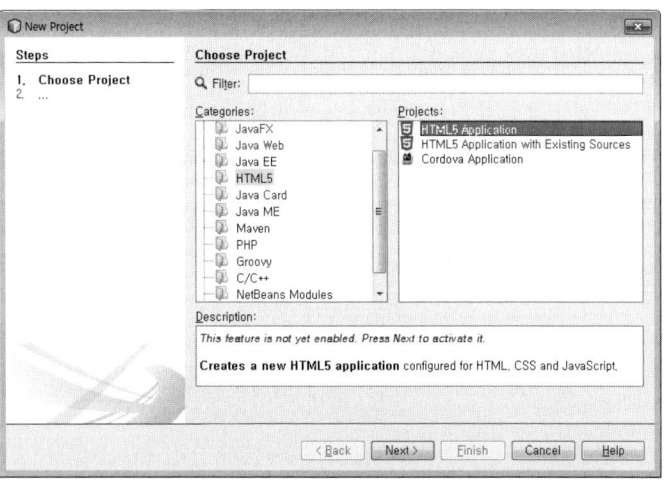

그림 3-27 프로젝트 설정

원하는 프로젝트 이름과 프로젝트가 위치할 경로를 지정합니다. 그리고 별다른 설정 없이 〈Next〉 버튼을 프로젝트 설정 창이 사라질 때까지 클릭합니다.

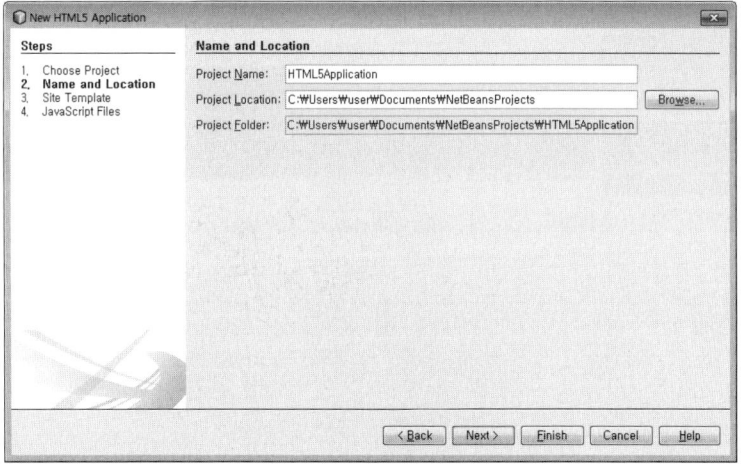

그림 3-28 프로젝트 설정 완료

4.3 압타나

압타나는 이클립스 기반 최초로 HTML5 전용 개발 도구를 표방하고 나온 도구입니다. 티타늄이라는 하이브리드 프레임워크에 맞추어 개발된 도구인데, 현재는 개발팀이 해체되면서 업데이트가 잠시 중단된 것으로 보입니다. (1년 정도 업그레이드가 이루어지지 않고 있습니다.) 그래도 이클립스에 익숙한 사용자들은 아직은 쓸만한 도구입니다. http://www.aptana.com/에서 내려받으실 수 있습니다.

사용법은 이클립스와 거의 같습니다. 워크스페이스 단위로 프로젝트를 만들어서 합니다. 그리고 이클립스와 프로젝트가 일부 호환이 됩니다.

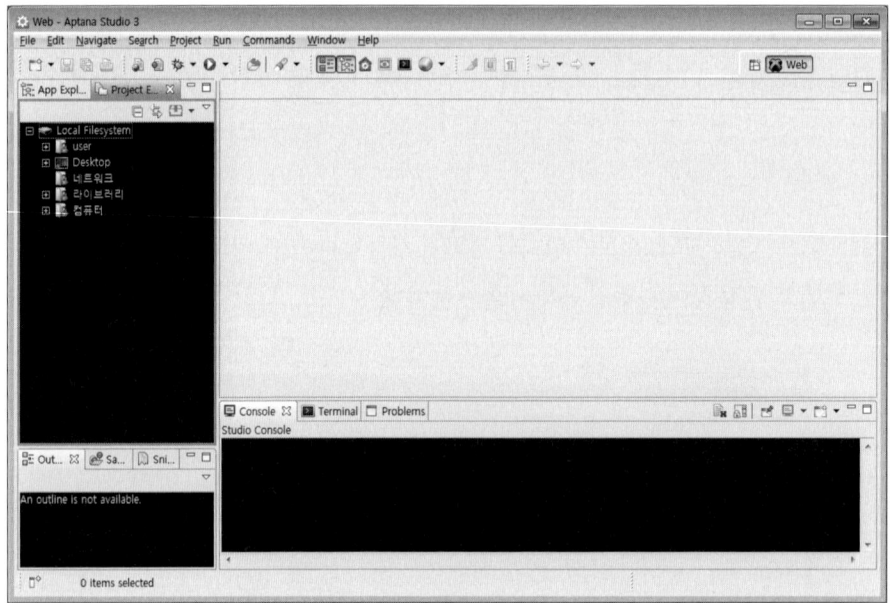

그림 3-29 압타나 실행 모습

그림 3-29처럼 이클립스 소스 기반으로 만들어졌기 때문에 인터페이스가 거의 유사하며 기능도 티타늄 프레임워크 기능을 제외하고는 거의 같습니다.

제 4 장

나만의 웹 게임 개발 플랫폼 준비하기

Chapter 04

동적인 웹 기술을 이용하면 다양한 형태의 애플리케이션을 마치 블로그에 글을 올리듯 쉽게 배포할 수 있습니다. 이번 장에서는 구글 블로그를 이용해서 동적인 웹 애플리케이션을 만들어 보도록 하겠습니다. 기존에는 프로그램을 만들면 운영체제에 맞는 바이너리 상태로 실행되는 것이었던 반면에 웹을 운영체제로 놓고 보는 개념입니다. 즉, 브라우저가 애플리케이션의 실행 환경이 됩니다.

1. 블로그를 나만의 앱스토어로 만들자!

구슬이 서 말이라도 꿰어야 보배라는 말처럼 애플리케이션을 만들고 난 다음에 다른 사람들이 사용하도록 배포하는 방법은 개발만큼이나 매우 의미 있는 일입니다.

기존 네이티브로 언어로 개발한 애플리케이션은 컴파일과 링크 과정을 거쳐 특정 운영체제용 바이너리를 만들어서 배포하는 방식을 사용했습니다. 이 방법은 애플리케이션 자체의 효율은 좋으나 실행 환경 자체가 특정 하드웨어나 운영체제에 한정되는 단점뿐만 아니라 배포 방식도 설치 프로그램이나 업데이터 또는 런처 등을 따로 만드는 등의 불편함을 감수해야 했었습니다.

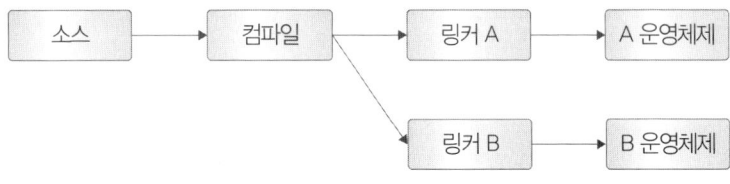

그림 4-1 네이티브 언어로 개발한 애플리케이션

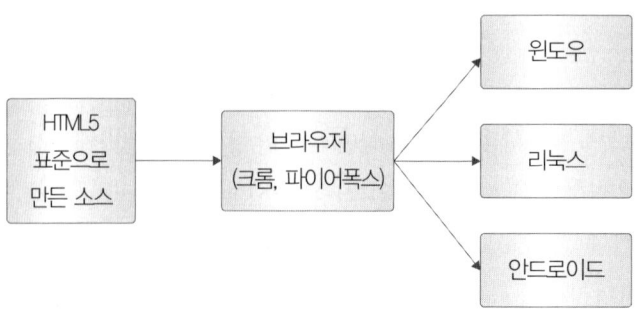

그림 4-2 HTML5로 개발한 애플리케이션

그림 4-1처럼 네이티브 언어를 사용하면 매번 컴파일과 링킹을 반복해야 하며 역시 새로운 운영 체제를 추가하려 해도 같은 과정을 반복해야 합니다. 반면에 HTML5 개발한 프로젝트는 한번 개발해두면 브라우저가 실행 가능한 시스템에서는 별도의 수정 없이 모두 동작하게 됩니다. 배포 방식도 네이티브 언어는 실행 파일을 입력해서 직접 실행기에 올려 오픈시켜 실행하는 반면에 웹으로 개발한 애플리케이션은 서버에 소스를 올리고 웹 서버로 배포하기 때문에 서버에 소스를 올리는 순간 도메인(인터넷 고유 주소) 단위로 애플리케이션이 만들어집니다. 별도의 설치나 업데이트 설정 없이 주소창에 주소만 입력하면 애플리케이션이 실행되는 방식입니다.

1.1 구글 블로그 만들기

먼저 구글 계정을 하나 만듭니다. 만약 가지고 있다면(Gmail 계정) 바로 구글로 로그인합니다. 오른쪽 위에 있는 격자 모양의 메뉴를 클릭한 다음 아래의 [더 보기]를 선택하면 다음 그림과 같이 [Blogger]가 나오는데, 이 메뉴를 선택합니다.

그림 4-3 구글 블로그 만들기 1

[새 블로그] 버튼을 클릭해서 새로운 블로그를 생성합니다. 이미 만들어진 블로그가 있다면 그것을 사용해도 좋습니다.

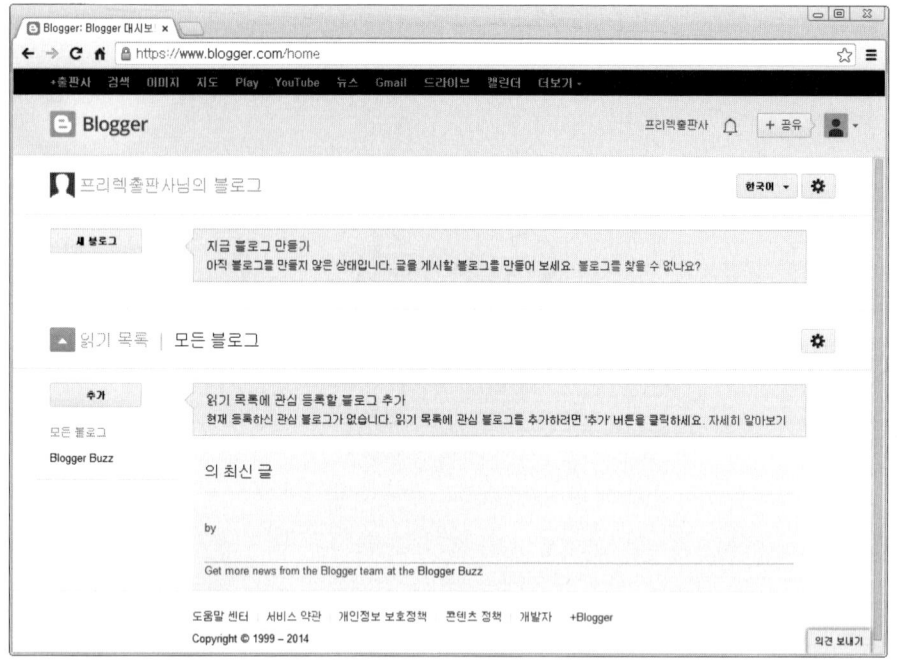

그림 4-4 구글 블로그 만들기 2

1.2 블로그에 동적인 글쓰기

블로그가 만들어졌다면 새 글 작성 버튼을 클릭해서 글을 작성합니다.

그림 4-5 글 작성

다음과 같이 편집 창이 뜨면 제목을 정해주고 편집 모드를 HTML 모드로 전환해줍니다.

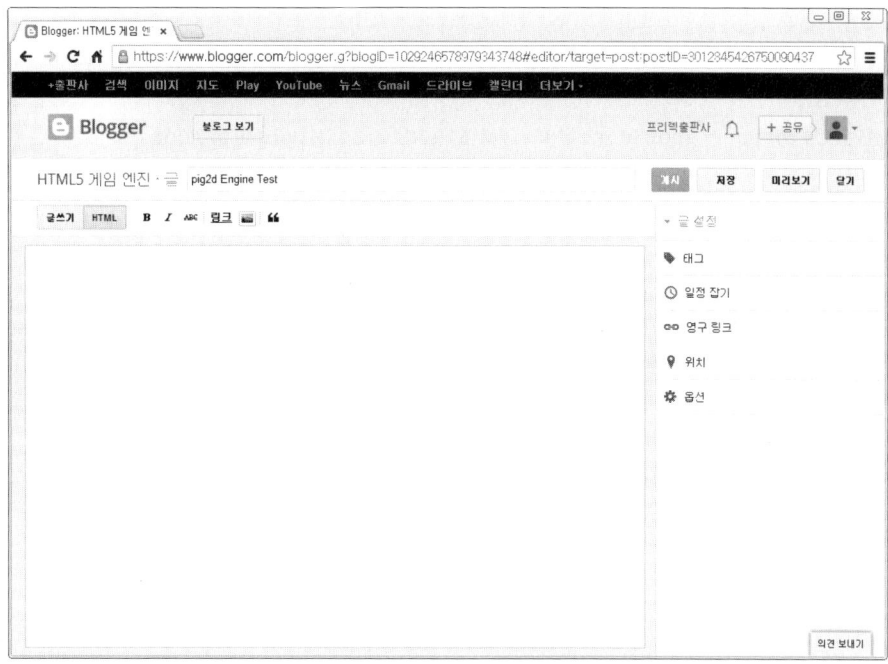

그림 4-6 편집 창

그림 4-6과 같이 편집 창이 열리면 제목을 입력하고(예: pig2d Engine Test) 내용을 다음과 같이 작성합니다.

예제 | 4-1 pig2d Engine Test

```
<link rel="stylesheet"
    href="http://gbox3d.github.io/pig2d/libs/pig2d/css/core.css" />

<!--jQuery가 종속성 관계에서 가장 높은 위치이다 그래서 맨 먼저 쓴다. -->
<script src="http://gbox3d.github.io/pig2d/libs/
    jquery-2.0.3.min.js"></script>
<script src="http://gbox3d.github.io/pig2d/libs/backbone/
    underscore-min.js"></script>
<script src="http://gbox3d.github.io/pig2d/libs/backbone/
    backbone-min.js"></script>
```

```html
<!--pig2d 엔진은 jQuery와 백본에 종속적이므로 맨 나중에 쓴다. -->
<script src="http://gbox3d.github.io/pig2d/libs/pig2d/js/core.js">
    </script>
<script src="http://gbox3d.github.io/pig2d/libs/pig2d/js/node2d.js">
    </script>
<script src="http://gbox3d.github.io/pig2d/libs/pig2d/js/system.js">
    </script>

<div style="margin: auto; width: 320px;">
   <div id="text-framerate-info">frame rate</div>
   <div id="sprite_window"
      style="height: 260px; margin-top: 3px; position: relative;">
      <svg style="border: 1px solid;
             height: 240px; position: absolute;">
         <line style="stroke: #000000;"
                   x1="0" x2="320" y1="120" y2="120">
         </line>
         <line style="stroke: #000000;"
                   x1="160" x2="160" y1="0" y2="240">
         </line>
      </svg>
   </div>
</div>
<p>마우스나 터치로 움직여 보세요.</p>

<script>
   //장면 관리자 생성하기
   var Smgr = new Pig2d.SceneManager({
      container : document.getElementById('sprite_window')
   });

   /////////////////////////////////
   //객체 만들기(텍스트)
   var node = new Pig2d.node();
   var model = new Pig2d.model();

   var element = document.createElement('div');
   element.innerText = 'P';
   element.style.backgroundColor = 'yellow';
```

```
        element.style.width = '64px';
        element.style.height = '64px';
        element.style.lineHeight = '64px';
        element.style.textAlign = 'center';
        element.style.webkitTransform = 'translate(-32px,-32px)';

        model.get('element').appendChild(element);
        model.setPosition(160,120);
        node.set({model : model});
        Smgr.add(node);

        //컨트롤러 설정
        Pig2d.util.setup_pig2dTestController(
            //이벤트를 받을 대상 (여기서는 화면 전체임)

            document.querySelector('#sprite_window'), node        //조종 대상 객체
        );

        //게임 루프 시작
        Pig2d.system.startGameLoop({
            framerate_info_element :
                document.querySelector("#text-framerate-info"),
            gameLoopCallBack : function(deltaTime) {
                //장면 관리자 업데이트
                //여기서 모든 노드의 최신 상태가 화면에 반영된다.
                Smgr.updateAll(deltaTime);
            },
            loopCount_limit : 30
        });
</script>
```

텍스트 박스를 만들어 터치나 마우스로 이벤트로 움직여 보는 예제입니다. 사용한 pig2d 엔진은 나중에 뒤에서 직접 다루어 보면서 설명할 엔진입니다. 최신 버전은 https://github.com/gbox3d/pig2d에서 구하실 수 있습니다. 100% HTML5로만 작성된 작고 가벼운 2D 게임 엔진입니다.

여기서는 내려받지 않고 실행 시에 원격 서버에서 CDN 형식으로 동적으로 내려받아 사용하도록 주소로 접근하도록 했습니다.

GitHub 설정

GitHub에 소스를 올리면 기본적으로 [branch: master]로 업로드가 됩니다. 그러나 자바스크립트 파일은 헤더가 텍스트 형태로 전송되므로 브라우저에서 스크립트로 해석되지 않고 단순 텍스트로 인식해서 제대로 엔진이 동작하지 않습니다.

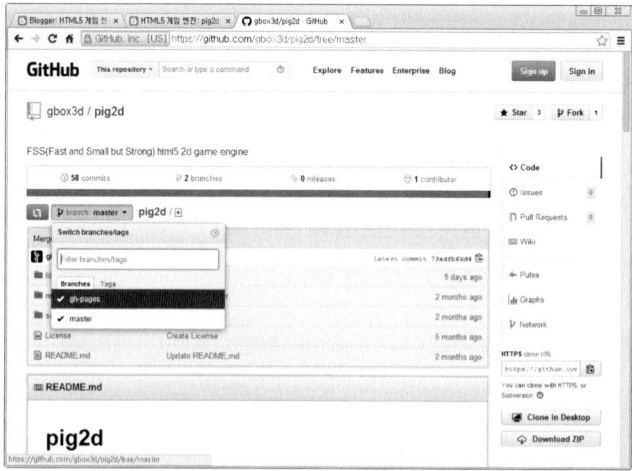

그림 4-7

그래서 GitHub에서는 따로 gh-pages 브랜치를 통해서 간단한 웹 호스팅을 하도록 지원해주고 있습니다. 위 그림처럼 먼저 gh-pages branch를 추가하고 master → gh-pages로 머지시켜주면 자바스크립트 파일을 사용할 수 있습니다.

그림 4-8

다음과 같은 형식으로 접근할 수 있습니다.

http://아이디.github.io/[파일 경로]

```
<script src="http://gbox3d.github.io/pig2d/libs/gl-matrix-
min.js"></script>
```

1.3 게임 출시하기

작성이 끝난 다음 업데이트 버튼을 클릭하면 게시할 준비가 끝납니다. 메뉴 목록에 게시 버튼이
뜨는데, 클릭하면 인터넷의 불특정 다수가 모두 접근할 수 있도록 노출이 됩니다.

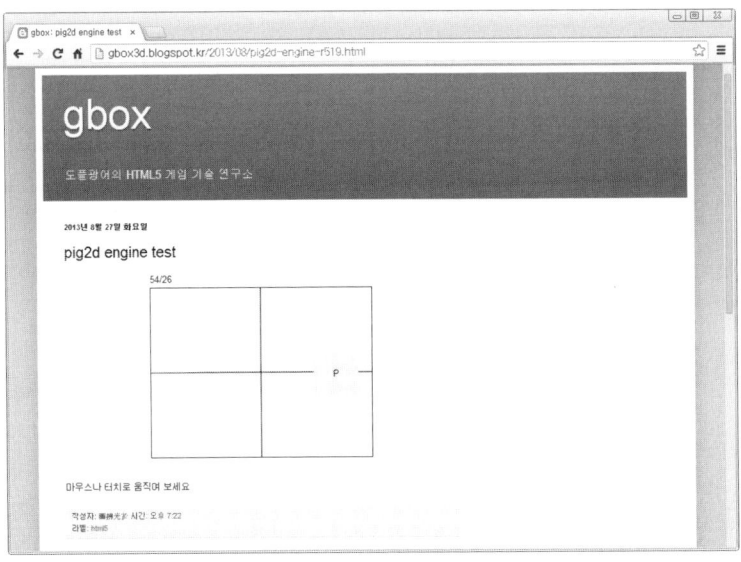

그림 4-9 작성한 블로그 확인

그림 4-9와 같이 글이 게시된 것을 보실 수 있습니다. 마우스를 좌우로 드래그하여 터치 무브하면
글 상자가 좌우로 회전합니다. 그리고 아래위로 마우스를 드래그하면 현재 회전 방향 기준으로 상

하로 움직입니다. 마치 플래시로 만든 것처럼 블로그 내용이 사용자 반응에 따라 동적으로 반응합니다. 따라서 이 방법을 이용해서 블로그에 글을 쓰는 것처럼 게임을 개발해서 배포할 수도 있습니다.

아무튼, 여러분은 지금 자신의 블로그를 게임 개발 플랫폼화한 것입니다. 멋지지 않나요? 블로그 글의 주소가 애플리케이션의 실행 경로가 됩니다. 이것은 QR 코드 형태로도 배포할 수 있습니다. 방금 올린 글의 링크는 다음과 같습니다.

> `URL` `http://gbox3d.blogspot.kr/2013/08/pig2d-engine-r519.html`

여러분이 만든 페이지는 이와는 다른 주소가 됩니다. 이것은 제 블로그에 올린 글의 주소입니다. 이 주소를 QR 코드 형태로 배포하고 싶다면 http://is.gd라는 사이트를 활용합니다.

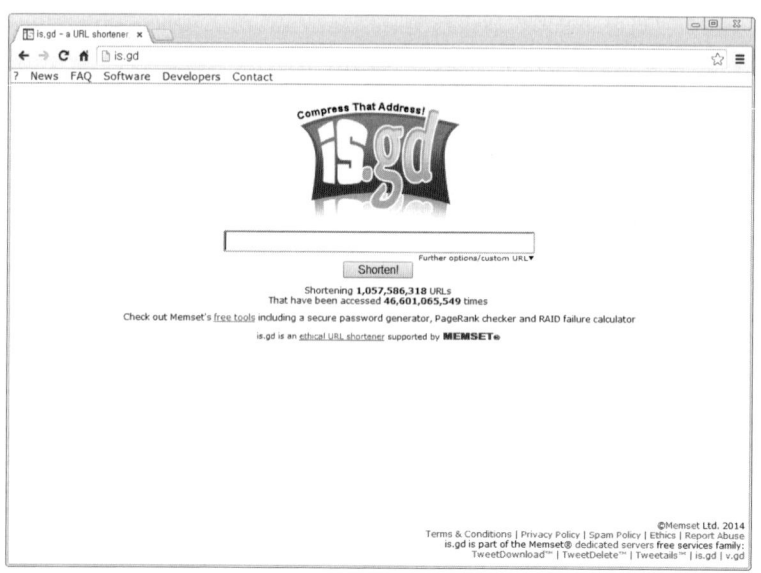

그림 4-10 http://is.gd

가운데 텍스트 입력창에 주소를 쳐넣으면 긴 주소도 짧게 줄여주고 주소에 접근할 수 있는 QR 코드도 출력해 줍니다.

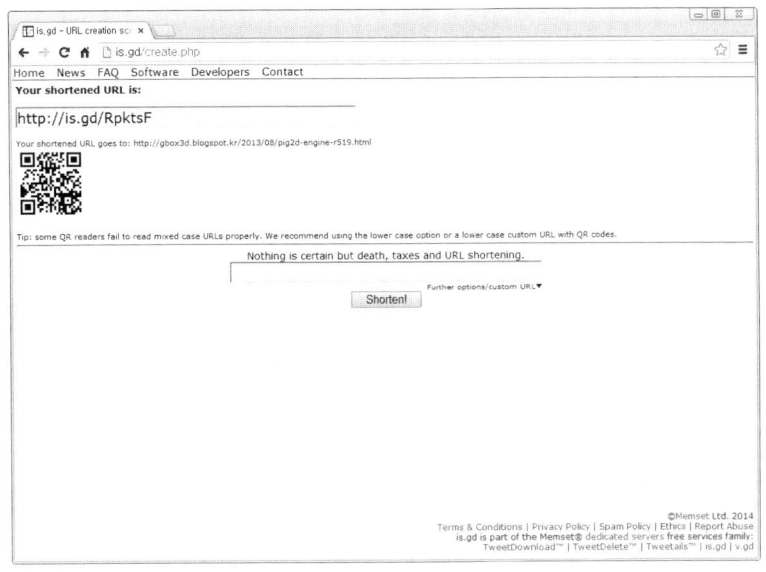

그림 4-11 QR 코드 만들기

주소 입력 후 〈Shorten!〉 버튼을 클릭하면 그림 4-11과 같은 결과가 나옵니다. 여기서 얻어진 QR 코드는 마우스 오른쪽을 클릭한 다음 다른 이름으로 저장하면 PNG 형태로 받아볼 수 있습니다. 이것을 확대하여 프린터로 출력해서 간판이나 명함 팸플릿같은 인쇄물에 붙이면 자신의 애플리케이션을 사용자들이 손쉽게 사용할 수 있습니다. 스마트폰용 QR 코드 애플리케이션들이 많이 나와 있으며 앱스토어에서 'QR Code'라고 검색하시면 관련 애플리케이션을 손쉽게 찾을 수 있습니다. 네이버 앱에도 이 기능이 포함되어 있습니다.

QR 코드만 필요할 때는 좀 더 간단하게 얻는 방법이 있습니다. 바로 구글에서 배포하는 Open API를 사용하는 방법입니다. 이미지 크기와 주소를 지정해서 사용하는데, API 형식은 다음과 같습니다.

http://chart.apis.google.com/chart?cht=qr&chs=[이미지 크기]&choe=UTF-8&chld=H|0&chl=[주소]

실제 사용 예는 다음과 같습니다.

URL http://chart.apis.google.com/chart?cht=qr&chs=100x100&choe=UTF-8
&chld=H|0&chl=http://is.gd/RpktsF

이것을 브라우저 창에 넣고 Enter 를 치면 인자로 넣어준 것에 해당하는 QR 코드 이미지가 생성됩니다.

이렇게 만든 QR 코드를 스캔 프로그램으로 읽으면 다음과 같이 스마트폰에서도 별도의 설치 과정 없이 웹 브라우저에서 바로 실행해볼 수 있습니다.

pig2d 엔진은 웹 표준과 웹킷 기반으로 제작되었기 때문에 안드로이드나 아이폰에서도 그림 4-12와 같이 문제없이 동작합니다.

그림 4-12 모바일 실행 결과

2. 클라우드 개발환경

블로그의 글쓰기 기능으로 애플리케이션을 개발한다는 것은 매우 불편한 일입니다. 마치 한글 같은 워드 프로세서로 C 언어 소스를 만드는 작업과도 같습니다. (물론 예전에 일부 몰지각한 컴공과 학생들이 이렇게 했던 적도 있었습니다.)

웹 프런트엔드 기술을 이용해서 웹에서 자바스크립트, HTML, CSS 등을 바로 작성해서 즉시 테스트해볼 수 있고 소스를 저장 공유할 수 있는 서비스가 있습니다. 대표적인 사이트로는 http://jsbin.com과 http://jsfiddle.net 등이 있습니다.

2.1 JSFIDDLE

웹의 프런트엔드 기술인 HTML, CSS, 자바스크립트를 웹에서 작성해서 바로 테스트해볼 수 있는 간단한 클라우드 개발환경입니다. 그뿐만 아니라 소스를 다른 사람과 서로 공유할 수도 있습니다.

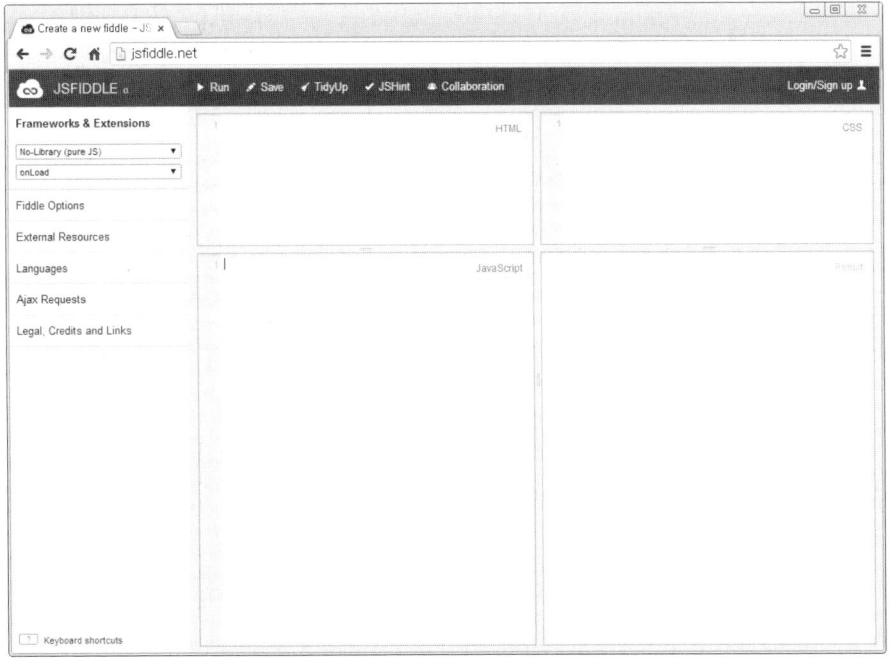

그림 4-13 http://jsfiddle.net

브라우저로 http://jsfiddle.net에 접속하면 그림 4–13처럼 화면이 나옵니다. 그러면 JavaScript 창에 그림 4–14처럼 alert('hello html5');라고 입력합니다. 그리고 상단의 〈▶ Run〉을 클릭합니다.

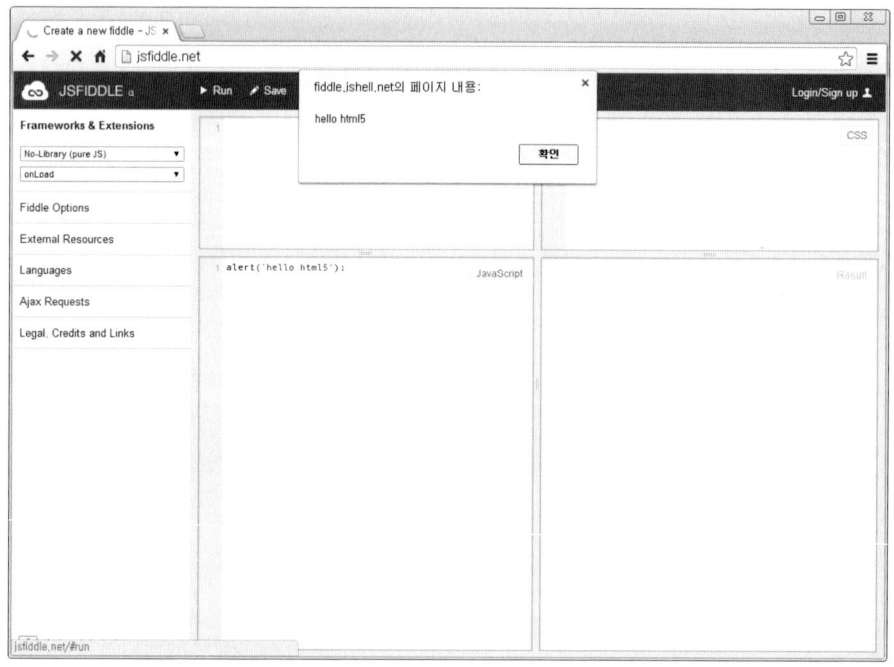

그림 4–14 실행 결과

그림에서 보듯이 방금 작성한 소스의 내용이 실행됩니다. 작업한 내용을 저장하고 싶다면 〈Save〉를 클릭하면 됩니다.

URL   http://jsfiddle.net/zXmH3/

주소창에 위와 같이 뒤에 고유한 코드로 된 주소(zXmH3)가 추가됩니다. 이 주소를 가지고 이후에 다시 소스를 불러올 수 있고 또한 소스를 간편하게 공유할 수도 있습니다.

2.2 JS Bin

JSFIDDLE과 비슷한 기능의 클라우드 개발환경입니다. 다른 점이라면 기본적인 소스 편집 기능 이외에 콘솔 기능이 하나 더 추가되어 있다는 점을 들 수 있습니다.

브라우저의 주소창에 http://jsbin.com/을 입력하고 서비스에 접속합니다.

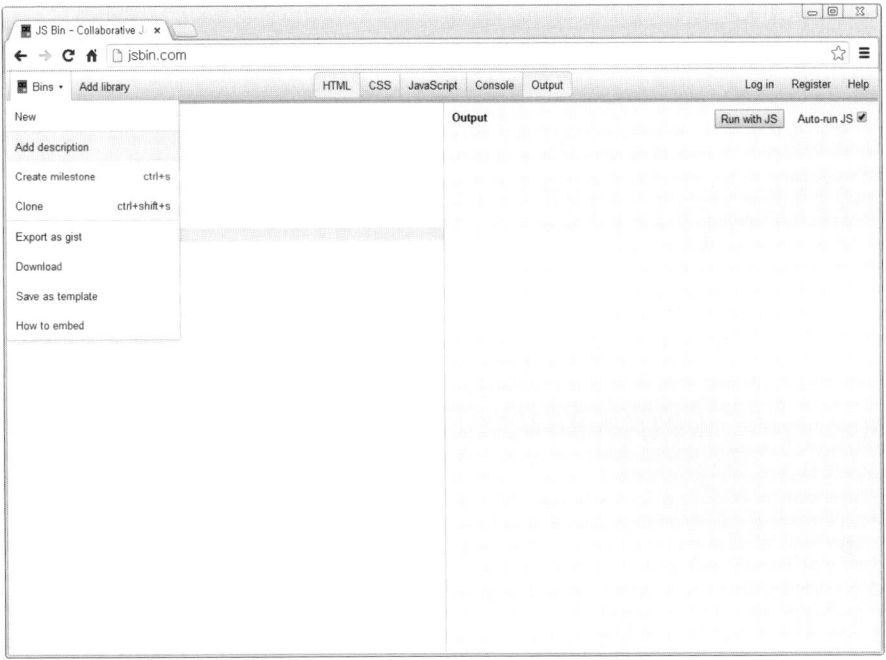

그림 4-15 http://jsbin.com

JS Bin은 JSFIDDLE에 비해서 좀 더 네이티브 도구 같은 느낌이 드는 웹 IDE 개념의 서비스입니다.

자바스크립트 창을 선택하고 `console.log('hello')`라고 타이핑한 후 [Console] 탭의 〈run〉 버튼을 클릭하면 다음과 같이 실행 화면이 나옵니다.

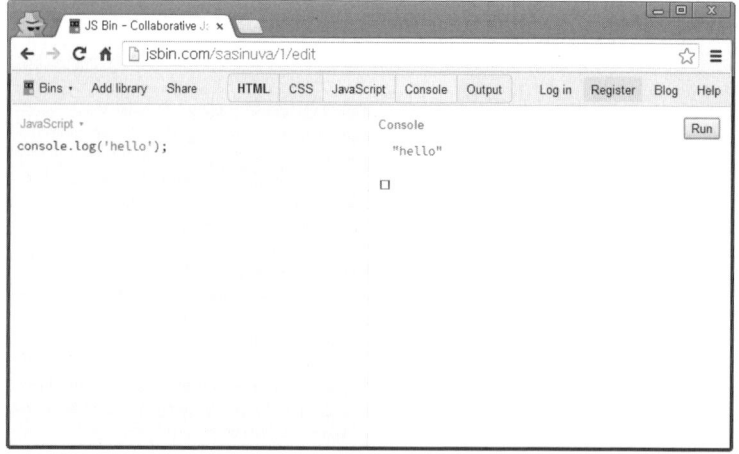

그림 4-16 자바스크립트 콘솔 확인

[Bins] 드롭다운 메뉴에서 [New] 선택하고 [JavaScript] 탭을 열어서 다음과 같이 소스를 작성합니다.

```
var hello = document.createElement('div');
hello.innerText = 'hello js';
document.body.appendChild(hello);
```

〈div〉 엘리먼트를 만들어서 내부 텍스트는 'hello js'로 하고 document.body의 자식으로 추가하는 내용입니다. 이번에는 [Output] 탭을 열고 〈Run with JS〉 버튼을 클릭하면 실행 결과를 볼 수 있습니다.

그림 4-17 자바스크립트 실행 화면

콘솔 창을 쓸 수 있다는 것 이외에도 JS Bin의 또 하나 장점은 HTML 편집 탭에서 〈script〉 태그를 써서 직접 사용하고 싶은 라이브러리를 추가할 수 있다는 점입니다. 물론 [Add library] 메뉴를 선택해서 추가할 수도 있지만, 목록에 없는 라이브러리라도 직접 추가할 수 있으므로 JSFIDDLE에 비해 좀 더 실용적이라고 할 수 있습니다.

그림 4-18 jQuery를 추가한 모습

3. HTML5 게임을 서비스하기 위한 호스팅 서비스 사용하기

앞에서 소개한 두 개의 서비스는 프런트엔드 서비스만을 제공합니다. 이에 비해 nitrous.io는 프런트엔드 개발환경뿐만 아니라 백엔드 환경(서버 호스팅)까지 통합해서 제공하는 서비스입니다. 예를 들어 사용자들끼리 채팅이라든지 랭킹을 매기는 것은 서버 쪽에 데이터가 남아야 하기 때문에 프런트엔드만으로는 처리할 수 없습니다. 그래서 Node.js와 같은 서버 개발환경을 설치하고 백엔드 서비스(서버)를 구축해야 합니다. nitrous.io는 이럴 때 사용할 수 있는 양쪽을 한 번에 통합해서 제공하는 클라우드 개발환경입니다.

브라우저로 http://nitrous.io에 접속해서 회원 가입을 합니다. 가입 확인 메일에 있는 계정을 활성화하는 링크를 클릭해서 가입 절차를 마치면 다음과 같은 초기 화면을 볼 수 있습니다. 그러면 〈New Box〉 버튼을 클릭해서 새로운 박스를 추가합니다.

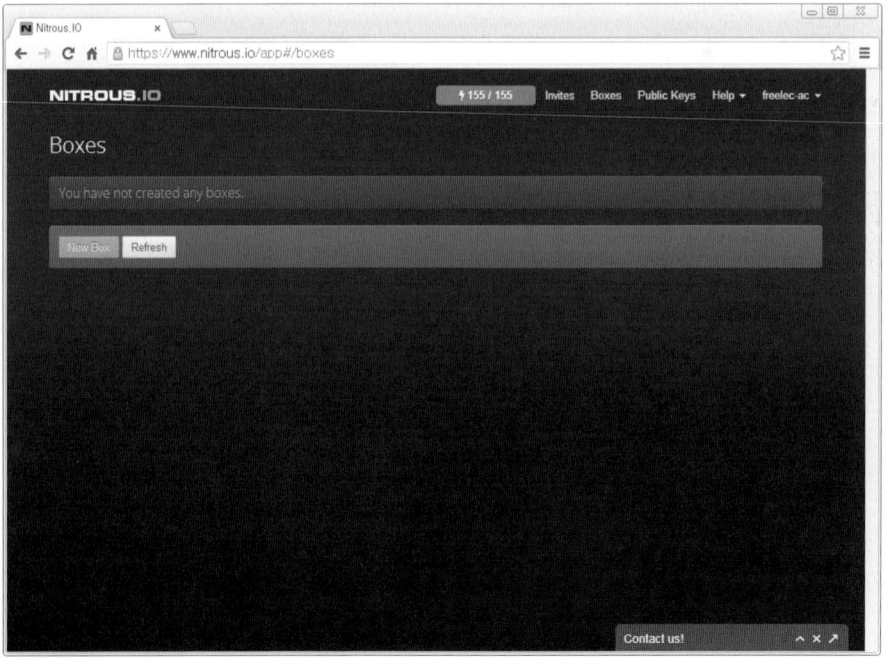

그림 4-19 http://nitrous.io

여기서 박스(Box) 개념은 가상 기계 개념입니다. 그러므로 하나의 박스를 추가한다는 것은 기계 하나를 설치하는 것과 같습니다.

일단 무료로 750메가의 공간을 사용할 수 있습니다. 무료 버전은 계정을 로그아웃하면 서버가 주기적으로 셧다운되므로 정식으로 서비스하려면 유료 서비스를 신청해야 합니다. 그러나 단순히 서버를 간단하게 구축해서 테스트해보는 정도라면 무료 버전도 괜찮습니다.

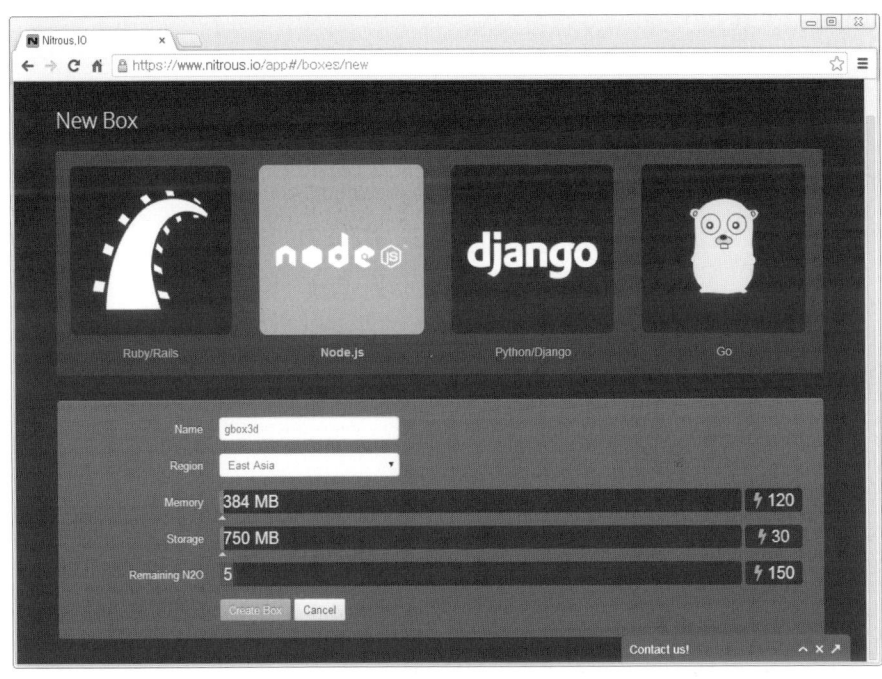

그림 4-20 새로운 박스 만들기

그림 4-20처럼 Node.js를 선택해서 박스를 생성합니다. NITROUS.IO는 노드 이외에도 루비, 파이썬, Go 등 다양한 언어를 지원합니다.

이 서비스에서는 N2O라는 게임에서 캐릭터를 만들 때 쓰는 스탯치 같은 것을 줍니다. 무료는 기본 150N2O를 줍니다. 이것을 적절히 배분해서 서버 용량을 세팅합니다. 기본은 램은 384MB, 하드디스크 750MB가 세팅됩니다.

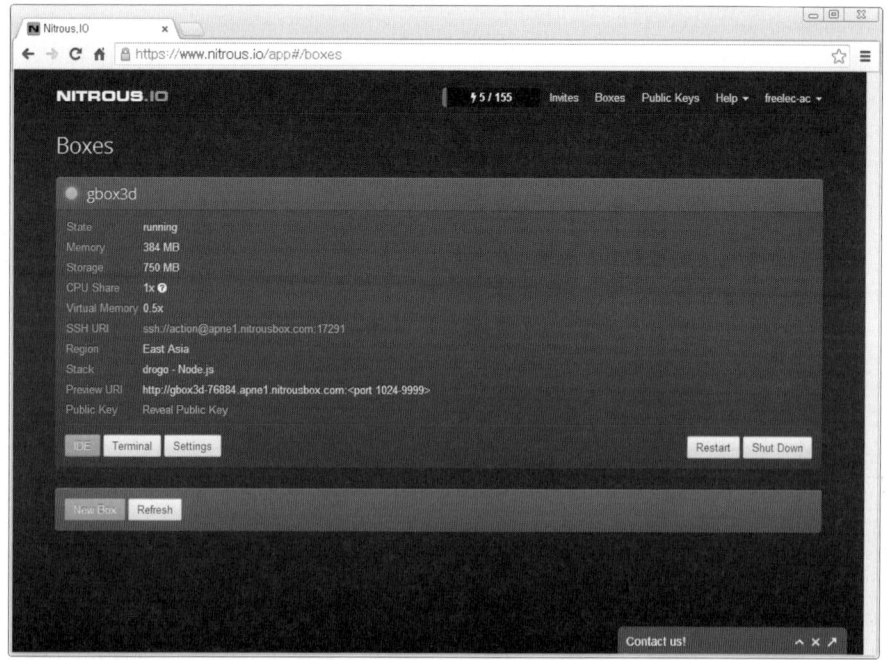

그림 4-21 설정 완료

설정을 다 마쳤으면 위와 같은 화면이 나옵니다. 여기서 오랜지 색 〈IDE〉 버튼을 클릭해서 개발
환경으로 이동하도록 합니다.

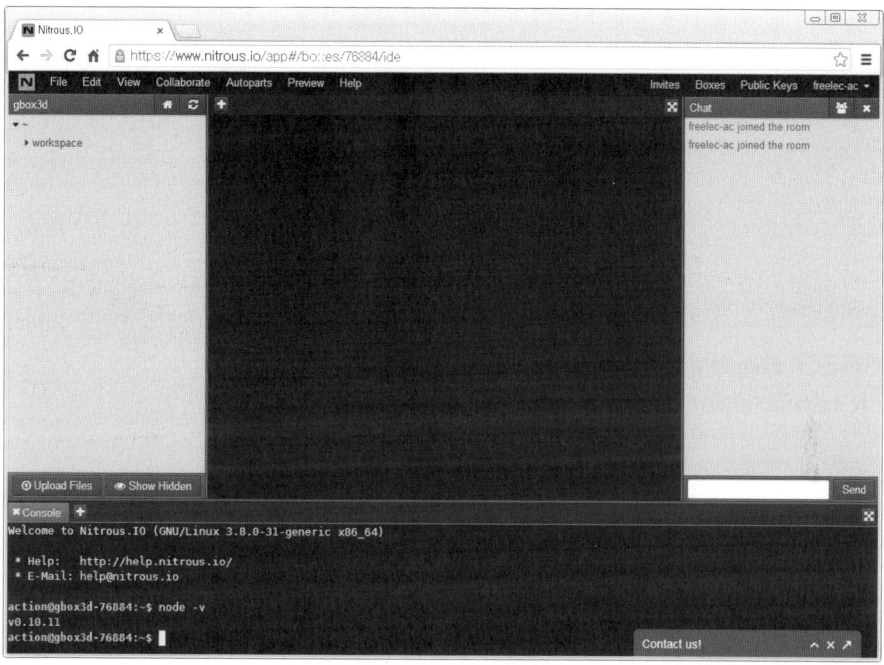

그림 4-22 실행 모습

그림처럼 Node.js가 설치된 리눅스 서버 개발 환경이 아주 간단하게 구축되었습니다. 이미 Node.js가 세팅된 상태이므로 아랫부분의 터미널 창에서 직접 Node.js를 실행할 수 있습니다.

```
$ node -v
```

위의 명령어를 콘솔 창에 입력해서 현재 노드 버전을 알아봅시다. 그림 4-22 아랫부분처럼 버전 정보가 나오면 제대로 세팅이 완료된 상태입니다. 기왕 세팅한 김에 간단하게 Node.js를 이용해서 웹 서버를 만들어 보도록 하겠습니다.

먼저 npm으로 connect라는 노드 플러그인 모듈을 설치합니다.

```
$ cd ~/
$ npm install connect
```

다음으로, workspace 폴더에 server.js 파일을 만들고 내용을 다음과 같이 입력합니다.

예제 4-2 server.js

```
var connect = require('connect');
connect.createServer(connect.static(__dirname)).listen(3000);
```

index.html 파일을 같은 곳에 만들어 줍니다. 파일 내용은 다음과 같습니다. 이전 절에서 블로그에 올렸던 소스를 독립적인 HTML 문서 구조로 다시 만든 것입니다.

예제 4-3 index.html

```
<!DOCTYPE html>
<html>
<head>
    <title> </title>
</head>
<body>
<link rel="stylesheet"
    href="http://gbox3d.github.io/pig2d/libs/pig2d/css/core.css" />

<!--jQuery가 종속성 관계에서 가장 높은 위치이다 그래서 맨 먼저 쓴다. -->
<script src="http://gbox3d.github.io/pig2d/libs/
    jquery-2.0.3.min.js"></script>
<script src="http://gbox3d.github.io/pig2d/libs/backbone/
    underscore-min.js"></script>
<script src="http://gbox3d.github.io/pig2d/libs/backbone/
    backbone-min.js"></script>

<!--pig2d 엔진은 jQuery와 백본에 종속적이므로 맨 나중에 쓴다. -->
<script src="http://gbox3d.github.io/pig2d/libs/pig2d/js/core.js">
    </script>
<script src="http://gbox3d.github.io/pig2d/libs/pig2d/js/node2d.js">
```

```
    </script>
<script src="http://gbox3d.github.io/pig2d/libs/pig2d/js/system.js">
    </script>

<div style="margin: auto; width: 320px;">
    <div id="text-framerate-info">frame rate</div>
    <div id="sprite_window"
        style="height: 260px; margin-top: 3px; position: relative;">
        <svg style="border: 1px solid; height: 240px;
            position: absolute;">
        <line style="stroke: #000000;" x1="0" x2="320"
            y1="120" y2="120">
        </line>
        <line style="stroke: #000000;" x1="160" x2="160"
            y1="0" y2="240">
        </line>
        </svg>
    </div>
</div>
<p>마우스나 터치로 움직여 보세요.</p>

<script>
    //장면 관리자 생성하기
    var Smgr = new Pig2d.SceneManager({
        container : document.getElementById('sprite_window')
    });
    //////////////////////////////////
    //객체 만들기(텍스트)

    var node = new Pig2d.node();
    var model = new Pig2d.model();

    var element = document.createElement('div');
    element.innerText = 'P';
    element.style.backgroundColor = 'yellow';
    element.style.width = '64px';
    element.style.height = '64px';
    element.style.lineHeight = '64px';
    element.style.textAlign = 'center';
    element.style.webkitTransform = 'translate(-32px,-32px)';
```

```
        model.get('element').appendChild(element);
        model.setPosition(160,120);
        node.set({model : model});
        Smgr.add(node);

        //컨트롤러 설정
        Pig2d.util.setup_pig2dTestController(
            //이벤트를 받을 대상 (여기서는 화면 전체임)
            document.querySelector('#sprite_window'),
            node//조종할 대상이 되는 객체
        );

        //게임루프 시작
        Pig2d.system.startGameLoop({
            framerate_info_element :
                document.querySelector("#text-framerate-info"),
            gameLoopCallBack : function(deltaTime) {
                //장면 관리자 업데이트
                //여기서 모든 노드의 최신 상태가 화면에 반영된다.
                Smgr.updateAll(deltaTime);
            },
            loopCount_limit : 30
        });
</script>
</body>
</html>
```

작성한 파일을 모두 저장한 다음 명령어를 터미널 창에서 실행시켜줍니다.

```
$ cd ~/workspace
$ node server.js
```

이렇게 하면 간단한 정적 콘텐츠 전용 웹 서버를 만들어서 실행할 수 있습니다. (참고로 사용자의 브라우저와는 달리 서버만 놓고 보면 정적인 데이터를 보내는 것이므로 정적 콘텐츠 전용 웹 서버 라고 표현했습니다.)

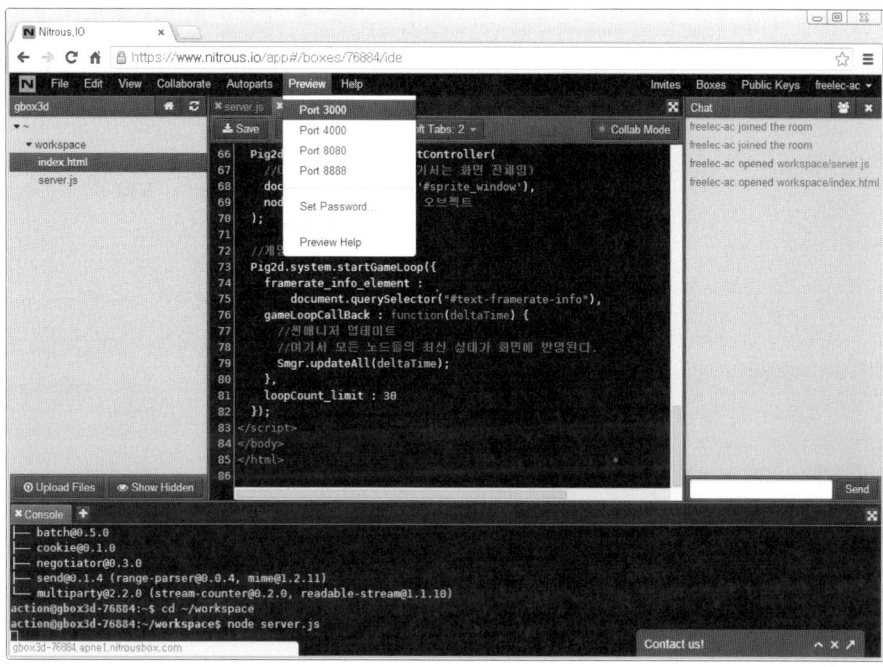

그림 4-23 실행할 포트 선택

[Preview] 메뉴에 있는 [Port 3000]을 선택하면 브라우저 창이 새로 열리며 index.html을 확인할 수 있습니다. 주소창에 있는 주소를 이용하면 로컬뿐만 아니라 외부에서도 접근할 수 있습니다.

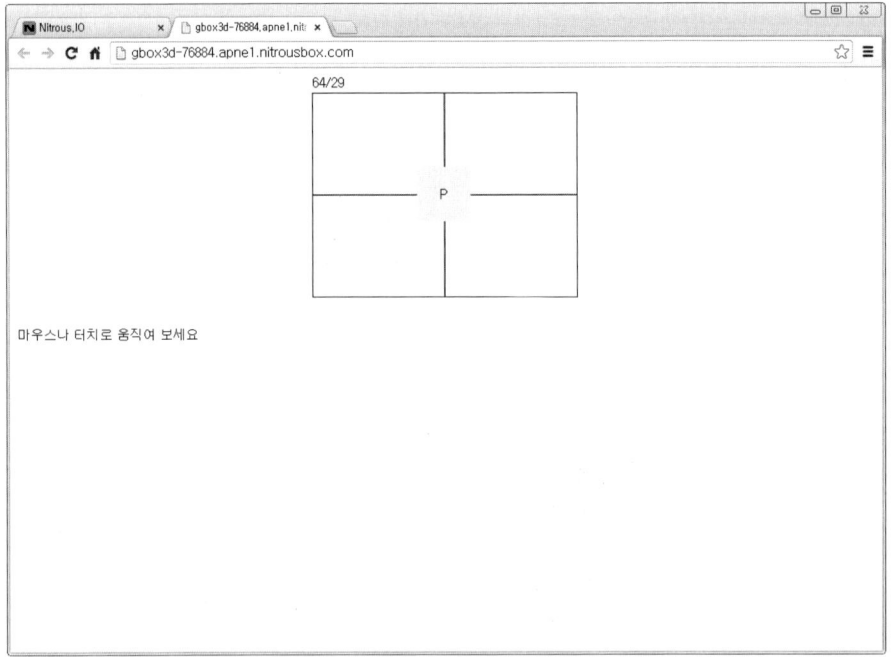

그림 4-24 http://nitrous.io에서 실행해본 모습

▸ p a r t

02

CSS3를 응용한
하이브리드
웹 게임 개발

제 5 장

웹킷과 CSS

Chapter 05

 프런트엔드 단의 애플리케이션 개발에서 UI 부분은 매우 중요한 부분의 하나 입니다. 작업량 대부분을 차지하기도 합니다. 여담이지만 일부 개발자들의 변명 중의 하나가 내부적으로는 다 구현했는데, 보여주는 부분을 아직 완성하지 못했다 는 말입니다. 사실 프런트엔드에서 보이는 부분의 작업량이 70% 이상을 차지합니다. 심지어 90% 가까이 잡아야 하는 것들도 있습니다.

대부분 운영체제는 소위 바탕 화면이라는 데스크톱 사용자 인터페이스 환경을 가지고 있습니다. 이와 함께 메뉴나 버튼 등의 인터페이스를 통일해서 개발자나 사용자에게 좀 더 일괄적인 컴퓨팅 환경을 제공하려는 목적으로 API 형식으로 개발 툴킷을 제공합니다. 대표적인 예로 과거의 Win32 API, GTK, XWindow API 같은 것들 있었습니다.

웹 브라우저를 운영체제로 보면 커널 부분은 네트워크 시스템으로 볼 수 있고, 브라우저는 데스크 톱 환경이 됩니다. 이처럼 가정하면 Win32 API SDK 같은 개념의 프로그래밍 개발 환경이 바로 웹킷(Webkit)이 됩니다.

 웹에서 프런트엔드 기술이라고 하는 것들은 HTML, CSS, 자바스크립트 등 주로 눈에 보이고 반응 하는 UI/UX 부분을 가리키는 용어입니다. 이에 비해 백엔드 기술은 PHP, JSP, Node.js와 같이 서 버 쪽에서 주로 데이터베이스와 기타 데이터를 유지하고 관리하는 기술을 뜻합니다.

1. 웹킷이란?

웹킷을 한마디로 정의하기는 어렵지만, 굳이 정의하자면 KHTML 기반의 응용 프로그램 프레임 워크라 할 수 있습니다. 오픈소스이며 관련 사이트는 http://www.webkit.org/입니다. 현재는 애플, 노키아, 어도비, 구글 등에 의해서 공동으로 개발되며 사파리와 크롬에도 웹킷이 도입되었 습니다. (두 브라우저의 부모가 같다고 보시면 됩니다.)

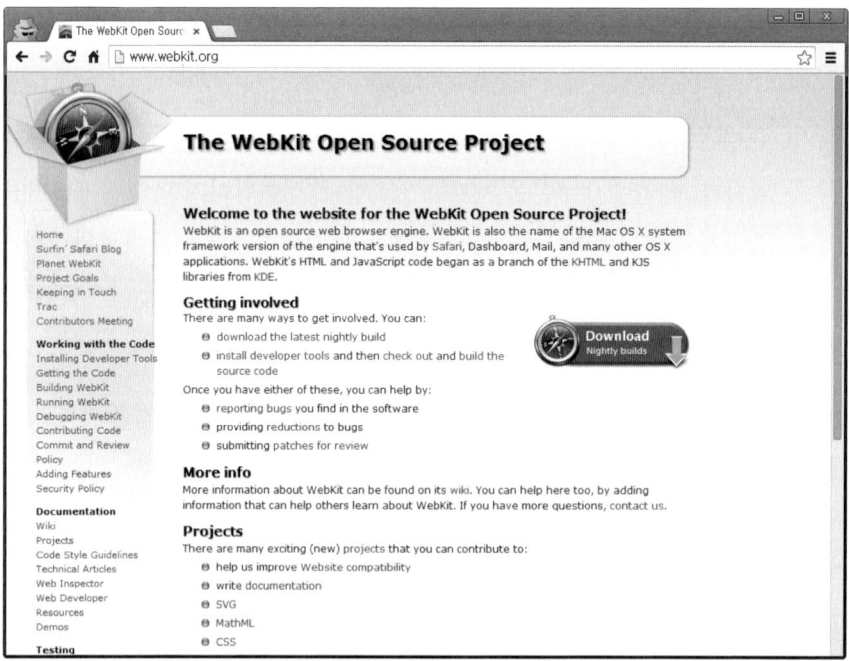

그림 5-1 webkit.org

KHTML

KHTML은 프리웨어로, KDE에서 개발한 HTML 레이아웃 렌더링 엔진입니다.

대표적으로 Konqueror 웹 브라우저(http://konqueror.kde.org/)에 사용되고 있습니다. 비교적 웹 표준을 잘 지키고 있으며 C++로 주로 구현되어 있어 성능 또한 타 레이아웃 엔진(게코, 트라이던트)에 비해 떨어지지 않습니다. 다음에 설명할 Qt로 KDE를 만들고 KDE 기반으로 다시 KHTML을 만들었다고 이해하시면 됩니다. 그리고 이것을 이용하여 구글과 애플이 가져다가 자기 회사의 브라우저를 만들 때 사용하려고 새로 만든 레이아웃 엔진이 웹킷입니다. 그래서 크롬과 사파리를 KHTML 브라우저라고 하지 않고 웹킷 브라우저라고 하는 것입니다. 그냥 쉽게 웹킷이 인류라면 KHTML은 유인원(?!)이라고 이해하시고 넘어가셔도 됩니다.

Qt
• • •

Qt는 크로스 플랫폼을 위한 GUI 개발 프레임워크입니다. 대표적으로 KDE에서 Qt를 사용하고 있습니다. 노르웨이의 트롤텍이라는 회사에서 최초로 개발하였습니다. 트롤텍은 이후에 노키아를 거쳐서 2012년에 Digia사에 인수되었습니다.

Qt는 원래 C++ 전용으로 개발되었지만, 이후에 파이썬, 루비, 파스칼 같은 언어와도 연동할 수 있도록 발전합니다. GUI뿐만 아니라 데이터베이스 모듈, 파일 관리, 스레드 관리 등도 지원합니다. 현재 Qt가 지원하는 플랫폼은 다음과 같습니다.

- 리눅스
- 맥 OS X
- 윈도우즈
- 심비안

- 임베디드 리눅스
- 윈도우 CE
- 마에모

하버드 노드(Haavard Nord)와 에이릭(Eirik)이 1991년 최초로 Qt 개발을 시작하였으며 중간에 KDE에서 Qt를 도입하면서 여러 가지 논쟁을 불러 일으켰지만(KDE는 자유 소프트웨어, Qt는 상용 라이선스) 여러 가지 과정을 거치면서 2005년에 나온 Qt4에 이르러서 비로소 GPL 라이선스를 따르게 되어 상용 에디션과 오픈소스 에디션의 차이가 없어지게 됩니다.

```cpp
#include <QtGui>
int main(int argc, char *argv[])
{
    QApplication app(argc, argv);
    QLabel label("hello cute");
    label.show();
    return app.exec();
}
```

위 소스는 Qt로 만든 플랫폼 독립적인 hello world 예제입니다. 소스 코드는 C++로 작성되었습니다.

KDE

1996년 마티아스 에트리히(Matthias Ettrich)가 시작하였으며, 이유는 당시 유닉스 데스크톱이 서로 달라서 매우 불편했는데, 이를 개선하고자 제안을 했던 글이 큰 반응을 얻으며 시작되었습니다. 마티아스가 여기서 사용한 렌더링 엔진이 Qt였습니다. 처음에는 Qt가 자유 소프트웨어 라이선스를 사용하지 않았기 때문에 GNU 프로젝트 회원들이 그것에 대응하고자 Qt의 복제인 하모니와 Qt를 배제한 데스크톱 환경인 GNOME 프로젝트가 시작되었습니다. GNOME은 GTK 기반입니다.

이후 Qt 4.0이 나오면서 GNU 약소 공중 사용 허가서를 따를 수 있게 되어 오픈소스 버전으로 개발하는 것이 가능해졌습니다. 이후 오픈소스 진영의 리눅스의 데스크톱 계열은 크게 KDE와 GNOME으로 나뉘게 됩니다.

Webkit

애플의 사파리 개발팀이 처음 브라우저를 만들고자 기본 프레임워크가 필요했는데, 이때 사용한 KDE의 KHTML 기반으로 만든 새로운 웹 뷰어 개발 프레임워크가 바로 웹킷(Webkit)입니다. 대신에 웹킷은 공개를 하지만 이것을 기반으로 만든 사파리는 소스를 공개하지 않고 애플사에서 기본 브라우저로 사용하게 됩니다. 마찬가지로 구글도 웹킷 기반으로 크롬을 만들어 구글의 기본 브라우저로 사용하게 됩니다. 크롬 운영체제 경우는 데스크톱이 크롬 브라우저가 됩니다. 일반적인 사용자가 느끼고 생각하는 운영체제는 데스크톱입니다. 그래서 데스크톱에 따라 운영 체제가 나누어질 수 있습니다. 그러므로 앞으로 데스크톱 환경은 매우 중요한 의미를 가지게 됩니다. 즉, 단순히 운영체제를 감싸는 껍데기의 개념에서 벗어나 하나의 독립적인 플랫폼처럼 되어 가고 있습니다.

2. CSS 응용

CSS를 사용하면 웹킷에서 내부적으로 C++로 구현된 애니메이션이나 레이아웃 관련 기능에 접근할 수 있어서 빠른 속도로 화면을 처리할 수 있습니다. 예를 들어 유니티 엔진을 사용하더라도 스크립트를 사용하는데, 그것은 모노라는 플랫폼에서 작동하는 스크립트입니다. 모노라는 플랫폼이 하드웨어 종속적인 C++ 코드를 중계해주는 역할을 합니다. 마찬가지로 웹킷이 모노와 비슷한 역할을 수행하기 때문에 CSS를 적극적으로 활용하면 HTML5를 훌륭한 게임 엔진처럼 사용할 수 있습니다.

다음 예제는 이후에 여러 가지 실습에 사용될 기본 뼈대 소스입니다. SVG를 이용해서 중앙을 확인해볼 수 있도록 십자선을 그었습니다. CSS의 transform을 이용해서 ID가 game-screen인 태그 안에서 객체(id: game-player)를 원하는 모양으로 변형을 줄 수 있습니다.

예제 | 5-1

```
<!DOCTYPE html>
<html lang="ko">
<head>
    <meta charset="utf-8" />
    <title> simple sample </title>
</head>
<body>
<div id='game_screen' style="
        position: relative;
        width : 320px;
        height :240px;
        ">
    <svg class='helper-grid' style="
            position: absolute;
            height :240px;
            border: 1px solid;
            " >
        <line x1="0" y1="120" x2="320" y2="120"
                            style="stroke:#000000;"/>
        <line x1="160" y1="0" x2="160" y2="240"
                            style="stroke:#000000;"/>
    </svg>
    <div id='gameobj-player' style="
        width: 32px;
        height: 32px;
        background-color: red;
        position: absolute;
        " ></div>
</div>
</body>
</html>
```

브라우저에서 예제를 실행하면 다음과 같은 결과를 확인할 수 있습니다.

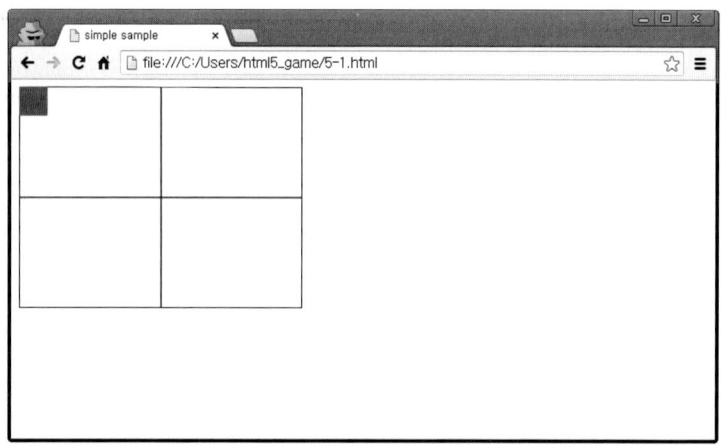

그림 5-2 실행 결과

transform은 CSS3에서 새롭게 추가된 속성입니다. translate, rotate, scale을 이용해서 DOM 엘리먼트의 위치나 각도 크기에 변형을 줄 수 있습니다. 웹 브라우저 구현에 사용된 프레임 워크에 따라서 다양한 접두어가 붙습니다. -webkit-, -moz-, -o-, -ms- 등이 있습니다. 접두어별 지원 브라우저는 다음과 같습니다. 이 책에서는 주로 웹킷에 대해서 다룰 것입니다.

표 5-1 접두어

접두어	지원 브라우저
-webkit-	사파리, 크롬
-o-	오페라
-moz-	파이어폭스
-ms-	인터넷 익스플로러

자바스크립트에서 직접 다루려면 style 객체의 멤버인 WebkitTransform을 사용합니다. 이외

에도 브라우저별로 다른 접두사를 지원합니다. 다음 소스는 웹킷 브라우저 이외의 브라우저도 지원하도록 만든 코드입니다.

```
var css_val = 'translate(' + trans.X + 'px,' + trans.Y +'px) '
            + 'rotate(' + rot + 'deg) '
            + 'scale(' + scale.X + ',' + scale.Y + ')';
el.style.WebkitTransform = css_val;
el.style.MozTransform = css_val;
el.style.oTransform = css_val;
el.style.transform = css_val;
```

css_val에는 보통 쓰는 CSS 값을 정의해주는 구문을 넣어줍니다. style 태그 내에서 쌍점(:) 기호 오른쪽에 정의하는 문법을 그대로 사용합니다.

2.1 translate

translate로 엘리먼트의 위치를 이동할 수 있습니다. 예제 5-1에서 소개한 기본 소스의 헤더 부분에 〈style〉 태그를 추가하고 다음과 같이 코드를 입력합니다.

```
<style>
#gameobj-player {
    -webkit-transform: translate(160px,120px);
    -moz-transform: translate(160px,120px);
    -ms-transform: translate(160px,120px);
    -o-transform: translate(160px,120px);
}
</style>
```

이렇게 하면 160px, 120px 위치로 이동해줍니다. 이동할 엘리먼트의 position 속성이 static이면 transform이 적용되지 않습니다. 반드시 relative나 absolute로 지정해주어야 합니다. 이동 위치를 지정할 때는 반드시 단위가 붙어야 합니다. px, em, %, cm 등이 올 수 있습니다. px는 픽셀 단위로, 게임 개발 시에는 주로 px를 사용합니다.

자바스크립트 코드에서 style.WebkitTransform 변수를 이용해서 직접 값을 써넣어줄 수도 있습니다. 예제 5-2는 마우스 버튼을 누르면 해당 위치로 ID 값이 game-player인 〈div〉 엘리먼트(빨간색 사각형)가 이동하는 예제입니다.

예제 | 5-2

```
<!DOCTYPE html>
<html lang="ko">
<head>
    <meta charset="utf-8" />
    <title> simple sample </title>
</head>
<body>
<div id='game_screen' style="
        position: relative;
        width : 320px;
        height :240px;
        ">
    <svg class='helper-grid' style="
        position: absolute;
        height :240px;
        border: 1px solid;
        " >
        <line x1="0" y1="120" x2="320" y2="120" style="stroke:#000000;"/>
        <line x1="160" y1="0" x2="160" y2="240" style="stroke:#000000;"/>
    </svg>
    <div id='gameobj-player' style="
        width: 32px;
        height: 32px;
        background-color: red;
    osition: absolute;
        >
    /div>
</div>

<script>
    var player = document.querySelector('#gameobj-player');
    var game_screen = document.querySelector('#game_screen');
    player.style.WebkitTransform = 'translate(160px,120px)';
```

```
game_screen.addEventListener('mousedown',function(evt) {
    player.style.WebkitTransform = 'translate('
                            + evt.layerX.layerY+'px)';
    });
</script>
</body>
</html>
```

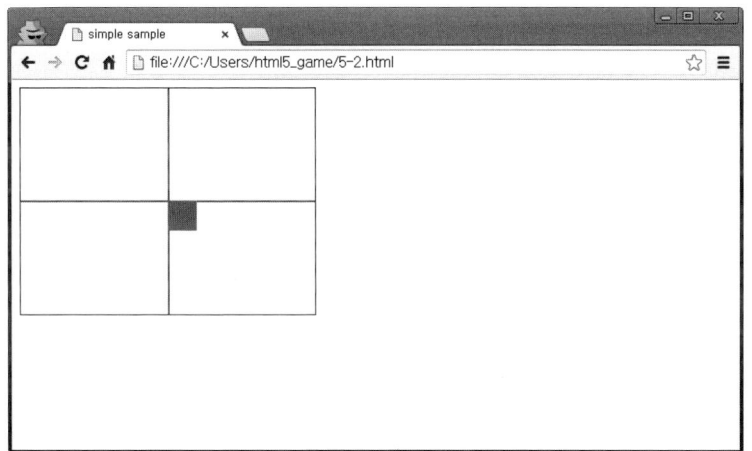

그림 5-3 실행 결과

마우스 커서의 위치를 얻고자 layer를 사용했습니다. 그 이유는 다음을 참고해 주세요.

page, layer, offset, screen
마우스 이벤트 객체에서 커서의 위치를 얻어내는 방법 중에 기준점을 어디로 잡느냐에 따라서
page, layer, offset, screen 등으로 나누어 값을 받습니다.

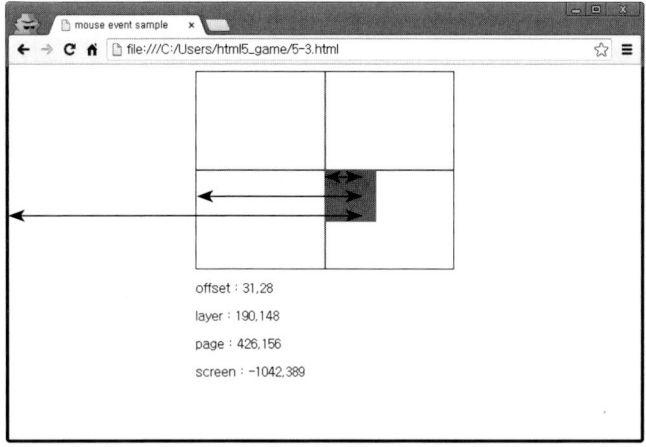

그림 5-4 커서의 위치 알기

page는 웹 브라우저 기준입니다. (client와 같습니다.) 이에 비해 screen은 전체 화면 기준입니다.

offset, layer는 특정 엘리먼트 기준이지만 offset은 현재 마우스 커서가 위치한 엘리먼트를 기준으로 하고 layer는 이벤트를 받아 처리하는 최상위 엘리먼트를 기준으로 합니다. 그리고 offset은 모바일(터치 이벤트)에서는 지원하지 않습니다. 만약 마우스 커서가 올라간 엘리먼트가 top, left 속성으로 위치를 잡은 엘리먼트라면 layer의 기준이 top, left에 맞추어집니다.

다음은 지금까지 설명한 마우스 커서에 대한 입력 처리 예제 소스입니다.

예제 | 5-3

```
<!DOCTYPE html>
<html lang="ko">
<head>
    <meta charset="utf-8" />
    <title> mouse event sample </title>
</head>
<body>
<div style="width: 320px; margin: auto;">
    <div id='game_screen' style="
        position: relative;
        width : 320px;
```

```
            height :240px;
            ">
        <svg class='helper-grid' style="
            position: absolute;
            height :240px;
            border: 1px solid;
            " >
            <line x1="0" y1="120" x2="320" y2="120"
                style="stroke:#000000;"/>
            <line x1="160" y1="0" x2="160" y2="240"
                style="stroke:#000000;"/>
        </svg>
        <div id='gameobj-player' style="
            width: 64px;
            height: 64px;
            background-color: red;
            position: absolute;
            " ></div>
    </div>
    <div id='text-info' >
        <p class="offset"></p>
        <p class="layer"></p>
        <p class="page"></p>
        <p class="screen"></p>
    </div>
</div>
<script>
    var player = document.querySelector('#gameobj-player');
    var game_screen = document.querySelector('#game_screen');
    //var text_info_offset =
            document.querySelector('#text-info .offset');
    player.style.WebkitTransform = 'translate(160px,120px)';
    game_screen.addEventListener('mousemove',function(evt) {
        document.querySelector('#text-info .offset').innerText =
            'offset : ' + + evt.offsetX + ',' + evt.offsetY;
        document.querySelector('#text-info .layer').innerText =
            'layer : ' + + evt.layerX + ',' + evt.layerY;
        document.querySelector('#text-info .page').innerText =
            'page : ' + + evt.pageX + ',' + evt.pageY;
```

```
        document.querySelector('#text-info .screen').innerText =
            'screen : ' + + evt.screenX + ',' + evt.screenY;
    });

    game_screen.addEventListener('touchmove',function(evt) {
        evt.preventDefault();
        var touch = evt.touches[0];
        document.querySelector('#text-info .offset').innerText =
            'offset : ' + + touch.offsetX + ',' + touch.offsetY;
        document.querySelector('#text-info .layer').innerText =
            'layer : ' + + evt.layerX + ',' + evt.layerY;
        document.querySelector('#text-info .page').innerText =
            'page : ' + + evt.pageX + ',' + evt.pageY;
        document.querySelector('#text-info .screen').innerText =
            'screen : ' + + touch.screenX + ',' + touch.screenY;
    });
</script>
</body>
</html>
```

앞서 설명한 대로 모바일에서는 그림 5-5처럼 offset은 터치 이벤트로는 받아지지 않습니다.

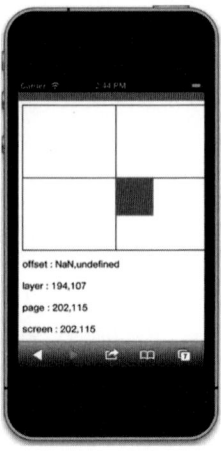

그림 5-5 모바일에서의 offset

2.2 rotate

rotate로 엘리먼트를 회전할 수 있습니다. 회전할 때 지정할 수 있는 변수는 회전 각도와 회전 중
심점입니다만 rotate에는 회전 각도만 줄 수 있습니다. 회전 중심점은 -webkit-tranform-
origin으로 따로 값을 정의해주어야 합니다. 기본값은 50% 50%로, 중심점이 됩니다.

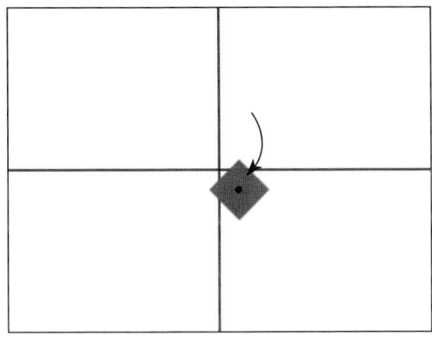

그림 5-6 회전의 중심

사각형 가운데를 중심으로 회전했습니다. transform은 일반적으로 이동(translate)한 다음에
회전(rotate)을 합니다. 왜냐하면, 사람들이 일반적으로 사물을 인지하는 방식이 방향 기반이 아
니라 위치 기반이기 때문입니다. 그래서 다음 예제에서 -webkit-transform에 정의된 값을 보
면 translate가 먼저 나왔습니다.

예제 5-4

```
<!DOCTYPE html>
<html lang="ko">
<head>
   <meta charset="utf-8" />
   <title> rotation sample </title>
   <style>
     #gameobj-player {
       -webkit-transform-origin : 50% 50%;
       -webkit-transform : translate(160px,120px) rotate(45deg);
     }
```

```
        </style>
    </head>

    <body>
    <div id='game_screen' style="
            position: relative;
            width : 320px;
            height :240px;
            ">
        <svg class='helper-grid' style="
                position: absolute;
                height :240px;
                border: 1px solid;
                " >
            <line x1="0" y1="120" x2="320" y2="120" style="stroke:#000000;"/>
            <line x1="160" y1="0" x2="160" y2="240" style="stroke:#000000;"/>
        </svg>
        <div id='gameobj-player' style="
                width: 32px;
                height: 32px;
                background-color: red;
                position: absolute;
                " >
        </div>
    </div>
    </body>
    </html>
```

-webkit-transform-origin : 0% 0%;을 적용하면 다음과 같습니다.

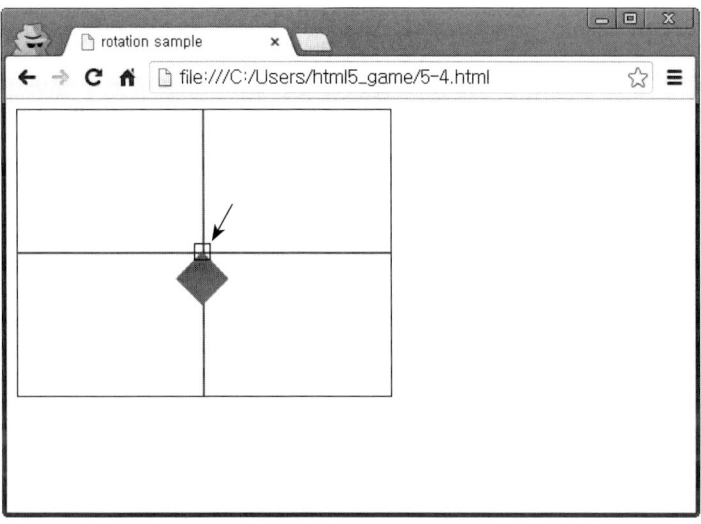

그림 5-7 회전중심변경1

`-webkit-transform-origin : 100% 100%;`을 적용하면 다음과 같습니다.

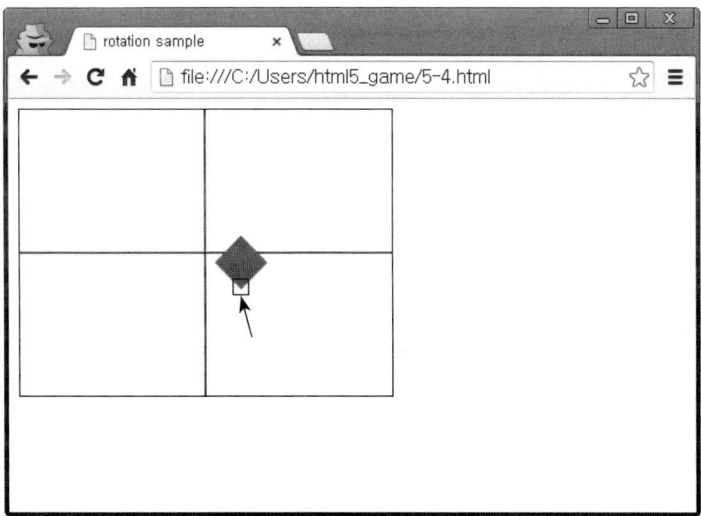

그림 5-8 회전중심변경2

다음은 마우스를 좌우로 드래그하면 이동한 만큼 회전을 시켜주는 예제입니다.

예제 | 5-5

```html
<!DOCTYPE html>
<html lang="ko">
<head>
    <meta charset="utf-8" />
    <title> rotation sample </title>
</head>

<body>
<div id='game_screen' style="
    position: relative;
    width : 320px;
    height :240px;
    ">
    <svg class='helper-grid' style="
        position: absolute;
        height :240px;
        border: 1px solid;
        " >
        <line x1="0" y1="120" x2="320" y2="120" style="stroke:#000000;"/>
        <line x1="160" y1="0" x2="160" y2="240" style="stroke:#000000;"/>
    </svg>
    <div id='gameobj-player' style="
        width: 32px;
        height: 32px;
        background-color: red;
        position: absolute;
        " >
    </div>
</div>
<script>
    var angle = 0;
    function onMouseMove(evt) {
        angle += evt.webkitMovementX;
    }
    document.body.addEventListener('mousedown',function(evt) {
        document.body.addEventListener('mousemove',onMouseMove);
```

```
    });
    document.body.addEventListener('mouseup',function(evt) {
        document.body.removeEventListener('mousemove',onMouseMove);
    });
    //게임루프
    (function gameloop() {
        document.querySelector('#gameobj-player').style.WebkitTransform =
            'translate(144px,104px) rotate('+ angle +'deg)';
        requestAnimationFrame(gameloop);
    })();
</script>
</body>
</html>
```

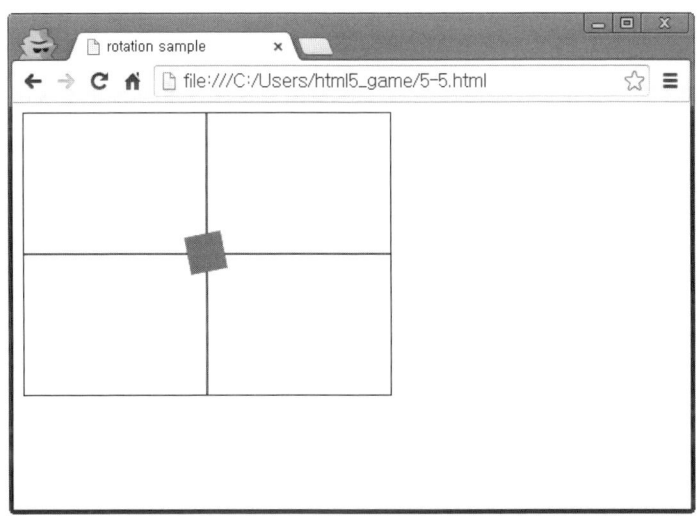

그림 5-9 실행 결과

마우스 버튼을 누르면 마우스 이동에 대한 핸들러를 붙이고 버튼을 떼면 핸들러도 제거시키는 방법을 사용했습니다. 마우스 커서의 위치가 아닌 이동량을 구하고자 이벤트 객체의 webkitMovementX를 사용하였습니다. 참고로 파이어폭스의 접두사는 -moz-입니다.

2.3 scale

scale(x, y) 형식으로 스케일 값을 정할 수 있습니다. 맨 마지막에 쓰는 것이 일반적입니다. 가로세로의 크기 정도를 따로 정할 수 있습니다. 회전과 마찬가지이고 transform-origin 값에 영향을 받아서 이 점을 중심으로 확대하거나 축소합니다.

```
.object {
    -webkit-transform : scale(2,3);
}
```

2.4 skew

skew(xdeg, ydeg) 형식으로 찌그러진 정도를 정할 수 있습니다. 해당 엘리먼트의 형태를 x, y 축으로 마름모 모양으로 구부립니다.

예제 | 5-6

```
<!DOCTYPE html>
<html lang="ko">
<head>
    <meta charset="utf-8" />
    <title> skew sample </title>
    <!--<style>-->
    <!--#gameobj-player {-->
    <!---webkit-transform-origin : 50% 50%;-->
    <!---webkit-transform : translate(144px,104px) rotate(45deg);-->
    <!--}-->
    <!--</style>-->
</head>
<body>
<div id='game_screen' style="
    position: relative;
    width : 320px;
    height :240px;
    ">
    <svg class='helper-grid' style="
        position: absolute;
```

```
            height :240px;
            border: 1px solid;
            " >
        <line x1="0" y1="120" x2="320" y2="120"
                                style="stroke:#000000;"/>
        <line x1="160" y1="0" x2="160" y2="240"
                                style="stroke:#000000;"/>
    </svg>
    <div id='gameobj-player' style="
        width: 64px;
        height: 64px;
        background-color: red;
        position: absolute;
        " >
    </div>
    <p id='text-angle'></p>
</div>

<script>
    var angle = 0;
    function onMouseMove(evt) {
        angle += evt.webkitMovementX;
    }
    document.body.addEventListener('mousedown',function(evt) {
        document.body.addEventListener('mousemove',onMouseMove);
    });
    document.body.addEventListener('mouseup',function(evt) {
        document.body.removeEventListener('mousemove',onMouseMove);
    });

    //게임루프
    (function gameloop() {
        var gameplayer = document.querySelector('#gameobj-player');
        gameplayer.style.WebkitTransform =
            'translate(160px,120px) ' + 'skew(' + angle + 'deg,0deg)';
        document.querySelector('#text-angle').innerText = angle;
        requestAnimationFrame(gameloop);
    })();
</script>
</body>
</html>
```

예제 5-6을 실행하면 마우스를 좌우로 움직였을 때 좌우로 사각형이 찌그러지는 효과가 나옵니다. skew는 rotate처럼 각도(deg) 단위로 값을 넣어 줍니다. 이때 값 뒤에 'deg'를 붙여야 합니다.

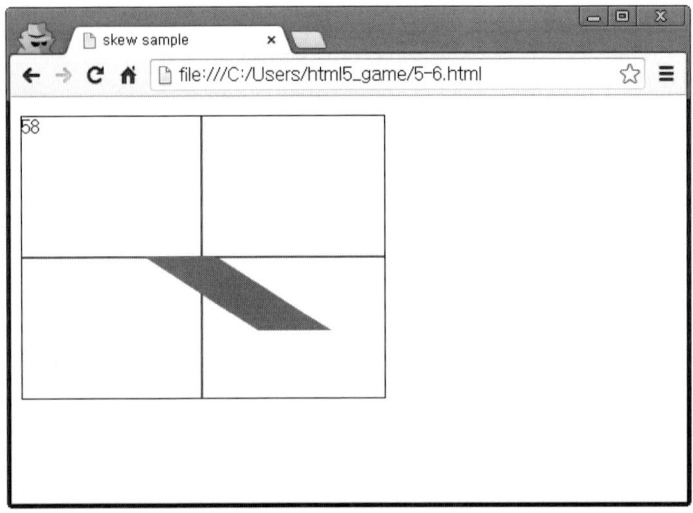

그림 5-10 실행 결과

2.5 matrix

이전에 직접 변환을 지정하던 방식 외에 변환 행렬을 직접 넣어줄 수 있습니다. CSS에서 2D 변환은 2×3 행렬을 사용합니다. 다음과 같은 형태로 행렬이 구성됩니다.

$$\begin{pmatrix} 0 & 1 \\ 2 & 3 \\ 4 & 5 \end{pmatrix}$$

이 행렬을 다음과 같이 구성해서 −webkit−transform에 넣어 줍니다.

```
-webkit-transform : matrix(0, 1, 2, 3, 4, 5)
```

0, 1, 2, 3에는 회전과 스케일에 관한 값이 들어갑니다. 4, 5에는 이동 변환에 대한 값이 들어가는데, 좀 더 직관적으로 생각하면 4는 x축 이동 값, 5는 y축 이동 값입니다.

WebkitCSSMatrix

자바스크립트에서 WebkitTransform으로 변환 값을 얻어오려 하면 항상 얻어지는 값은 문자열로 된 행렬 형태가 됩니다. (값을 넣을 때 translate를 사용하더라도 matrix(...)로 얻어집니다.) 이 값을 가지고 행렬을 다루려면 문자열을 파싱하고 값을 정리하는 과정을 한 번 더 거쳐야 하기 때문에 다루기가 번거롭습니다. 이럴 때 WebkitCSSMatrix를 사용하면 바로 객체 형태로 된 행렬을 얻을 수 있기 때문에 편리합니다. 그뿐만 아니라 구현도 네이티브 코드(C/C++)로 되어 있으므로 속도 면에서도 효율이 좋습니다.

> **var cssMatrix = new WebkitCSSMatrix(행렬 문자열);**

만약 인자값을 주지 않으면 단위 행렬로 초기화됩니다. (단위 행렬에 대한 내용은 고등학교 수학 교과서를 참고 하세요. 그뿐만 아니라 행렬에 대한 기초적인 내용은 고등학교 수준만 이해하시면 됩니다. 이 책에서는 행렬에 대해 자세하게 설명하지는 않습니다.) 행렬 스트링이 matrix로 시작하면 2차원 변환이고 matrix3d로 시작하면 3차원 변환입니다. WebkitCSSMartix는 이것으로 행렬의 종류를 구분한 후 행렬을 파싱하여 객체를 초기화합니다.

다음은 WebkitCSSMatrix가 지원하는 주요 멤버 함수와 변수들입니다.

rotate(x, y, z)

현재 상태에서 회전합니다. 3차원 변환일 경우 인자값이 3개이지만 2차원 변환일 경우에는 하나만 주면 됩니다. 단위는 각도(deg)입니다. 반환값은 변환된 행렬 값입니다. 그래서 변환된 행렬로 갱신해주려면 다음과 같이 합니다.

```
cssMatrix = cssMatrix.rotate(45deg);
```

값을 꼭 다시 원본에 넣어 주어야 합니다.

translate(x, y, z)

현재 상태에서 x, y, z 위치로 이동합니다. 2차원 변환이라면 x, y 두 개만 넣어 줍니다.

scale(x, y, z)

현재 상태에서 확대 또는 축소 변환을 합니다.

multiply(matrixB)

행렬 곱셈 연산을 수행합니다. C = A.mulply(B)는 A×B=C와 같습니다.

inverse( )

역행렬을 만들어서 반환합니다.

toString( )

CSS 형식의 문자열로 만들어 반환합니다. 2차원 변환 행태로 출력됩니다. 3차원 형태로 얻고 싶
으면 따로 행렬 요소에 접근할 수 있는 변수로 직접 만들어 주어야 합니다.

a, b, c, d, e, f

2차원 행렬의 요소입니다.

m11 ~ m44

3차원 행렬의 요소입니다.

다음은 행렬을 이용해서 변환을 적용한 예입니다.

예제 5-7

```
<!DOCTYPE html>
<html lang="ko">
<head>
   <meta charset="utf-8" />
   <style type="text/css">
      .box {
         width: 100px;
         height: 75px;
         background-color: red;
         border: 1px solid black;
      }
      .matrix-transform {
         transform: matrix(0.866,0.5,-0.5,0.866,0,0);
         /* IE 9 */
         -ms-transform: matrix(0.866,0.5,-0.5,0.866,0,0);
         /* Firefox */
         -moz-transform: matrix(0.866,0.5,-0.5,0.866,0,0);
```

```
        /* Safari and Chrome */
        -webkit-transform: matrix(0.866,0.5,-0.5,0.866,0,0);
        /* Opera */
        -o-transform: matrix(0.866,0.5,-0.5,0.866,0,0);
    }
  </style>
</head>
<body>
<div class="box">
    행렬을 적용하지않음
</div>
<div class="box matrix-transform">
    행렬을 적용한 상태
</div>
</body>
</html>
```

다음과 같은 matrix-transform 클래스가 적용된 엘리먼트는 45도 회전합니다. 다음 두 줄은
모두 같은 결과가 나옵니다.

```
-webkit-transform: matrix(0.866,0.5,-0.5,0.866,0,0);
-webkit-transgorm: rotate(45deg);
```

그림 5-11 실행 결과

다음은 자바스크립트로 행렬을 적용시켜주는 예제입니다.

예제 | 5-8

```html
<!DOCTYPE html>
<html lang="ko">
<head>
    <meta charset="utf-8" />
    <title> WebKitCSSMatrix sample </title>
</head>

<body>
<div id='game_screen' style="
    position: relative;
    width : 320px;
    height :240px;
    ">
    <svg class='helper-grid' style="
        position: absolute;
        height :240px;
        border: 1px solid;
        " >
        <line x1="0" y1="120" x2="320" y2="120"
                            style="stroke:#000000;"/>
        <line x1="160" y1="0" x2="160" y2="240"
                            style="stroke:#000000;"/>
    </svg>
    <div id='gameobj-player' style="
        width: 32px;
        height: 32px;
        background-color: red;
        position: absolute;
        " >
    </div>
</div>

<button id='btn-test' > test </button>

<script>
    var gameobj = document.querySelector('#gameobj-player');
```

```
  //이벤트 핸들러 세팅
  document.querySelector('#btn-test')
                        .addEventListener('click',function() {
    //144,104 위치로 이동, 45도 회전, 가로2배 세로 3배 확대하는 변환 행렬
    gameobj.style.WebkitTransform =
        'matrix(1.414214, 1.414214, -2.121320, 2.121320, 144, 104)';
  });
</script>
</body>
</html>
```

〈test〉 버튼을 클릭하면 왼쪽 위에 있던 빨간색 박스가 화면 중심으로 이동하면서 45도 회전, 가로 2배, 세로 3배로 확대하는 변환을 합니다.

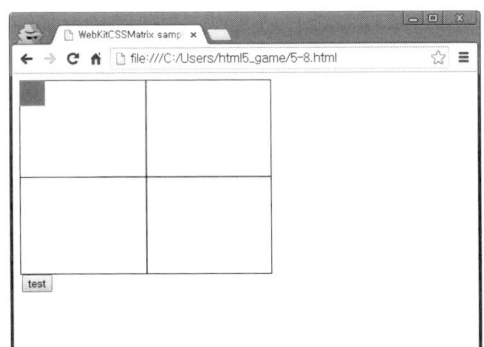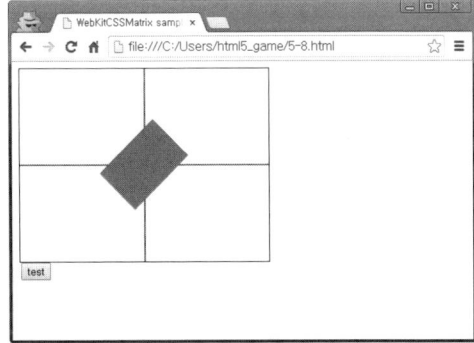

그림 5-12 실행 결과 확인

다음은 WebkitCssMatrix의 translate를 이용해서 〈test〉 버튼을 누를 때마다 (32px, 32px)만큼 빨간색 사각형을 이동하는 예제입니다.

예제 5-9

```
<!DOCTYPE html>
<html lang="ko">
<head>
```

```html
    <meta charset="utf-8" />
    <title> WebKitCSSMatrix sample </title>
</head>
<body>
<div id='game_screen' style="
    position: relative;
    width : 320px;
    height :240px;
    ">
    <svg class='helper-grid' style="
        position: absolute;
        height :240px;
        border: 1px solid;
        " >
        <line x1="0" y1="120" x2="320" y2="120" style="stroke:#000000;"/>
        <line x1="160" y1="0" x2="160" y2="240" style="stroke:#000000;"/>
    </svg>
    <div id='gameobj-player' style="
        width: 32px;
        height: 32px;
        background-color: red;
        position: absolute;
        " >
    </div>
</div>

<button id='btn-test' > test </button>

<script>
    var gameplayer = document.querySelector('#gameobj-player');
    document.querySelector('#btn-test').addEventListener('click',function()
{
        //엘리먼트의 현재 변환 행렬 얻기
        var computedStyle = window.getComputedStyle(gameplayer);
        var trans = computedStyle.getPropertyValue('-webkit-transform');
        var cssmat = new WebKitCSSMatrix(trans);
        cssmat = cssmat.translate(32,32);

        //행렬 객체를 다시 CSS에 적용
        //2차원 매트릭스가 얻어짐
```

```
        gameplayer.style.WebkitTransform = cssmat.toString();
    });
</script>
</body>
</html>
```

현재 값을 기준으로 매번 이동을 시켜줘야 하므로 현재 행렬 값을 얻어 오는 방법이 필요합니다. gameplayer.style.WebkitTransform 값에서 직접 받아 올 수도 있으나, 이 값은 정적인 값은 잘 받아지지만, 웹킷 내부적으로 계산을 수행하는 값을 정확히 받아오지는 않습니다. (transition 중인 경우) 좀 더 정확한 값을 얻으려면 getComputedStyle( )로 현재 진행 중인 CSS 값을 얻고 getPropertyValue( )를 사용해서 구체적인 변숫값을 얻으면 됩니다. 얻어진 값으로 Webkit CSSMatrix의 객체를 만든 다음 translate로 (32px, 32px)만큼 움직인 행렬을 만들어 줍니다. 만들어진 행렬은 toString( )으로 WebkitTransform에 값을 넣어주면 변환이 적용됩니다.

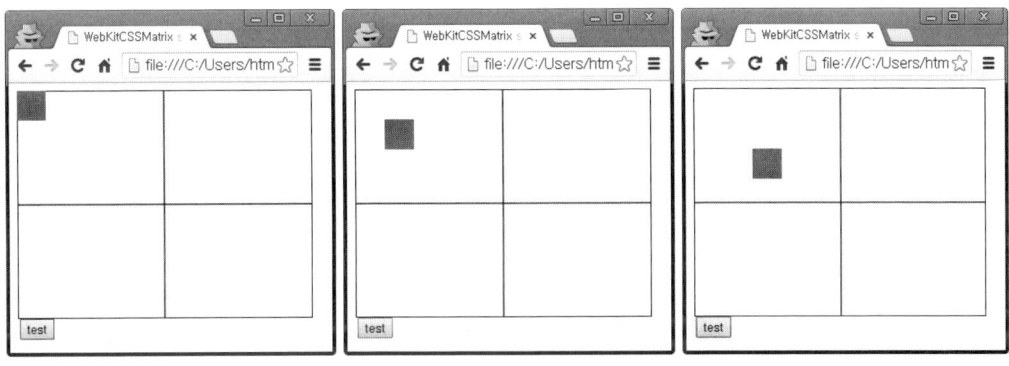

그림 5-13 실행 결과

제 6 장

DOM을 이용한 장면 관리

 화면을 구성하려면 여러 종류의 객체와 수많은 레이아웃과 또 그 레이아웃을 이루는 여러 개의 객체가 필요합니다. 예를 들어 2개의 버튼과 1개의 텍스트 상자가 전부인 단순한 화면이라면 화면을 구성하는 객체가 3개뿐이므로 따로 신경 써서 관리할 필요 없이 그때그때 필요한 변수를 만들어 참조시키거나 아니면 배열에 밀어 넣고 필요할 때마다 찾아 써가면서 객체를 다룰 수 있습니다. 그러나 실제로 완성된 프로그램의 화면 구성은 수많은 객체로 이루어져 있습니다. 그래서 이런 수많은 객체를 체계적으로 관리해야만 제대로 된 유지보수와 성능이 나오게 됩니다. 만약 아무 생각 없이 단순한 배열로 모든 객체를 아무런 연관 없이 프로그램에서 관리한다면 특정 객체를 찾으려고 매번 배열의 전체 루프를 돌며 찾아야 할 것입니다. 또는 팝업창을 열었다가 닫아줄 때도 매번 팝업창 프레임과 거기에 딸린 모든 객체를 따로 찾아내서 한꺼번에 그려주었다가 지워주는 일을 매번 반복적으로 작업해야 할 것입니다. 이런 상황이 오면 프로젝트 말기에는 버튼 위치를 바꾸는 간단한 일조차 수일이 걸리거나 불가능한 상황이 될 수 있습니다.

그러므로 이렇게 다양한 객체를 서로의 연관 관계에 따라 체계적으로 묶어 관리하는 방법이 필요합니다. 이럴 때 장면 관리자(Scene Manager)는 장면들을 이루는 객체를 트리 구조로 연관지어서 묶어 관리해줍니다. 그래서 장면 관리자를 만들려면 먼저 트리 구조를 구현해야 하는데, DOM은 기본적으로 트리구조이기 때문에 getElement~ 계열의 메서드나 querySelector() 등의 함수로 객체를 트리 구조 내에서 찾아내는 데 사용할 수 있으며 appendChild(), removeChild() 같은 메서드로 부모 노드에 자식 노드를 붙이거나 편집하는 데에 사용할 수 있습니다.

그러므로 더 효율적으로 게임 프로그램을 개발하려면 장면 관리자(Scene Manager)가 필요합니다. 장면 관리자가 있는 것과 없는 것은 개발 효율성 측면에서 하늘과 땅 차이입니다. 일반적으로 3D 게임 엔진에서 많이 사용되었지만, 2D 게임에서도 마찬가지로 장면 관리는 필요합니다. 특히 다관절 거대 보스 같은 것을 구현하려면 필수적으로 꼭 필요합니다.

1. DOM 트리

계보로 보면 HTML은 XML의 특수형이기 때문에 XML처럼 트리 형태의 자료구조로 표현됩니다. 태그 안에 태그를 포함할 수 있는데, 태그 안에 포함된 태그를 자식 노드로 볼 수 있습니다. 따라서 〈body〉 태그가 최상위 루트가 되며 그 안에 여러 가지 태그를 넣을 수 있기 때문에 이것을 이용해서 그대로 씬 그래프로 사용할 수 있습니다.

예제 | 6-1

```
<!DOCTYPE html>
<html>
<head>
    <title></title>
    <style>
        .gameobj {
            position: absolute;
        }
    </style>
</head>

<body>
<div style="border: 1px solid; width: 320px;height: 240px;" >
    <div class="gameobj"
        style="-webkit-transform: translate(100px,100px);" >
        child1 (100,100)</div>
    <div class="gameobj"
        style="-webkit-transform: translate(50px,50px);" >
        child2(50,50)</div>
    <div class="gameobj"
        style="-webkit-transform: translate(30px,150px);" >
        child3(30,150)</div>
</div>
</body>
</html>
```

가로 320px, 세로 240px 크기의 가상의 스크린 영역을 만들어서 그 안에서 노드들을 특정 위치에 배치 시켜본 예제입니다. 임의 위치에 배치 시켜야 하므로 position 속성을 absolute로 해주었습니다. 클래스가 gameobj인 것들은 ⟨style⟩ 태그에서 선언한 것과 같이 모두 position : absolute가 됩니다.

HTML을 사용하면 별도의 장면 구성과 관리를 위한 관리 엔진을 사용할 필요 없이 위와 같이 기본 기능만으로도 충분히 장면 관리자를 사용할 수 있습니다. 여기에 HTML 형식으로 된 장면 관리 스크립터까지 공짜로 얻은 셈입니다.

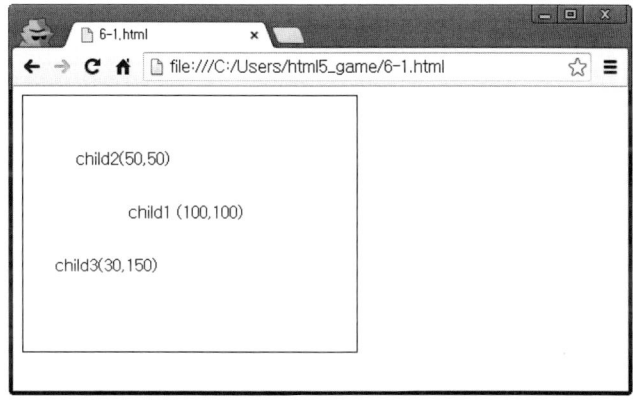

그림 6-1 실행 결과

3개의 게임 객체가 있다고 가정합니다. (이미지 대신에 단순하게 텍스트와 숫자로 위치만 표시하되는 몬스터입니다.) 이 객체들의 클래스 이름은 gameobj입니다. 총 3개가 있는데 위치는 각각 (50, 50), (100, 100), (30,150)입니다. 그리고 3개의 객체는 ⟨div⟩ 태그 엘리먼트인데, 이 3개를 다시 하나의 ⟨div⟩~⟨/div⟩ 사이에 묶어줍니다. 즉 그 ⟨div⟩는 3개의 자식을 가지는 트리 구조상 부모 노드라는 것입니다. 부모가 되는 ⟨div⟩ 엘리먼트의 위치를 조정하면 자식으로 붙어 있는 3개의 ⟨div⟩들이 같이 움직입니다. 예를 들면 상단에 메뉴를 추가하기로 해서 메뉴를 추가해서 전체적으로 3개의 객체를 메뉴의 세로크기만큼 내려야 한다면 이때 가장 부모가 되는 ⟨div⟩ 엘리먼트 하나의 위치만 수정하면 됩니다.

2. 계층형 씬 그래프

트리는 그래프 자료구조의 특수한 형태로, 순환 구조가 없는 그래프입니다. 그래서 계층 관계가 명확한 자료구조입니다. 그림 6-2처럼 마치 족보를 보는 듯한 모습입니다.

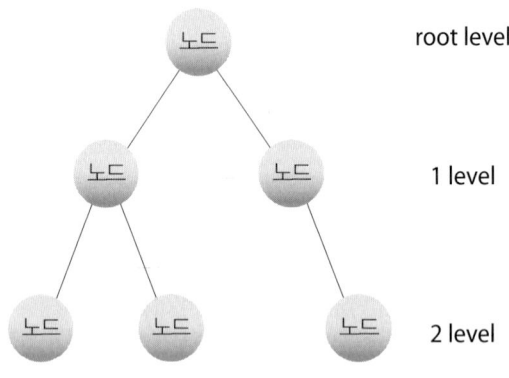

그림 6-2 트리 자료구조

그림 6-2처럼 최상위 루트 레벨에서 하위 레벨로 내려오는 구조로 되어 있습니다. 상위 레벨이 부모가 되고 하위 레벨이 자식이 됩니다.

계층적으로 장면을 관리할 때 편리한 점은 자식 노드가 상위 부모 노드의 변환 속성을 그대로 이어받을 수 있다는 점입니다. 그래서 부모가 같은 자식 노드들은 부모의 변환을 그래도 따라 하기 때문에 객체들을 그룹화하여 묶을 때 매우 편리합니다.

예를 들어 전사의 몸과 전사의 무기는 같이 움직여야 합니다. 물론 따로따로 같이 움직여 주어도 되지만 그렇게 되면 코드가 매우 복잡해질 것입니다. 전사라는 부모 노드를 만들고 그 밑으로 전사의 몸과 팔 그리고 전사의 무기를 연결하면 게임 객체 구현을 위한 하나의 장면 트리 요소가 완성됩니다.

예제 6-2

```
<!DOCTYPE html>
<html>
```

```html
<head>
    <title></title>
    <style>
        .gameobj {
            position: absolute;
        }
    </style>
</head>

<body>
<div style="border: 1px solid; width: 320px;height: 240px;" >
    <div id='obj-fighter' class="gameobj"
        style="width: 100px; -webkit-transform:translate(100px,100px)">
        <div class="gameobj" style="-webkit-transform: rotate(90deg);">
            ()전사의몸=:
            <div id='obj-hand' class="gameobj"
                style="-webkit-transform: translate(16px,-32px);" >@
                <div class="gameobj" style="-webkit-transform:
                    translate(16px,-16px);width: 100px;" >
                =)==검+>
                </div>
            </div>
        </div>
    </div>
</div>

<script>
    var fighter = document.querySelector('#obj-fighter');
    var hand = document.querySelector('#obj-hand');
    document.body.addEventListener('mousemove',function(evt) {
        var computedStyle = window.getComputedStyle(fighter);
        var trans = computedStyle.getPropertyValue('-webkit-transform');
        var mat = new WebKitCSSMatrix(trans);
        console.log(evt.webkitMovementX);
        mat = mat.translate(evt.webkitMovementX,0);
        fighter.style.WebkitTransform = mat.toString();
        var computedStyle = window.getComputedStyle(hand);
        var trans = computedStyle.getPropertyValue('-webkit-transform');
        var mat = new WebKitCSSMatrix(trans);
        mat = mat.rotate(-evt.webkitMovementY);
```

```
        console.log(mat.toString());
        hand.style.WebkitTransform = mat.toString();
    });
</script>
</body>
</html>
```

마우스를 좌우로 움직이면 텍스트로 된 전사가 좌우로 움직이고 마우스를 상하로 이동하면 칼을 위아래로 휘두릅니다.

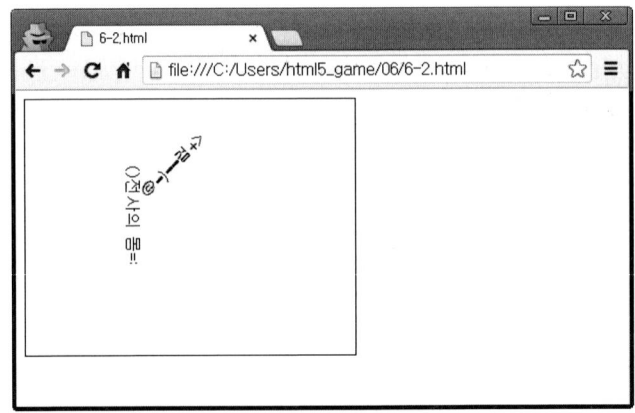

그림 6-3 실행 결과

간단하지만 이 예제에서 나오는 전사는 몸, 손, 그리고 검으로 계층 관계로 나누어져 있고 이것들이 서로 유기적인 관계를 맺고 있습니다.

그림 6-4처럼 id : obj-fighter를 최상위 노드로 해서 몸→팔→검 순으로 서로 부모 자식 관계로 이어집니다. 따라서 id : obj-fighter의 webkit-transform 속성을 조작하면 그 밑에 자식으로 달린 노드들이 모두 부모 영향을 받기 때문에 몸, 팔, 검으로 이루어진 전사 객체 전체가 같이 움직이게 되는 것입니다.

반대로 자식의 변환은 부모에게 영향을 미치지 않으므로 검을 상하로 휘두르고 싶을 때는 id : obj-hand를 회전시키면 팔과 함께 팔에 자식으로 달린 검이 같이 회전하게 됩니다.

앞 예제에서는 WebkitCSSMatrix를 이용해서 행렬을 제어하고 있습니다. 이동은 WebkitCSS Matrix.translate를 사용해서 현재 행렬에 이동하려는 변위차를 적용해서 다시 행렬에 적용하는 식으로 이동을 구현하였고 회전 역시 마찬가지로 WebkitCSSMatrix.rotate를 사용했습니다. 다시 CSS 형식의 문자열로 출력해서 WebkitTransform에 값을 넣어 줄 때는 WebkitCSS Matrix.toString()을 사용했습니다.

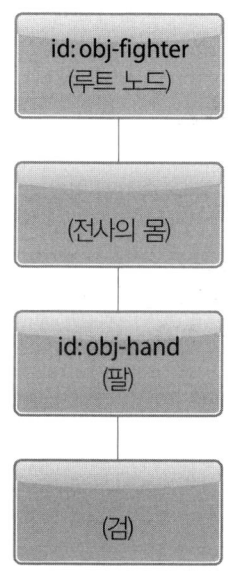

그림 6-4 장면 트리 구성

3. 쿼리 셀렉터

DOM 트리에서 특정한 노드를 얻고자 jQuery, prototype 등에서 셀렉터를 사용합니다. 그러나 이런 외부 라이브러리는 자바스크립트 단에서 처리해주기 때문에 속도가 매우 느릴 수밖에 없습니다. 그래서 내부적으로 네이티브 단에서 노드를 찾아주는 HTML5 표준 함수가 있는데, 그것이 바로 querySelcector()입니다. 참고로 **빠르기** 순서는 다음과 같습니다.

```
querySelector( ) 함수 > jQuery > prototype
```

querySelector( ) 함수보다 더 빠른 것은 getElementBy~로 시작하는 메서드입니다. 이 메서드들은 셀렉터를 사용하지 않아서 속도가 querySelector( ) 함수에 비해서 약 3~4배 정도 효율이 좋습니다. (브라우저마다 다소의 차이는 있습니다.)

DOM에서 엘리먼트 객체들을 얻어내는 함수들이 왜 중요할까요?

지금까지 장면 관리자가 무엇이고 DOM에서는 어떤 식으로 응용해서 장면 관리자처럼 쓸 수 있는지 알아보았습니다. 여기서 한가지 또 중요하게 알고 넘어가야 할 것이 있습니다. 많은 개발자가 흔히들 동적인 웹 페이지를 개발할 때 객체가 늘어나면 반응 속도가 아주 많이 떨어지는 때가 잦습니다. 가장 큰 이유 중의 하나가 jQuery입니다. $()으로 쓰는 쿼리 셀렉터가 자주 호출되는 루프 문 안에 들어 있으면 상황은 더욱 심각해집니다. 특히 jQuery의 find( )같은 함수는 트리를 재귀적으로 순회해야 하므로 스택 메모리도 많이 필요합니다. 메모리 상황이 열악한 모바일 환경에서는 웹으로 된 애플리케이션이 자주 다운되는 현상도 발생합니다. 그러므로 상황에 따라 적절한 함수와 라이브러리를 선택하는 것이 중요합니다.

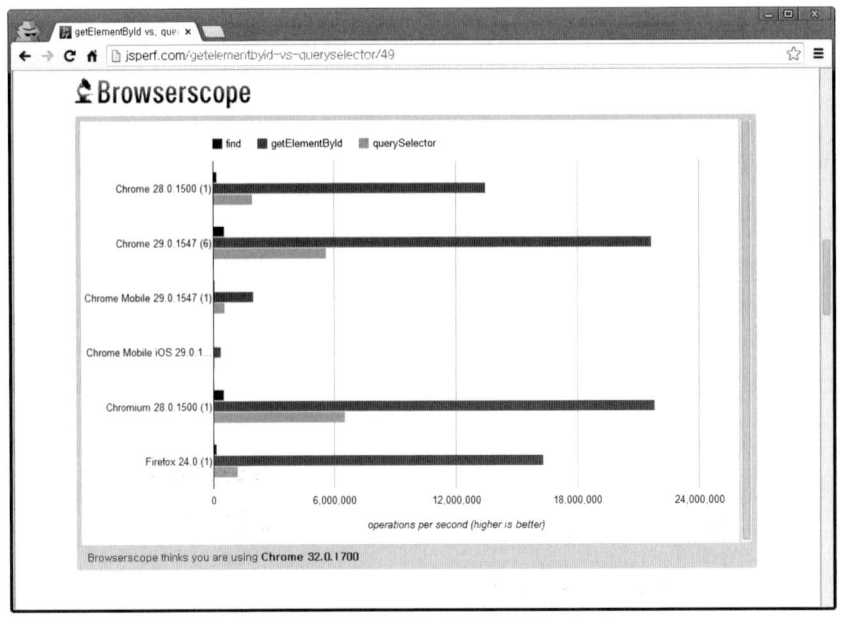

그림 6-5 성능 검사 결과

그림 6-5는 http://jsperf.com/에서 성능 검사를 해본 결과 화면입니다. 성능 테스트 링크는 다음과 같습니다. 여러분의 브라우저로도 테스트에 참가해보세요.

URL ▶ http://jsperf.com/getelementbyid-vs-queryselector/49

셋 중 가장 위에 표시된 그래프는 jQuery의 find() 함수입니다. 비교가 안 될 정도로 속도가 매우 느리다는 사실을 알 수 있습니다. 그래서 게임을 개발할 때는 jQuery는 가능한 사용하지 않는 것을 추천드리고 싶습니다.

예제 6-3

```html
<!DOCTYPE html>
<html>
<head>
    <title></title>
</head>

<body>
<div class="test" >
    <p>a</p>
    <div>b</div>
</div>

<script>
    document.querySelector(".test p").style.color = 'red';
</script>
</body>
</html>
```

특정 ID 값으로 노드를 얻어낼 때에는 셀렉터를 쓰는 것보다 getElementByID() 메서드를 쓰는 것이 유리하지만 앞의 예제 소스처럼 트리에서 특정 노드를 규칙으로 찾아야 할 경우에는 셀렉터를 사용하는 편이 유리합니다. 단, 이럴 때에도 될 수 있으면 jQuery같은 자바스크립트 라이브러리보다는 스크립터 해석기에 내부적으로 구현된(C/C++로 구현) querySelector() 함수를 사용하는 것이 좋습니다.

그림 6-6 실행 결과

여기서 주의할 점은 querySelector() 함수는 반환값이 단수형이라는 점입니다. 여러 개의 결과가 얻어졌더라도 처음 하나의 노드만 반환합니다. 여러 개를 배열로 얻고 싶으면 querySelectorAll() 함수를 사용하면 됩니다.

예제 | 6-4

```
<!DOCTYPE html>
<html>
<head>
    <title></title>
</head>

<body>
<ul>
    <li>1</li>
    <li>2</li>
    <li>3</li>
</ul>

<script>
    var elements = document.querySelectorAll("li");
    for(var i=0;i<elements.length;i++) {
```

```
        elements[i].style.color = 'red';
    }
</script>
</body>
</html>
```

예제 6-4는 ⟨li⟩ 태그를 모두 배열로 받은 뒤 글자 색을 모두 빨간색으로 칠하는 예제입니다.

그림 6-7 실행 결과

제 7 장

네이티브 못지않은
고성능 애니메이션의 비밀

Chapter 07

 많은 사람이 웹은 느리다는 편견을 가지고 있습니다. 그래서 플래시(Flash)나 액티브엑스(ActiveX)와 같은 플러그인을 쓰지 않고서는 제대로 된 애니메이션을 구현할 수 없다고 생각하고 있습니다. 그러나 앞서도 설명했듯이 CSS를 잘 활용하면 네이티브에 필적하는 퍼포먼스를 얻을 수 있습니다.

1. 트랜지션(transition)

CSS3를 한마디로 간단히 정의하면 HTML5에서 새롭게 추가된 CSS 기능들을 모아 놓은 것이라 할 수 있습니다. 원래 CSS는 HTML 태그의 스타일을 사용자들이 원하는 모양에 맞게 고치려는 것이었지만 CSS3에 와서는 플래시처럼 애니메이션 기능도 지원하게 되었습니다.

jQuery의 애니메이션 함수나 tween.js를 사용해서 애니메이션을 구현할 수 있지만, 이것들은 모두 자바스크립트 단계에서 매번 좌표를 계산해주므로 속도가 매우 느립니다. PC용 일반 웹 페이지에서는 그럭저럭 쓸만하지만, 게임이나 모바일 환경에서는 쓰기 어렵습니다. 특히 모바일에서는 불필요한 연산이 많아지면 배터리 소비가 많아진다는 문제도 있습니다.

1.1 기본 설정

트랜지션은 CSS3의 대표적인 애니메이션 도구입니다. 이것은 자바스크립트 단에서 실행되는 것이 아닌 웹킷 내부에서 C++로 작성된 코드로 실행되기 때문에 오버헤드가 전혀 없습니다. 마치 C++로 작성한 코드처럼 동작하게 됩니다. 사실 CSS를 잘 이용하면 모든 것이 마치 C++로 작성된 것처럼 매우 빠른 처리 속도를 얻을 수 있습니다.

트랜지션을 사용하기 전에 먼저 몇 가지 설정을 해주어야 합니다. 다음은 〈style〉 태그 내에서 직접 설정해주는 코드입니다.

```
-webkit-transition: -webkit-transform 2s;
```

앞의 소스는 transform의 값이 변할 때 2초 동안 바뀐 값으로 서서히 보간해서 값을 맞추라는 설정입니다. 우리는 객체를 상하좌우로 이동하려 하기 때문에 transform을 선택했습니다. 자바스크립트에서는 다음과 같은 코드를 사용합니다.

```
object.style.WebkitTransition = '-webkit-transform 2s';
```

앞에 접두어가 -webkit-이 붙는 것은 웹킷 기반 브라우저에서만 가능하고 파이어폭스는 접두어로 -moz-를 사용합니다. 그 외에 오페라의 -o-, 인터넷 익스플러로러의 -m- 등이 있습니다.

예제 7-1

```
<!DOCTYPE html>
<html lang="ko">
<head>
    <meta charset="utf-8" />
    <title> transition sample </title>
    <style type="text/css">
        div {
            width: 100px;
            height: 100px;
            background: red;
        }
    </style>

</head>
<body style="margin: 0px;" >

<div id="gameobj" >
    클릭한 위치로 이동합니다.
</div>

<script>
```

```
    //트랜지션 설정해주기
    var gameobj_element = document.getElementById('gameobj');
    //웹킷 기반 브라우저 공통
    gameobj_element.style.WebkitTransition = '-webkit-transform 2s';
    //파이어폭스용
    gameobj_element.style.MozTransition = '-moz-transform 2s';
    //오페라
    gameobj_element.style.OTransition = '-o-transform 2s';
    //인터넷 익스플로러
    gameobj_element.style.msTransition = '-ms-transform 2s';

    document.addEventListener('click',function(evt) {
        //웹킷 기반 브라우저 공통
        gameobj_element.style.WebkitTransform =
                'translate('+ evt.pageX +'px,'+ evt.pageY +'px)';
        //파이어폭스용
        gameobj_element.style.MozTransform =
                'translate('+ evt.pageX +'px,'+ evt.pageY +'px)';
        //오페라
        gameobj_element.style.OTransform =
                'translate('+ evt.pageX +'px,'+ evt.pageY +'px)';
        //인터넷 익스플로러
        gameobj_element.style.msTransform =
                'translate('+ evt.pageX +'px,'+ evt.pageY +'px)';
    });
</script>
</body>
</html>
```

예제 7-1은 CSS에 붙는 접두어를 달리하여 여러 번 코딩해주어서 모든 브라우저를 지원하도록
했으며, 클릭한 위치로 빨간색 사각형이 2초 동안 움직이는 예제입니다.

그림 7-1 실행 결과

1.2 트랜지션 이벤트

애니메이션이 완료되는 시점을 알아야 다음 행동을 이어서 수행해도 무리가 없습니다. 가장 먼저 생각해볼 수 있는 것이 타이머를 이용해서 끝나는 시간을 미리 계산하여 그 시간에 맞추어 정해진 작업을 하는 방법입니다. 그러나 이것보다 좀 더 자연스러운 방법은 CSS 자체에서 애니메이션이 종료하면 그 시점에 이벤트를 호출하는 방법입니다. 이를 위해 웹킷 기반 브라우저들은 webkit TransionEnd 이벤트를 제공합니다.

예제 | 7-2

```html
<!DOCTYPE html>
<html lang="ko">
<head>
    <meta charset="utf-8" />
    <title> transition end sample </title>
    <style type="text/css">
        div {
            width: 100px;
            height: 100px;
            background: red;
            -webkit-transition: -webkit-transform 2s;
        }
```

```
    </style>

</head>
<body style="margin: 0px;">

<div id="gameobj" >
    클릭한 위치로 이동합니다.
</div>

<p id="log">
</p>

<script>
    //트랜지션 설정해주기
    var gameobj_element = document.getElementById('gameobj');
    //웹킷 기반 브라우저 공통
    gameobj_element.style.WebkitTransition = '-webkit-transform 2s';
    //파이어폭스용
    gameobj_element.style.MozTransition = '-moz-transform 2s';
    //오페라
    gameobj_element.style.OTransition = '-o-transform 2s';
    //인터넷 익스플로러
    gameobj_element.style.msTransition = '-ms-transform 2s';

    document.addEventListener('click',function(evt) {
        //웹킷 기반 브라우저 공통
        gameobj_element.style.WebkitTransform =
            'translate('+ evt.pageX +'px,'+ evt.pageY +'px)';
        //오페라
        gameobj_element.style.OTransform =
            'translate('+ evt.pageX +'px,'+ evt.pageY +'px)';
        //파이어폭스용
        gameobj_element.style.MozTransform =
            'translate('+ evt.pageX +'px,'+ evt.pageY +'px)';
        //인터넷 익스플로러
        gameobj_element.style.msTransform =
            'translate('+ evt.pageX +'px,'+ evt.pageY +'px)';
    });

    gameobj_element.addEventListener('webkitTransitionEnd',function(evt)
```

```
    {
        document.getElementById('log').innerText = 'finish transition';
        console.log(e);
    });
</script>
</body>
</html>
```

빨간색 사각형이 마우스 클릭한 위치로 이동하다가 정확하게 애니메이션이 멈춘 시점에서 화면
에 "finish transition"이라는 메시지가 나옵니다.

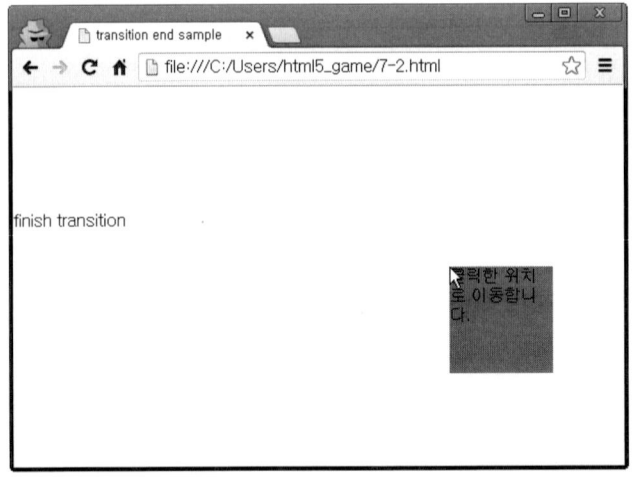

그림 7-2 실행 결과

현재 파이어폭스는 이 이벤트를 지원하지 않습니다. 또한, 오페라는 transitionend라는 이름으
로 이 이벤트를 지원합니다.

1.3 timing function

트랜지션에는 타이밍 인자라는 것이 있습니다. 이 인자에는 트랜지션이 수행되고 있는 동안 속도 계산을 하는 방식을 정합니다. 디폴트 값은 ease입니다.

-webkit-transition-timing-function으로 지정하거나 다음과 같이 -webkit-transition에 인자를 직접 넣어 주기도 합니다.

```
-webkit-transition : -webkit-transform 1s linear;
```

표 7-1 -webkit-transition의 인자

값	설명
linear	이동 중 일정 속도를 유지합니다. 큐빅 베지어 (0, 0, 1, 1)과 같습니다.
ease	처음에 느리다가 점점 빠르게 가다가 도착 시점에 다시 느려집니다. 큐빅 베지어 (0.25, 0.1, 0.25, 1)과 같습니다.
ease-in	처음에 느리다가 점점 빨라 집니다. 큐빅 베지어 (0.42, 0, 1, 1)과 같습니다.
ease-out	나중에 느려집니다. ease-in과 반대입니다. 큐빅 베지어 (0, 0, 0.58, 1)과 같습니다.
ease-in-out	시작과 끝에서 느려집니다. ease와 비슷합니다. 큐빅 베지어 (0.42, 0, 0, 58, 1)과 같습니다.
cubic-bezier(n, n, n, n)	큐빅 베지어 값을 직접 지정합니다.

큐빅 베지어 값으로 속도 변화 정도를 직접 정할 수도 있습니다.

URL http://www.roblaplaca.com/examples/bezierBuilder/

이 사이트에 접속하시면 큐빅 베지어 그래프를 직접 눈으로 확인하며 값을 만들 수 있습니다.

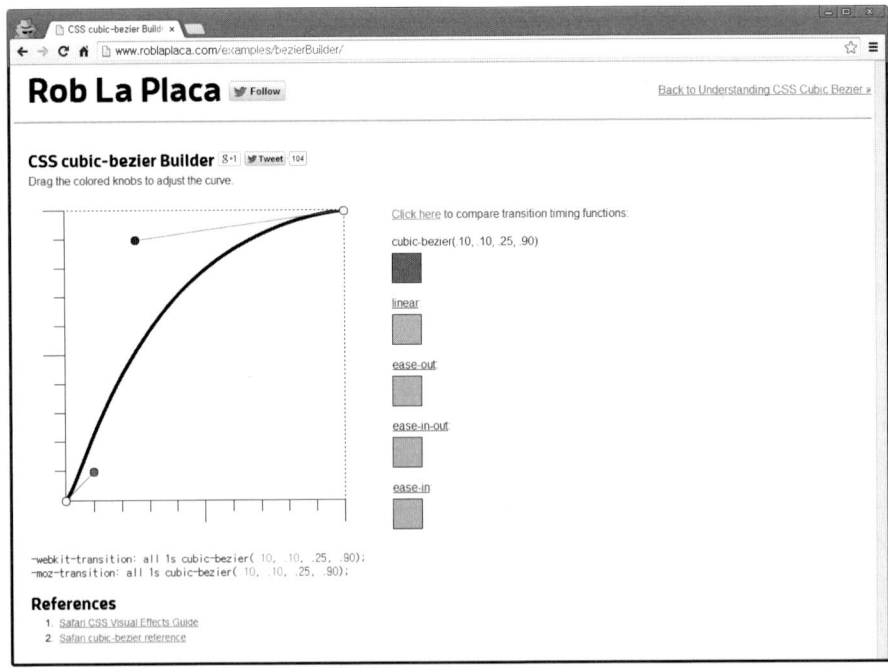

그림 7-3 CSS cubic-bezier Builder

세로는 거리이고 가로는 경과 시간입니다. 기울기가 클수록 속도 빠른 부분입니다. 반대로 기울기가 완만하면 속도가 느린 부분입니다. linear는 직선 그래프가 그려지게 됩니다.

예제 7-3

```
<!DOCTYPE html>
<html lang="ko">
<head>
    <meta charset="utf-8" />
    <title> transition sample </title>
    <style type="text/css">
        div {
            width: 100px;
            height: 100px;
            background: red;
```

```
        }
    </style>

</head>
<body style="margin: 0px;" >

<div id="gameobj_linear" >linear</div>
<div id="gameobj_easein" >ease in</div>
<div id="gameobj_easeout" >ease out</div>

<script>
    var gameobj_element_linear =
        document.getElementById('gameobj_linear');
    var gameobj_element_easein =
        document.getElementById('gameobj_easein');
    var gameobj_element_easeout =
        document.getElementById('gameobj_easeout');

    //트랜지션 설정해주기
    //웹킷 기반 브라우저 공통
    gameobj_element_linear.style.WebkitTransition =
        '-webkit-transform 2s linear';
    gameobj_element_easein.style.WebkitTransition =
        '-webkit-transform 2s ease-in';
    gameobj_element_easeout.style.WebkitTransition =
        '-webkit-transform 2s ease-out';

    document.addEventListener('click',function(evt) {
        //웹킷 기반 브라우저 공통
        gameobj_element_linear.style.WebkitTransform =
            'translate('+ evt.pageX +'px,'+ evt.pageY +'px)';
        gameobj_element_easein.style.WebkitTransform =
            'translate('+ evt.pageX +'px,'+ evt.pageY +'px)';
        gameobj_element_easeout.style.WebkitTransform =
            'translate('+ evt.pageX +'px,'+ evt.pageY +'px)'
    });
</script>
</body>
</html>
```

마우스를 클릭한 위치로 빨간색 박스가 이동하게 됩니다. linear, ease-in, ease-out의 특성을
확인해볼 수 있습니다.

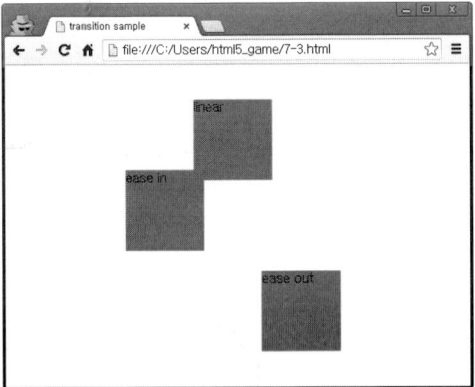

그림 7-4 실행 결과

1.4 트랜지션 중에 실시간으로 값 얻어내기

예를 들어 총알 피하기 게임 같은 경우에는 애니메이션 중간 객체의 정확한 위치를 알아야 피격 여
부를 실시간으로 감시할 수 있습니다. 지금까지 다룬 내용은 애니메이션이 시작할 때와 종료될 때
만 객체의 현재 위치를 파악할 수 있었습니다. 여기서는 움직이는 동안 실시간으로 이 값을 얻어
보겠습니다.

먼저 window.getComputedStyle(엘리먼트) 메서드를 이용해서 현재의 CSS 값을 얻어옵니
다. CSS 속성을 얻고 싶은 엘리먼트를 인자로 넣어 줍니다. 그리고 나서 이 함수가 반환한 객체의
getPropertyValue() 메서드를 이용하여 구체적인 속성 객체를 얻어 옵니다.

즉, 애니메이션 수행 중에 실시간으로 변하는 -webkit-transform 값을 얻고 싶다면 다음과 같
이 하면 됩니다.

```
var computedStyle = window.getComputedStyle(box);
var trans = computedStyle.getPropertyValue('-webkit-transform');
```

getPropertyValue() 메서드에 −webkit−transform 인자를 넣어주는 것으로 행렬로 된 값
을 얻어옵니다. 여기서 얻어지는 trans에는 그림 7−5에서 보듯이 문자열로 된 행렬 값이 들어
갑니다.

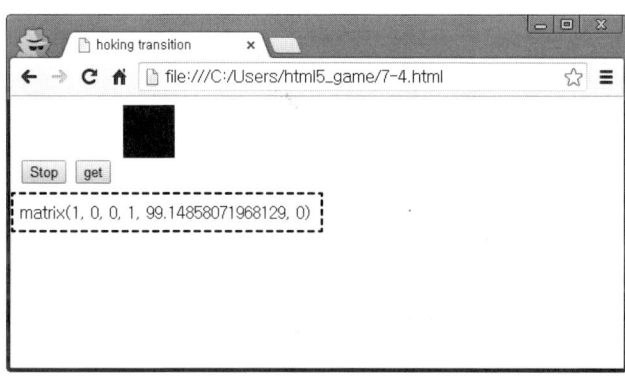

그림 7−5 예제 7−4 실행 결과

이렇게 얻어진 값은 나중에 WebkitCSSMatrix로 객체화하여서 사용할 수도 있습니다. 뒤에 나
오는 행렬 분해 부분에서 자세히 다루도록 하겠습니다.

예제 | 7−4

```
<!DOCTYPE html>
<html>
<head>
    <title>hoking transition</title>
    <style>
        .box {
            height: 50px;
            width: 50px;
            background-color: blue;
        }
    </style>
</head>
<body>
<div class='box'></div>
```

```html
<button class='toggleButton' >Play</button>
<button class='btn-get-pos' >get</button>
<p id="log"></p>
<script>
    /*
        트랜지션 중간에 가로채기 예제
     */
    var box = document.querySelector('.box');
    document.querySelector('.toggleButton')
        .addEventListener('click',function()
    {
        if(this.innerHTML == 'Play') {
            box.style.WebkitTransition = '10s';
            box.style.WebkitTransform = 'translate(100px,0px)';
            this.innerHTML = 'Stop';
        } else {
            var computedStyle = window.getComputedStyle(box);
            var trans = computedStyle.getPropertyValue('-webkit-transform');
            box.style.WebkitTransform = trans;
            box.style.WebkitTransition = '';
            this.innerHTML = 'Play';
        }
    });

    //트랜지션 중간에 현재 값 구하기
    document.querySelector('.btn-get-pos')
        .addEventListener('click',function()
    {
        var computedStyle = window.getComputedStyle(box);
        //console.log(computedStyle.getPropertyValue('-webkit-transform'));
        document.getElementById('log').innerText =
            computedStyle.getPropertyValue('-webkit-transform');
    });
</script>
</body>
</html>
```

〈play〉 버튼을 누르면 〈stop〉 버튼으로 바뀌면서 파란색 박스가 이동합니다. 〈get〉 버튼을 누르면 현재 위치에 대한 변환 행렬 값을 화면에 출력합니다.

〈stop〉 버튼을 클릭하면 현재 위치에서 박스가 멈추게 됩니다. WebkitTransition 값에 공백 문자를 넣어주고 WebkitTransform에는 현재 얻어진 변환 행렬 값을 넣어 주면 현재 위치에서 멈추게 됩니다. 만약 Transition 값에 공백만 넣어주면 현재 위치에서 멈추지 않고 목표 지정으로 워프하게 됩니다.

2. 애니메이션(animation)

주로 정해놓고 일정하게 반복되는 애니메이션을 만들 때 사용하면 효율적입니다. 예를 들면 바람에 나무가 흔들린다든지 일정하게 풍차나 물레방아가 도는 것 등을 표현할 때 유용합니다. 트랜지션과 비슷하지만, 사용자가 내용을 수정하기가 어렵습니다. 만약 수정하고자 한다면 document.styleSheets 같은 객체를 이용해서 직접 〈style〉〈/style〉 태그 안에 선언된 내용을 다시 정의해야 합니다.

2.1 키 프레임 애니메이션

@-webkit-keyframes를 사용하면 키 프레임 단위로 애니메이션을 관리할 수 있습니다.

```
@-webkit-keyframes myanimation {
    0% {-webkit-transform : translate(0px,0px) }
    50% {-webkit-transform : translate(300px,0px)}
    100% {-webkit-transform : translate(0px,0px)}
}
```

먼저 myanimation이라는 애니메이션 이름을 정합니다. 그리고 중괄호 안에 백분율 단위로 애니메이션의 키 프레임 값을 정의합니다. 100%가 목표 지점에 도달한 키 프레임이 되고 50%는 중간, 0%는 시작 등 이런 방식입니다. 이렇게 정의된 애니메이션은 -webkit-animation-name으로 지정할 수 있습니다.

예제 | 7-5

```html
<!DOCTYPE html>
<html lang="ko">
<head>
    <meta charset="utf-8" />
    <title>animation sample</title>
    <style>
        @-webkit-keyframes test-keyframe {
            0% {-webkit-transform : translate(0px,0px)}
            50% {-webkit-transform : translate(300px,0px)}
            100% {-webkit-transform : translate(0px,0px)}
        }
        .ball {
            position:absolute; left: 3px;
            height:50px; width:50px; border-radius:25px;
            -webkit-animation-name: test-keyframe;
            -webkit-animation-duration: 2s;
            -webkit-animation-timing-function: linear;
            -webkit-animation-play-state: paused;
            -webkit-animation-iteration-count: infinite;
        }
    </style>
</head>
<body >

<div id="ball-obj" class="ball"
        style="top:50px; background-color: red;"></div>
<p id="log" ></p>

<script>
    var ballobj = document.getElementById('ball-obj');
    ballobj.addEventListener('click',function() {
        this.style.webkitAnimationPlayState = 'running';
    });

    setInterval(function(evt) {
        var computedStyle = window.getComputedStyle(ballobj);
        var trans =
            computedStyle.getPropertyValue('-webkit-transform');
```

```
        document.getElementById('log').innerText = trans;
    }, 50);
</script>
</body>
</html>
```

빨간색 원을 클릭하면 반복적으로 좌우로 움직이는 예제입니다. 애니메이션의 속성에는 다음과 같이 duration, timing-function, play-state, iteration-count 등이 있습니다.

그림 7-6 실행 결과

-webkit-animation-duration은 100% 애니메이션될 때까지 걸리는 시간입니다. 단위는 초로, 숫자 뒤에 s를 붙여 줍니다. 자바스크립트에서는 style.webkitAnimationDuration으로 접근할 수 있습니다.

-webkit-animation-timing-function은 트랜지션의 timing-funtion과 같습니다. 큐빅 베지어 값을 직접 사용할 수도 있으며 기본 값은 ease입니다. 자바 스크립트에서는 style. webkitAnimationTimingFuntion 으로 접근할 수 있습니다.

-webkit-animation-play-state는 애니메이션을 잠시 멈추거나 다시 시작할 때 사용할 수 있습니다. pause는 일시정지, running은 실행입니다. 기본 값은 running입니다. 자바스크립트에서는 webkitAnimationPlayState를 이용하면 됩니다.

-webkit-animation-iteration는 애니메이션의 반복 횟수를 정할 수 있습니다. 예제에 사용된 infinite는 무한 반복입니다. 자바스크립트에서는 webkitAnimationIteration을 사용하여 반복 횟수를 지정합니다.

애니메이션 역시 중간에 현재 변환 값을 얻을 수 있습니다. getComputedStyle( ) 메서드로 transition과 마찬가지 방법을 사용해서 얻을 수 있습니다. 예제에서는 타이머를 이용해서 50ms마다 값을 얻어와 화면에 출력해주었습니다.

2.2 이벤트 핸들링

애니메이션과 관련된 이벤트로는 시작과 끝나는 시점에 발생하는 webkitAnimationStart, webkitAnimationEnd 이벤트 외에 반복하는 시점에 발생하는 webkitAnimationIteration 이벤트가 있습니다.

예제 7-6

```
<!DOCTYPE html>
<html lang="ko">
<head>
    <meta charset="utf-8"/>
    <title>animation end</title>
    <style>
        @-webkit-keyframes myanim {
            0% {-webkit-transform : scale(1,1);opacity: 1}
            50% {-webkit-transform : scale(3,3); opacity: 0}
            100% {-webkit-transform : scale(1,1);opacity: 1}
        }
        .ball {
            position:absolute; left: 3px;
            height:50px; width:50px; border-radius:25px;
        }
        .animation {
            -webkit-animation-name: myanim;
            -webkit-animation-duration: 2s;
            -webkit-animation-timing-function: ease;
            -webkit-animation-play-state: paused;
```

```
        -webkit-animation-iteration-count: 2;
      }
    </style>
</head>
<body >
<div id="gameobj" class="ball" style="top:50px; background-color: red;"></div>
<p id="output"></p>
<script>
    var gameobj = document.getElementById('gameobj');
    var output = document.getElementById('output');

    gameobj.addEventListener('click',function() {
        gameobj.classList.add('animation');
        this.style.webkitAnimationPlayState = 'running';
    });
    gameobj.addEventListener('webkitAnimationStart',function() {
        output.innerText = 'start';
    });
    gameobj.addEventListener('webkitAnimationEnd',function() {
        output.innerText = 'end';
        gameobj.classList.remove('animation');
    });
    gameobj.addEventListener('webkitAnimationIteration',function() {
        output.innerText = 'Iteration';
    });
</script>
</body>
</html>
```

예제 7-6은 빨간색 원을 클릭하면 두 번 연속으로 원이 커졌다가 사라지고 다시 이전 크기로 줄이기를 반복합니다. 그리고 화면에 현재 이벤트 상태가 나옵니다. 최초로 클릭해서 classList.add('animation')으로 CSS에서 정의한 animation이라는 클래스 이름이 추가되면 원이 한번 커지고 사라지면 다시 나와서 원래 크기로 되는 것이 하나의 주기가 됩니다. 그때마다 webkitAnimation Iteration 메시지가 발생하기 때문에 output 엘리먼트에 Iteration 텍스트가 출력됩니다. -webkit-animation-iteration-count:2로 했기 때문에 두 번 반복하고 마지막에는 webkit AnimationEnd가 메시지를 발생시킵니다.

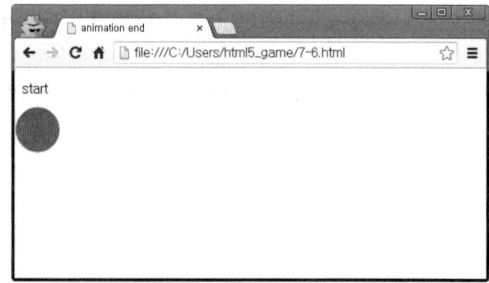 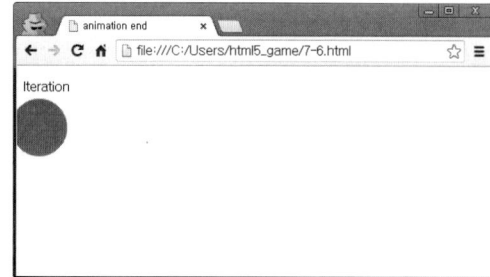

그림 7-7 실행 결과

3. 행렬 분해

행렬을 사용하면 게임 객체의 이동, 회전, 크기 등의 수학적 상태를 한꺼번에 통합적으로 관리할 수 있기 때문에 수학적인 계산 시 많은 이득을 얻을 수 있습니다. 그러나 일단 행렬로 만들어진 데이터에서 다시 이동, 회전 스케일 값을 얻어내야 하는 경우가 발생하기도 합니다. 이것을 행렬 분해라고 합니다. 다시 정리하자면 이동, 회전, 크기 변환을 하나로 묶은 것이 행렬이며 그런 상태에서 다시 아무런 부가적인 정보 없이 그 행렬만 가지고 이동, 회전 크기 값을 다시 얻어내는 것을 행렬 분해라고 합니다. 공학에서 로봇을 제어할 때 위치제어 모듈들이 결괏값을 행렬이나 쿼터니온으로 주는 경우가 있습니다. 이때 행렬을 분해해서 실제 위치 좌표라든지 회전 각도를 계산해 냅니다.

움직이는 엘리먼트의 실시간 위치와 회전 정보를 얻고자 getPropertyValue() 메서드로 값을 얻어내면 행렬 형태로 값을 반환해줍니다. 이 값을 가지고 위치와 회전 값을 구할 때 사용합니다.

$$\begin{pmatrix} a & b \\ c & d \\ e & f \end{pmatrix}$$

이처럼 2차원 변환 행렬을 배치하면 e, f는 이동에 관한 요소입니다. 그래서 이동 변환 값은 다음과 같이 구할 수 있습니다.

> **x 좌표 = e;**
> **y 좌표 = f;**

a, b, c, d는 회전과 스케일에 관한 요소입니다. 이 값을 먼저 스케일 값을 구하려면 다음과 같이 해줍니다.

```
var scalex = Math.sqrt(cssmat.a*cssmat.a + cssmat.b*cssmat.b);
var scaley = Math.sqrt(cssmat.c*cssmat.c + cssmat.d*cssmat.d);
```

cssmat는 이전 장에서 설명한 WebkitCSSMatrix 객체입니다. 회전 값을 구하려면 스케일 값도 함께 필요하기 때문에 스케일 값을 먼저 구했습니다. 다음은 아크탄젠트로 회전 값을 구하는 코드입니다.

```
var angle = Math.round(Math.atan2(cssmat.b/scalex,
            cssmat.a/scalex)*(180/Math.PI));
```

예제 | 7-7

```
<!DOCTYPE html>
<html lang="ko">
<head>
    <meta charset="utf-8"/>
    <title> WebKitCSSMatrix sample </title>
</head>
<body>
<div id='game_screen' style="
    position: relative;
    width : 320px;
    height :240px;
```

```html
      ">

  <svg class='helper-grid' style="
     position: absolute;
     height :240px;
     border: 1px solid;
     " >

     <line x1="0" y1="120" x2="320" y2="120" style="stroke:#000000;"/>
     <line x1="160" y1="0" x2="160" y2="240" style="stroke:#000000;"/>
  </svg>

  <div id='gameobj-player' style="
     width: 32px;
     height: 32px;
     background-color: red;
     position: absolute;
     " ></div>
</div>
<button id='btn-test' > test </button>

<script>
  //관련글참고: http://goo.gl/eAoatZ
  var gameobj = document.querySelector('#gameobj-player');

  document.querySelector('#btn-test').addEventListener('click',function() {
     //단위 행렬 생성
     var cssmat = new WebKitCSSMatrix();

     cssmat = cssmat.translate(144,104,0);
     cssmat = cssmat.rotate(45);
     cssmat = cssmat.scale(2,3);
     console.log(cssmat);
     console.log(cssmat.toString());

     //decompose test (행렬 분해)
     //이동 변환 얻기
     console.log(cssmat.e + ',' + cssmat.f);

     //스케일 얻기
```

```
        var scalex = Math.sqrt(cssmat.a*cssmat.a + cssmat.b*cssmat.b);
        var scaley = Math.sqrt(cssmat.c*cssmat.c + cssmat.d*cssmat.d);
        console.log(scalex + ',' + scaley);

        //회전얻기
        var angle = Math.round(Math.atan2(cssmat.b/scalex, cssmat.a/scalex) *
                    (180/Math.PI));
        console.log(angle);

        //행렬 객체를 다시 CSS에 적용
        //2차원 매트릭스가 얻어짐
        gameobj.style.WebkitTransform = cssmat.toString();
    });
</script>
</body>
</html>
```

〈test〉 버튼을 누르면 왼쪽 위의 빨간색 정사각형 상자가 십자선 중심(144, 104)으로 오면서 크기도 가로 2배, 세로 3배만큼 커지며 45도 회전하게 됩니다. 이 모든 과정은 WebkitCSSMatrix 객체를 생성해서 translate( ), rotate( ), scale( ) 메서드로 행렬을 세팅한 후 gameobj.style. WebkitTransform = cssmat.toString( )으로 엘리먼트에 직접 행렬 값을 대입해서 빨간색 사각형에 변화를 준 것입니다. 그림 7-8의 아래 콘솔 창을 보면 행렬 객체인 cssmat 변수의 내용을 분해해서 콘솔에 출력해본 것입니다. 행렬을 세팅했던 값을 역으로 다시 추출된 것을 확인하실 수 있습니다.

앞서 설명한 대로 cssmat.e는 x 좌표이고 cssmat.f는 y 좌표입니다. 앞서 설명한 예제처럼 나머지 스케일 값과 각도 값도 얻어내서 콘솔에 함께 출력해보았습니다.

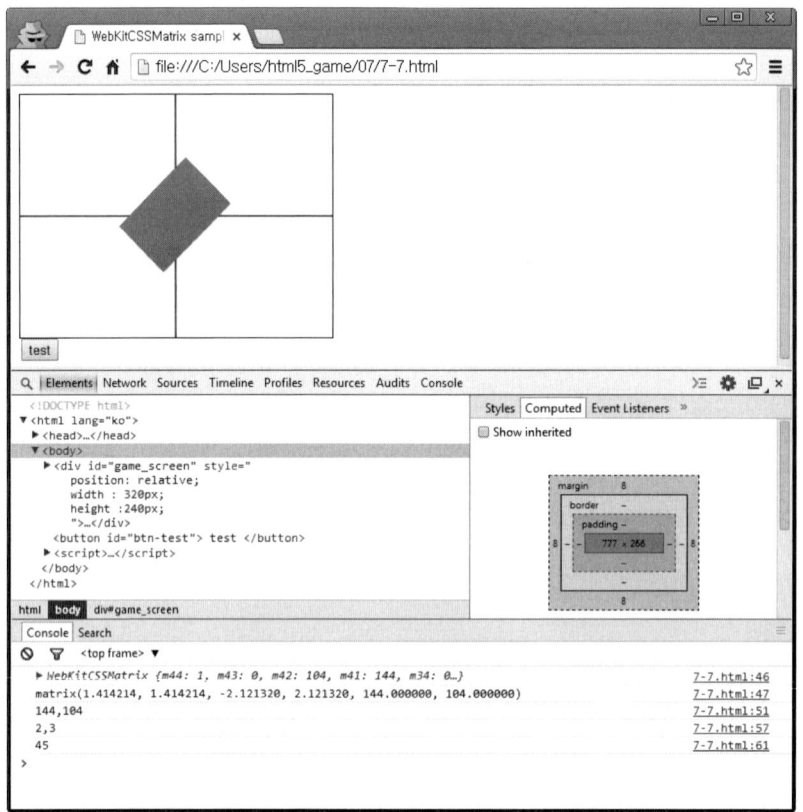

그림 7-8 자바스크립트 콘솔 확인

제 8 장

표준 웹 기술로 게임 제작 도구 만들기

 전통적인 게임 제작 도구는 크게 오브젝트 툴, 월드 툴 등의 두 가지로 나눌 수 있습니다. 꼭 이렇게 두 가지로만 되어 있는 것은 아니지만, 이 두 가지는 꼭 필요한, 기본이 되는 도구입니다.

오브젝트 툴은 주로 게임상에서 전면에서 나와서 움직이는 객체들에 대한 리소스를 프로그램에 맞도록 가공해주는 도구입니다. 게임 장르에 따라서 조금씩 다른 모습을 가지고 있으며 2D 게임에서는 일반적으로 스프라이트 툴이라 부릅니다.

이에 비해 월드 툴은 게임의 배경과 전체적인 장면을 구성해주는 툴을 지칭합니다. 일부 장르에 따라서는 월드 툴에 오브젝트 툴이 포함되는 때도 있습니다. 또는 게임 내에 포함되기도 하는데, 스타크래프트의 맵 에디터가 바로 이러한 예입니다. 일명 레벨 에디터라고도 하며 고도화된 툴 중에는 자체적으로 게임 로직을 제어할 수도 있는 스크립트까지 포함한 것도 있습니다. 이것을 엔진이라고 부르는 사람도 있지만, 그것이 꼭 맞는 말은 아닙니다. 실제로 엔진을 대표하는 모습일 뿐 단순 툴만 가지고 엔진이라고 할 수는 없기 때문입니다. 그러므로 2D 게임에서는 타일 툴 또는 맵에디터라고 부르고 있습니다. 3D 게임에서는 월드 에디터라는 표현을 더 많이 씁니다.

이번 장에서는 범용적으로 사용할 수 있는 스프라이트 툴을 만드는 방법에 대해서 알아보도록 하겠습니다.

1. 이미지 커터 객체 만들기

대부분 디자인 작업을 하면 모든 애니메이션 장면이 담겨 있는 데이터를 이미지 파일 하나에 넣어서 최종적으로 게임에 올리게 됩니다. 이렇게 하는 이유는 동작마다 파일을 따로 만들 경우 불필요한 헤더 정보가 그대로 남기 때문입니다. 그러므로 파일 하나에 모두 묶어서 관리하는 것이 좋습니다.

이렇게 하려면 이미지 일부의 부분만 보여주는 기능이 필요합니다. 그래서 재활용할 수 있도록 키네틱스의 플러그인 형태로 이미지 커터(Cutter)를 만들어 보도록 하겠습니다.

먼저 자바스크립트 파일을 새로 만들고(kinetic.util.js) 객체 이름을 다음과 같이 정합니다.

```
gbox3d.Kinetic.Util = {};
```

그리고 여기에 우리가 지금 만들려고 하는 이미지 커터 객체를 추가해줍니다. 다음과 같이 함수 객체로 준비해줍니다.

```
gbox3d.Kinetic.Util.Cutter = function (layer) {
    //커터 객체
}
```

 **클래스(Class)**

현재 쓰는 웹 브라우저의 자바 스크립트는 클래스(Class)가 없습니다. ECMAScript 6 스펙에는 포함되었지만 아직은 ECMAScript 5를 쓰고 있기 때문입니다. 유니티 엔진의 자바스크립트에는 클래스가 있는데, 정확히 말하면 그것은 ECMAScript 6과 비슷한 TypeScript(닷넷용 자바스크립트?!)이기 때문입니다. 아마도 HTML6 정도쯤에는 클래스를 지원할 수도 있지 않을까 예상해봅니다.

먼저 영역 편집에 사용할 사각형을 만들어 보도록 하겠습니다. 그림 8-1처럼 꼭짓점에 있는 원을 드래그하여 모양을 잡고 전체 사각형을 드래그하여 위치와 모양을 자유자재로 바꿀 수 있는 스마트한 사각형을 만들어 보도록 하겠습니다.

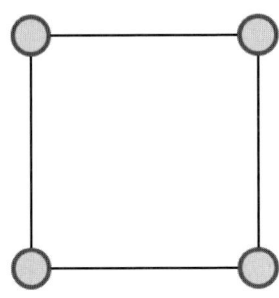

그림 8-1 사용할 사각형

이 편집 가능한 사각형은 한 개의 사각형과 4개의 작은 원으로 되어 있습니다. 계층적으로 이 객체를 정의해보면 그림 8-2와 같습니다.

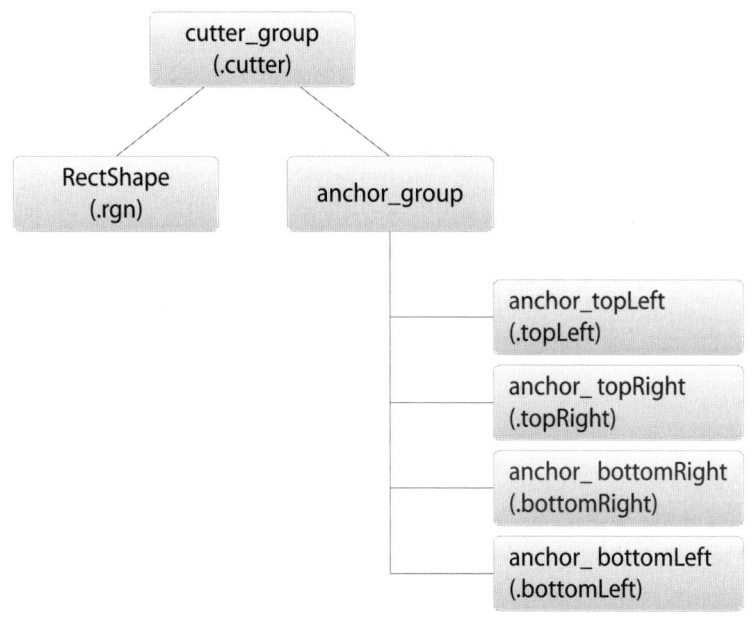

그림 8-2 사각형을 계층적으로 표현한 모습

키넥틱스의 그룹 객체로 시작 위치는 (0, 0)으로 해서 cutter 그룹을 생성합니다.

```
var cutter_group = new Kinetic.Group({
    x: 0,
    y: 0,
    name : "cutter",
    draggable: true
});
```

이름을 cutter로 지정하고 그룹이 드래그할 수 있도록 draggable을 true로 해줍니다. 이것이 최상위 그룹이 됩니다.

그림 8-2의 계층도처럼 그 밑으로 사각형 모양과 모서리의 위치를 바꿀 수 있는 앵커들의 그룹과 앵커들로 배치를 해보겠습니다.

```
var RectShape = new Kinetic.Shape({
    //사용자정의그리기함수재정의
    drawFunc: function(canvas) {
        var context = canvas.getContext();

        if(this.rgnInfo == undefined) {
            this.rgnInfo = {
                start : new gbox3d.core.Vect2d(0, 0),
                end : new gbox3d.core.Vect2d(100, 100)
            };
        }

        //사각형그리기
        context.beginPath();
        var size = this.rgnInfo.end.sub(this.rgnInfo.start);
        context.rect(this.rgnInfo.start.X, this.rgnInfo.start.Y,
                size.X, size.Y);
        context.stroke();
        context.closePath();
        canvas.fillStroke(this);
    },
    name : "rgn",
    stroke: 'black',
    strokeWidth: 1
});
```

스프라이트로 만들고자 잘라낼 영역을 표시하려면 속이 빈 사각형 모양을 표현해야 합니다. 그래서 사용자 정의 모양으로 만들어 줍니다.

3번째 줄에서 drawFunc() 함수를 재정의해서 우리가 원하는 모형이나 그림을 그려줍니다. 여기서는 캔버스 객체를 직접 이용해서 속이 빈 사각형 모양을 그리고 있습니다.

이름은 'rgn'으로 정해줍니다. 선 색이나 두께는 drawFunc() 함수 내부에서 정해줄 수도 있으나 키네틱스 플러그인 형태로 만들었기 때문에 기본 기능을 활용하는 편이 좋으므로 Kinetic.

Shape 객체 생성 시에 인자로 전달해 주었습니다. 이렇게 전달받은 인자는 내부에서 따로 적절한 타이밍에 적용을 해주기 때문에 drawFunc( ) 함수에서 일일이 신경 쓸 필요가 없습니다. 그리고 이것을 cutter_group의 자식 객체로 넣어 줍니다.

```
cutter_group.add(RectShape);
```

다음으로, 앵커를 만들어 보도록 하겠습니다. 먼저 앵커 그룹을 만들어서 cutter_group에 자식으로 추가시켜 줍니다.

```
var anchor_group = new Kinetic.Group({x:0,y:0});
cutter_group.add(anchor_group);
```

4개의 앵커를 만들기 전에 addAnchor( ) 함수를 따로 만들어서 비효율적으로 같은 일을 반복하지 않도록 합니다. 이 함수를 이용해서 총 4개의 앵커를 만들어서 그룹에 포함시킵니다.

```
var anchor_topleft = addAnchor(0, 0, "topLeft",anchor_group);
var anchor_topRight = addAnchor(100, 0, "topRight",anchor_group);
var anchor_bottomRight = addAnchor(100, 100, "bottomRight",anchor_group);
var anchor_bottomLeft = addAnchor(0, 100, "bottomLeft",anchor_group);
```

1.1 앵커 추가 함수 addAnchor( )

```
function addAnchor(x, y, name, group) {
    var layer = group.getLayer();
    var anchor = new Kinetic.Circle({
        x : x,
        y : y,
        stroke : "#666",
        fill : "#ddd",
        strokeWidth : 2,
        radius : 8,
```

```
      name : name,
      draggable : true
  });
  anchor.on("dragmove", function() {
      update(group, this);
      this.show();
      layer.draw();
  });
  anchor.on("mousedown touchstart", function() {
      group.setDraggable(false);
      this.moveToTop();
  });
  anchor.on("dragend", function() {
      group.setDraggable(true);
      layer.draw();
  });
  // add hover styling
  anchor.on("mouseover", function() {
      var layer = this.getLayer();
      document.body.style.cursor = "pointer";
      this.setStrokeWidth(4);
      layer.draw();
  });
  anchor.on("mouseout", function() {
      var layer = this.getLayer();
      document.body.style.cursor = "default";
      this.setStrokeWidth(2);
      layer.draw();
  });
  group.add(anchor);

  return anchor;
}
```

3번째 줄에서 anchor 변수에 Circle 객체를 만들어 대입해줍니다. 그리고 그다음에 오는 코드들
은 모두 이벤트 처리 관련 코드들입니다. on() 메서드의 첫 번째 인자들은 해당 이벤트를 나타냅
니다.

먼저 dragmove는 앵커들이 드래그가 발생하였을 때 두 번째 인자로 주어진 함수가 호출됩니다. 함수 내에서 호출된 update() 함수는 위에서 만든 RectShape의 정보를 갱신해주는 역할을 합니다. (바로 뒤에서 다시 자세히 설명합니다.) 그리고 나머지 코드들은 화면을 다시 그리는 일을 해줍니다.

mousedown, touchstart는 마우스 이벤트와 스마트 기기의 터치 이벤트를 동시에 모두 처리하게 하려고 두 개를 같이 썼습니다. 드래그 이벤트가 일어난 앵커만 움직여야 하므로 19번째 줄에서 앵커 그룹을 일단 드래그 되지 않도록 조정합니다.

그리고 20번째 줄에서 moveToTop()으로 해당 앵커를 화면 맨 앞으로 이동시킵니다.

- dragend   앵커 그룹이 다시 드래그 가능하도록 해주고 레이어 전체를 다시 그려줍니다.
- mouseover   마우스 포인터가 앵커 영역 안에 들어오면 해당 앵커가 더 굵은 선으로 표시되도록 효과를 줍니다. 커서 모양도 손가락 모양으로 바꿔줍니다.
- mouseout   다시 원래 상태로 복원시킵니다.

마지막으로 지금까지 만든 객체를 앵커 그룹에 추가하고 이를 반환합니다.

cutter_group에 대한 이벤트 핸들러를 추가합니다. 마우스 커서가 편집 사각형 위에 올라가 있으면 앵커들이 나타나게 해줍니다.

```
cutter_group.on("mouseover",function() {
    anchor_group.show();
    layer.draw();
});
```

마우스 커서가 영역을 나가서 이동하면 앵커들을 안 보이게 합니다.

```
cutter_group.on("mouseout",function() {
    anchor_group.hide();
    layer.draw();
});
```

드래그 이벤트는 mouseover 이벤트와 같이 앵커가 나타나게 하고 외부에서 콜백이 가능하도록 하는 부분이 있습니다.

```
cutter_group.on("dragmove",function(evt) {
    anchor_group.show();
    layer.draw();

    if(theThat.OnDragMove != undefined) {
        theThat.OnDragMove(evt);
    }
});
```

theThat은 상위 객체의 this입니다. 이벤트 핸들러로 넣어준 함수 내에서 쓰는 this는 cutter 객체가 아닌 이벤트를 발생시킨 객체(gutter_group)가 되기 때문입니다. 그래서 함수의 초반부에서 이런 식으로 this를 따로 저장해둡니다.

```
var theThat = this;
```

Kinectic의 dragmove가 발생할 때 처리하고 싶은 것이 있으면 OnDragMove를 외부에서 따로 정의해서 구현할 수 있습니다.

update() 함수는 각각 앵커들이 드래그 되었을 때 사각형 영역을 다시 그리고 계산하는 일을 수행합니다.

1.2 편집된 크기를 반영해주는 update() 함수

```
function update(group, activeAnchor) {
    // 각각의 앵커들을 이름으로 찾아서 얻어온다.
    var topLeft = group.get(".topLeft")[0];
    var topRight = group.get(".topRight")[0];
    var bottomRight = group.get(".bottomRight")[0];
```

```
var bottomLeft = group.get(".bottomLeft")[0];
var rgn = cutter_group.get(".rgn")[0];

switch (activeAnchor.getName()) {
    case "topLeft":
        topRight.setY(activeAnchor.getY());
        bottomLeft.setX(activeAnchor.getX());
        break;
    case "topRight":
        topLeft.setY(activeAnchor.getY());
        bottomRight.setX(activeAnchor.getX());

        break;
    case "bottomRight":
        bottomLeft.setY(activeAnchor.getY());
        topRight.setX(activeAnchor.getX());

        break;
    case "bottomLeft":
        bottomRight.setY(activeAnchor.getY());
        topLeft.setX(activeAnchor.getX());

        break;
}
rgn.rgnInfo.start.set_point(topLeft.getPosition());
rgn.rgnInfo.end.set_point(bottomRight.getPosition());
}
```

두 번째 인자로 들어온 앵커의 위치에 따라서 switch 문으로 각각 따로 처리를 해주고 있습니다.
예를 들어 왼쪽 위의 경우 오른쪽 위의 y 위치와 왼쪽 아래 x축의 값을 수정합니다.

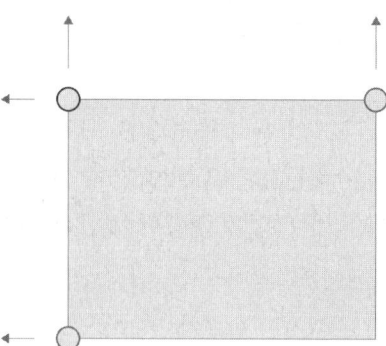

그림 8-3 앵커의 위치에 따른 처리

나머지 앵커들도 같은 식으로 구분해서 처리해줍니다.

1.3 잘라낼 영역을 계산해서 알려주는 getRect( ) 함수

```
this.getRect = function(offset) {
    if(offset == undefined)
    {
        offset = {x:0,y:0};
    }

    var cutterpos = new gbox3d.core.Vect2d(cutter_group.getPosition());
    var rgninfo = RectShape.rgnInfo;
    var start = rgninfo.start.clone();
    var end = rgninfo.end.clone();
    start.addToThis(cutterpos);
    end.addToThis(cutterpos);
    return {sx:start.X+offset.x, sy:start.Y+offset.y,
            width:(end.X - start.X),height:(end.Y - start.Y)};
};
```

getRect() 함수는 내부 변수를 사용할 수 있으면서 객체 외부에서도 접근할 수 있도록 특권 함수 형태로 만들어져 있습니다.

 자바 스크립트의 객체는 클래스로 선언하지 않고 함수 선언 형식을 빌려 만드는 모조 클래스입니다. 비록 다른 형태인 함수 형태로 표현하지만, 기존 클래스에 구현된 개념들을 거의 모두 사용할 수 있습니다. 따라서 공개 비공개 멤버 함수 개념 역시 구현할 수 있습니다. 공개 함수는 this를 써서 만드는 함수와 prototype을 써서 만드는 함수가 있는데, prototype으로 만들 경우 외부에서는 참조 가능하나 내부 변수를 사용할 수 없게 됩니다.

첫 번째 인자에는 현재 뷰의 스크롤 위치를 넣어 줍니다. 그 위치를 기준으로 사각형의 위치를 더해서 결과를 반환합니다.

내부 변수인 RectShap에 접근해서 현재 편집된 상태의 사각형 위치 정보와 크기 정보를 JSON 형태로 반환합니다.

URL 경로: /libs/kinetics/kinetic.util.js

```javascript
gbox3d.Kinetic.Util = {};
gbox3d.Kinetic.Util.Cutter = function (layer) {
    //최상위 객체 자신..
    var theThat = this;
    var cutter_group = new Kinetic.Group({
        x: 0,
        y: 0,
        name : "cutter",
        draggable: true
    });
    layer.add(cutter_group);
    var RectShape = new Kinetic.Shape({
        drawFunc: function(canvas) {
            var context = canvas.getContext();
            if(this.rgnInfo == undefined) {
                this.rgnInfo = {
                    start : new gbox3d.core.Vect2d(0, 0),
                    end : new gbox3d.core.Vect2d(100, 100)
                };
```

```
        }
        context.beginPath();
        var size = this.rgnInfo.end.sub(this.rgnInfo.start);
        context.rect(this.rgnInfo.start.X,
             this.rgnInfo.start.Y, size.X, size.Y);
        context.stroke();
        context.closePath();
        canvas.fillStroke(this);
    },
    name : "rgn",
    //fill: '#00D2FF',
    stroke: 'black',
    strokeWidth: 1
});
cutter_group.add( RectShape );
var anchor_group = new Kinetic.Group({x:0,y:0});
cutter_group.add(anchor_group);
var anchor_topleft =
    addAnchor( 0, 0, "topLeft",anchor_group);
var anchor_topRight =
    addAnchor(100, 0, "topRight",anchor_group);
var anchor_bottomRight =
    addAnchor(100, 100, bottomRight",anchor_group);
var anchor_bottomLeft =
    addAnchor(0, 100, "bottomLeft",anchor_group);
cutter_group.on("mouseover",function() {
    anchor_group.show();
    layer.draw();
});
cutter_group.on("mouseout",function() {
    anchor_group.hide();
    layer.draw();
});
cutter_group.on("dragmove",function(evt) {
    anchor_group.show();
    layer.draw();
    if(theThat.OnDragMove != undefined) {
        theThat.OnDragMove(evt);
    }
    //console.log('base call');
```

```javascript
});
//사각형 영역을 갱신해주는 함수.
function update(group, activeAnchor) {
    var topLeft = group.get(".topLeft")[0];
    var topRight = group.get(".topRight")[0];
    var bottomRight = group.get(".bottomRight")[0];
    var bottomLeft = group.get(".bottomLeft")[0];
    var rgn = cutter_group.get(".rgn")[0];
    //var image = group.get(".image")[0];
    // update anchor positions
    switch (activeAnchor.getName()) {
        case "topLeft":
            topRight.setY(activeAnchor.getY());
            bottomLeft.setX(activeAnchor.getX());
            break;
        case "topRight":
            topLeft.setY(activeAnchor.getY());
            bottomRight.setX(activeAnchor.getX());
            //topLeft.attrs.y = activeAnchor.attrs.y;
            //bottomRight.attrs.x = activeAnchor.attrs.x;
            break;
        case "bottomRight":
            bottomLeft.setY(activeAnchor.getY());
            topRight.setX(activeAnchor.getX());
            //bottomLeft.attrs.y = activeAnchor.attrs.y;
            //topRight.attrs.x = activeAnchor.attrs.x;
            break;
        case "bottomLeft":
            //console.log(activeAnchor.getName());
            bottomRight.setY(activeAnchor.getY());
            topLeft.setX(activeAnchor.getX());
            //bottomRight.attrs.y = activeAnchor.attrs.y;
            //topLeft.attrs.x = activeAnchor.attrs.x;
            break;
    }
    rgn.rgnInfo.start.set_point(topLeft.getPosition());
    rgn.rgnInfo.end.set_point(bottomRight.getPosition());
}
//편집 앵커 객체들을 추가하는 함수
function addAnchor( x, y, name,group) {
```

```
//var group = anchor_group;
var layer = group.getLayer();
var anchor = new Kinetic.Circle({
    x : x,
    y : y,
    stroke : "#666",
    fill : "#ddd",
    strokeWidth : 2,
    radius : 8,
    name : name,
    draggable : true
});
anchor.on("dragmove", function() {
    update(group, this);
    this.show();
    layer.draw();
});
anchor.on("mousedown touchstart", function() {
    group.setDraggable(false);
    this.moveToTop();
});
anchor.on("dragend", function() {
    group.setDraggable(true);
    layer.draw();
});
// add hover styling
anchor.on("mouseover", function() {
    var layer = this.getLayer();
    document.body.style.cursor = "pointer";
    this.setStrokeWidth(4);
    layer.draw();
});
anchor.on("mouseout", function() {
    var layer = this.getLayer();
    document.body.style.cursor = "default";
    this.setStrokeWidth(2);
    layer.draw();
});
group.add(anchor);
return anchor;
```

```
    }
    this.getRect = function(offset) {
        //var rgn = cutter_group.get(".rgn")[0];
        //return rgn.rgnInfo;
        if(offset == undefined)
        {
            offset = {x:0,y:0};
        }
        var cutterpos =
            new gbox3d.core.Vect2d(cutter_group.getPosition());
        //특권 함수 장점을 살려 그냥 내부 변수 바로 접근하기
        var rgninfo = RectShape.rgnInfo;
        //var rgninfo = cutter_group.get(".rgn")[0].rgnInfo;
        var start = rgninfo.start.clone();
        var end = rgninfo.end.clone();
        start.addToThis(cutterpos);
        end.addToThis(cutterpos);
        //var strTemp = start.X + "," + start.Y + ","
            + (end.X - start.X) + "," + (end.Y - start.Y);
        return {sx:start.X+offset.x,sy:start.Y+offset.y,
            width:(end.X - start.X),height:(end.Y - start.Y)};
    };
}
```

cutter를 구현하기 위해서 KinecticJS(이하 키네틱JS)라는 외부 라이브러리를 사용했습니다. 키네틱JS는 자체적으로 장면 관리자(node nesting)와 trasition, layering, filtering, caching, sprite animation 등이 구현된 HTML5 캔버스 기반의 자바스크립트 라이브러리입니다. 높은 효율을 내는 게임을 만들기엔 약간 모자라지만 간단한 그림판 같은 도구이나 스프라이트 툴을 개발하기엔 손색이 없는 라이브러리입니다. 특히 레이어 단위로 캔버스 객체를 관리(layering)하기 때문에 잘만 사용하면 캔버스에 매번 픽셀 단위로 접근하는 것에 비해 높은 성능을 얻을 수 있습니다.

2. 이미지 커터 사용하기

2.1 cutter 객체 사용해서 사각형 정보 얻어내기

Kinectic의 Stage 객체와 레이어 객체를 만듭니다.

```
var stage = new Kinetic.Stage({
    container : "img_view",
    width : 320,
    height : 240
});

var layer = new Kinetic.Layer({
    name : 'root_layer'
});
```

커터 객체의 인스턴스를 생성합니다.

```
var cutter = new gbox3d.Kinetic.Util.Cutter(layer);
```

버튼이 클릭 되면 영역을 얻어서 화면에 출력하도록 이벤트 핸들러를 작성해줍니다.

```
$('#btn_test').on('click',function() {
    console.log( cutter.getRect());
    $('#text_rgn').text(JSON.stringify(cutter.getRect()));
});
```

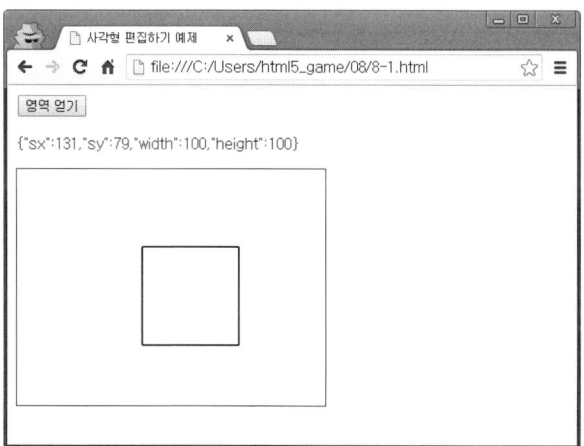 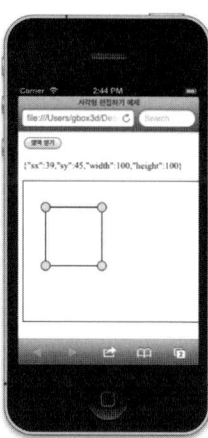

그림 8-4 예제 8-1 실행 결과

모바일 기기에서도 같은 결과를 얻으실 수 있습니다. 실제 기기에서 동작하므로 좀 더 나은 품질의 결과물을 얻으실 수 있습니다.

예제 | 8-1

```html
<!DOCTYPE html>
<html>
<head>
    <meta charset="utf-8"/>
    <title> 사각형 편집하기 예제 </title>
    <script src="../libs/kinetic-v4.5.2.js"></script>
    <script src="../libs/jquery-2.0.3.min.js"></script>
    <script src="../libs/gbox3d/core.js"></script>
    <script src="../libs/kinetics/ext.kinetic.js"></script>
    <script src="../libs/kinetics/kinetic.util.js"></script>
    <style>
        #img_view {
            margin: 0px;
            width: 320px;
            height: 240px;
            border: 1px solid #000000;
        }
```

```
    </style>
    <script>
      $(function() {
        var stage = new Kinetic.Stage({
          container : "img_view",
          width : 320,
          height : 240
        });
        var layer = new Kinetic.Layer({
          name : 'root_layer'
        });
        var cutter = new gbox3d.Kinetic.Util.Cutter(layer);
        //영역얻어내기
        $('#btn_test').on('click',function() {
          console.log( cutter.getRect());
          $('#text_rgn').text(JSON.stringify(cutter.getRect()));
        });
        //스테이지붙이기
        stage.add(layer);
      });
    </script>
</head>
<body>
<button id="btn_test"> 영역얻기 </button>
<p id = 'text_rgn'>{}</p>
<div id="img_view"></div>
</body>
</html>
```

2.2 이미지 자르기와 뷰 스크롤

먼저 〈body〉 태그 안에 이미지를 볼 수 있도록 〈div〉 태그로 작은 창을 만듭니다.

```
<div id="main_window">
  <div id="img_view"></div>
  <div id="kinetic_stage" ></div>
</div>
```

이미지 뷰가 스크롤할 수 있도록 스타일 속성에서 overflow 값을 auto로 정해줍니다.

```
#main_window {
    position: relative;
    width: 320px;
    height: 240px;
    overflow: auto;
    border: 1px solid #000000;
}
```

뷰에 해당하는 〈div〉 태그에 CSS의 background-image 속성값으로 이미지 파일 경로를 설정
해서 이미지가 나오도록 합니다.

```
#img_view {
    margin: 0px;
    width: 588px;
    height: 1751px;
    background-image: url(../res/Genjuro.gif);
}
```

그림 8-5 예제 8-2 실행 결과(이미지 출처: Samurai Shodown, SNK, 1998)

〈영역 얻기〉 버튼을 클릭하면 사각형 영역 안의 이미지가 잘라져서 밑의 스프라이트 창에 보이게 됩니다.

```javascript
$('#btn_test').on('click',function() {
    var cut_rect = cutter.getRect(scrollPos);
    $('#text_rgn').text(JSON.stringify(cutter.getRect(scrollPos)));
    var sheet = $('#sprite_window .sheet');

    //이미지 설정과 스프라이트 크기 설정
    $(sheet).css('background-image','url(../res/Genjuro.gif)');
    $(sheet).css('width',cut_rect.width+'px');
    $(sheet).css('height',cut_rect.height+'px');

    //화면 가운데 배치
    var posx = 320/2 - cut_rect.width/2;
    var posy = 240/2 - cut_rect.height/2;
    $(sheet).css('top', posy + 'px');
    $(sheet).css('left', posx + 'px');

    //특정 위치 이동
    $('#sprite_window .sheet').css('background-position',
        '-' + cut_rect.sx + 'px -' + cut_rect.sy + 'px' );
});
```

스프라이트를 출력할〈div〉태그 객체가 sheet입니다. 여기에 배경 이미지와 크기를 cut_rect 객체의 영역 정보에 맞추어 마치 스프라이트 이미지처럼 효과를 주었습니다.

background-position 속성값을 조절해서 원본 이미지의 특정한 부분이 나오도록 좌표를 설정했습니다.

```javascript
$('#main_window').on('scroll',function(evt) {
    //console.log(stage.attrs.container);
    $('#kinetic_stage').css('top', evt.currentTarget.scrollTop + 'px');
    $('#kinetic_stage').css('left', evt.currentTarget.scrollLeft + 'px');

    scrollPos.y = evt.currentTarget.scrollTop;
    scrollPos.x = evt.currentTarget.scrollLeft;
});
```

스크롤 이벤트 핸들러를 추가해서 스크롤이 일어날 때 위치값을 얻어내서 자르는 영역의 위치를 상대적으로 바로잡아줍니다. scroll 이벤트 객체의 currentTarget에 스크롤에 대한 정보가 포함되어 있습니다.

왼쪽 위의 위치만 알면 되므로 scollTop 값과 scrollLeft 값을 구해서 사용합니다. 이렇게 해서 매우 간단하게 스크롤까지 구현이 완료되었습니다.

그림 8-6 모바일에서의 실행 모습

모바일 기기에 올려 테스트해도 모두 똑같이 실행이 됩니다. 그러나 모바일에서는 상단의 이미지 뷰가 스크롤되지 않는다는 문제점이 있습니다.

원인은 KinecticJS(http://kineticjs.com/)를 통해 편집 사각형을 구현했는데, 이것을 보여주는 창이 중간에서 이벤트를 가로막기 때문입니다. 이것을 해결하는 방법은 여러 가지가 있으나 일단은 여러분께 숙제로 남겨 두도록 하겠습니다. 앞으로 나올 동영상 강의에서 몇 가지 해결 방안을 설명하면서 숙제 검사(?!)를 하도록 하겠습니다.

예제 | 8-2

```
<!DOCTYPE html>
<html>
<head>
    <meta charset="utf-8"/>
    <meta name="viewport" content="width=device-width,
        initial-scale=1,maximum-scale=1.0, user-scalable=no">
    <title> 스프라이트자르기예제 </title>
    <script src="../libs/kinetics/kinetic-v4.5.2.js"></script>
    <script src="../libs/jquery-2.0.3.min.js"></script>
    <script src="../libs/gbox3d/core.js"></script>
    <script src="../libs/kinetics/ext.kinetic.js"></script>
    <script src="../libs/kinetics/kinetic.util.js"></script>
    <style>
        #main_window {
            position: relative;
            /*overflow: auto;*/
            width: 320px;
            height: 240px;
            overflow: auto;
            border: 1px solid #000000;
        }
        #main_window div {
            position: absolute;
        }
        #img_view {
            margin: 0px;
            width: 588px;
            height: 1751px;
            background-image: url(../res/Genjuro.gif);
        }
        #kinetic_stage {
            margin: 0px;
            width: 320px;
            height: 240px;
        }
        #sprite_window {
            position: relative;
            width: 320px;
```

```
            height: 240px;
            border: 1px solid #000000;
            /*top: 240px;*/
        }
        .dummy  {
            width: 320px;
            height: 240px;
        }
    </style>
    <script>
        $(function() {
            var stage = new Kinetic.Stage({
                container : "kinetic_stage",
                width : 320,
                height : 240
            });
            var layer = new Kinetic.Layer({
                name : 'root_layer'
            });
            var scrollPos={x:0,y:0};
            var cutter = new gbox3d.Kinetic.Util.Cutter(layer);
            //영역얻어내기
            $('#btn_test').on('click',function() {
                //console.log( cutter.getRect());
                var cut_rect = cutter.getRect(scrollPos);
                $('#text_rgn').text(JSON.stringify
                    (cutter.getRect(scrollPos)));
                var sheet = $('#sprite_window .sheet');
                $('#sprite_window .sheet')
                    .css('background-image','url(../res/Genjuro.gif)');
                $('#sprite_window .sheet')
                    .css('width',cut_rect.width+'px');
                $('#sprite_window .sheet')
                    .css('height',cut_rect.height+'px');
                var posx = 320/2  - cut_rect.width/2;
                var posy = 240/2  - cut_rect.height/2;
                $(sheet).css('top', posy + 'px');
                $(sheet).css('left', posx + 'px');
                $('#sprite_window .sheet').css('background-position',
                    '-' + cut_rect.sx + 'px -' + cut_rect.sy + 'px' );
```

```
            });
            $('#main_window').on('scroll',function(evt) {
                //console.log(evt.currentTarget.scrollTop);
                //console.log(stage.attrs.container);
                $('#kinetic_stage')
                    .css('top', evt.currentTarget.scrollTop + 'px');
                $('#kinetic_stage')
                    .css('left', evt.currentTarget.scrollLeft + 'px');
                scrollPos.y = evt.currentTarget.scrollTop;
                scrollPos.x = evt.currentTarget.scrollLeft;
            });
            //스테이지붙이기
            stage.add(layer);
        });
    </script>
</head>
<body>

<button id="btn_test"> 영역얻기 </button>
<p id = 'text_rgn'>{}</p>
    <div id="main_window">
        <div id="img_view"></div>
        <div id="kinetic_stage" ></div>
    </div>
    <div id='sprite_window'>
        <div class='sheet'
            style="position: absolute">
        </div>
    </div>
</body>
</html>
```

2.3 실시간 스크롤을 편집 화면에 적용

스크롤 위치가 변하면 그때마다 새로운 영역으로 바꿔서 보여주어야 작업자가 좀 더 효율적으로
작업할 수 있습니다. 그러고자 이전에 〈영역 얻기〉 버튼에서 클릭 이벤트를 처리하던 부분을 하나
의 함수로 빼내보겠습니다.

```
function updateSheet(sheetObj) {
    var sheet = sheetObj
    var cut_rect = cutter.getRect(scrollPos);

    $('#text_rgn').text(JSON.stringify(cutter.getRect(scrollPos)));
    $(sheet).css('width',cut_rect.width+'px');
    $(sheet).css('height',cut_rect.height+'px');
    var posx = 320/2 - cut_rect.width/2;
    var posy = 240/2 - cut_rect.height/2;
    $(sheet).css('top', posy + 'px');
    $(sheet).css('left', posx + 'px');
    $(sheet).css('background-position',
        '-' + cut_rect.sx + 'px -' + cut_rect.sy + 'px' );
}
```

물론 인자로 넘겨주는 값은 해당 스프라이트가 출력될 〈div〉 태그 객체입니다.

```
$('#main_window').on('scroll',function(evt) {
    $('#kinetic_stage').css('top', evt.currentTarget.scrollTop + 'px');
    $('#kinetic_stage').css('left', evt.currentTarget.scrollLeft + 'px');
    scrollPos.y = evt.currentTarget.scrollTop;
    scrollPos.x = evt.currentTarget.scrollLeft;
    updateSheet($('#sprite_window .sheet'));
});
```

스크롤 이벤트 핸들러에 추가해서 updateSheet() 함수가 매번 호출되도록 합니다.

```
cutter.OnDragMove = function() {
    updateSheet($('#sprite_window .sheet'));
}
```

또 커터 객체의 OnDragMove() 콜백 함수를 다시 정의해줍니다. 스크롤뿐만 아니라 드래그가 일어날 때도 마찬가지로 갱신된 영역을 그때그때 보여 주도록 했습니다.

예제 | 8-3

```html
<!DOCTYPE html>
<html>
<head>
    <meta charset="utf-8"/>
    <title> 스프라이트자르기예제 </title>
    <script src="../libs/kinetics/kinetic-v4.5.2.js"></script>
    <script src="../libs/jquery-2.0.3.min.js"></script>
    <script src="../libs/gbox3d/core.js"></script>
    <script src="../libs/kinetics/ext.kinetic.js"></script>
    <script src="../libs/kinetics/kinetic.util.js"></script>
    <style>
        #main_window {
            position: relative;
            /*overflow: auto;*/
            width: 320px;
            height: 240px;
            overflow: auto;
            border: 1px solid #000000;
        }
        #main_window div {
            position: absolute;
        }
        #img_view {
            margin: 0px;
            width: 588px;
            height: 1751px;
            background-image: url(../res/Genjuro.gif);
        }
        #kinetic_stage {
            margin: 0px;
            width: 320px;
            height: 240px;
        }
        #sprite_window {
            position: relative;
            width: 320px;
            height: 240px;
            border: 1px solid #000000;
```

```
        /*top: 240px;*/
    }
    #sprite_window .sheet {
        background-image: url(../res/Genjuro.gif);
    }
    .dummy {
        width: 320px;
        height: 240px;
    }
</style>
<script>
    $(function() {
        var stage = new Kinetic.Stage({
            container : "kinetic_stage",
            width : 320,
            height : 240
        });
        var layer = new Kinetic.Layer({
            name : 'root_layer'
        });
        var scrollPos={x:0,y:0};
        var cutter = new gbox3d.Kinetic.Util.Cutter(layer);
        cutter.OnDragMove = function() {
            updateSheet($('#sprite_window .sheet'));
        }
        function updateSheet(sheetObj) {
            var sheet = sheetObj
            var cut_rect = cutter.getRect(scrollPos);
            $('#text_rgn').text
                (JSON.stringify(cutter.getRect(scrollPos)));
            $(sheet).css('width',cut_rect.width+'px');
            $(sheet).css('height',cut_rect.height+'px');
            var posx = 320/2 - cut_rect.width/2;
            var posy = 240/2 - cut_rect.height/2;
            $(sheet).css('top', posy + 'px');
            $(sheet).css('left', posx + 'px');
            $(sheet).css('background-position',
                '-' + cut_rect.sx + 'px -' + cut_rect.sy + 'px' );
        }
        $('#main_window').on('scroll',function(evt) {
```

```
            $('#kinetic_stage')
                .css('top', evt.currentTarget.scrollTop + 'px');
            $('#kinetic_stage')
                .css('left', evt.currentTarget.scrollLeft + 'px');
            scrollPos.y = evt.currentTarget.scrollTop;
            scrollPos.x = evt.currentTarget.scrollLeft;
            updateSheet($('#sprite_window .sheet'));
        });
        //스테이지붙이기
        stage.add(layer);
    });
    </script>
</head>
<body>
<p id = 'text_rgn'>{}</p>
<div id="main_window">
    <div id="img_view"></div>
    <div id="kinetic_stage" ></div>
</div>
<div id='sprite_window'>
    <div class='sheet'
        style="position: absolute">
    </div>
</div>
</body>
</html>
```

그림 8-7 실행 결과

3. 도전과제

이상으로 스프라이트 툴을 만들기 위한 기본적인 기능 구현에 대해서 알아보았습니다. 그러나 실제 데이터가 저장되는 부분은 다루지 않았습니다. 이 부분은 프로젝트에 따라 여러 가지 형태로 구현할 수 있기 때문에 오히려 예제를 추가하면 예제의 구성만 복잡해지므로 일부러 다루지 않았습니다. 여러분이 만들려고 하거나 이미 만드는 게임이 있다면 거기에 맞게 위에서 배운 방법을 적용해보시기 바랍니다.

웹은 기본적으로 로컬 시스템에 데이터를 저장할 수 없습니다. 그래서 원격에 서버를 두고 거기에 데이터를 쓰거나 또는 로컬에 서버를 띄운 다음 로컬에서 처리하는 방법도 있습니다.

Node.js를 응용하면 아주 간단하게 클라우드 기반의 게임 제작 도구 개발도 가능해집니다. 이러한 내용은 동영상 강의 시간에 몇 가지 예를 들어 구현해보도록 하겠습니다.

제 9 장

pig2d 엔진 분석

 지금까지 설명한 내용으로 실제로 엔진을 만들어 공개했습니다. 라이선스는 MIT로 했으며 GitHub를 통해서 배포합니다. 소스를 내려받을 수 있는 주소는 https://github.com/gbox3d/pig2d입니다. Git 클라이언트를 이용해서 소스를 끌어올 수도 있고 그림과 같이 페이지 오른쪽 아래에 있는 〈Download Zip〉 버튼을 클릭해서 최신 버전의 전체 소스를 내려받을 수도 있습니다.

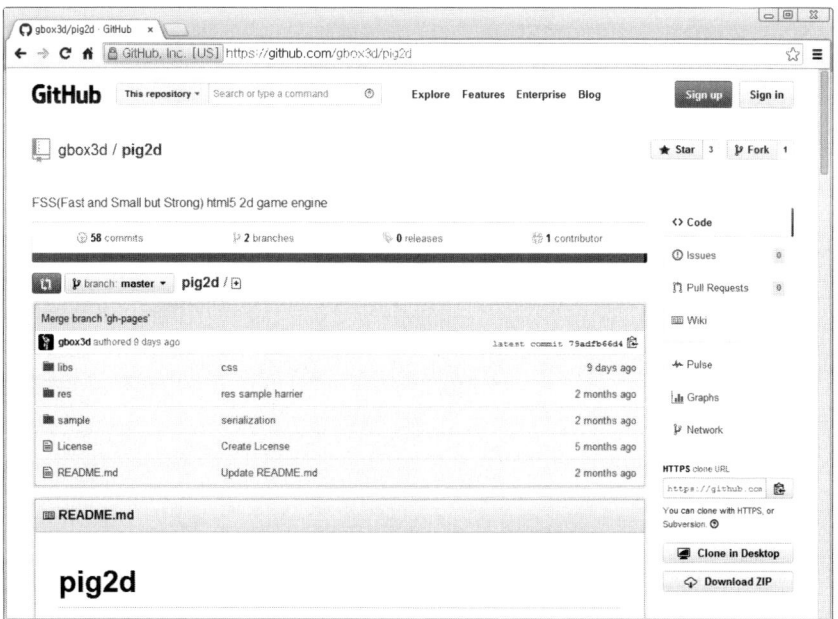

그림 9-1 GitHub (https://github.com/gbox3d/pig2d)

1. 엔진 개요

pid2d는 백본 베이스(http://backbonejs.org/)로 개발된 객체지향 방식의 HTML5 기반의 고성능 게임 엔진입니다. 엔진은 크게 3가지 요소로 이루어져 있습니다. 시스템 권장 사항은 iOS 5.0 이상, 안드로이드 4.0 이상입니다. 이하 버전에서는 제대로 동작하지 않을 가능성도 있으므로 주의하시기 바랍니다.

- **노드(Node)**
- **장면 관리자(Scene Manager)**
- **모델(Model)**

엔진에서 사용된 모든 요소의 베이스 클래스는 Backbone.Model로 개발되었습니다.(Backbone.Model에서 상속받아 만들었습니다.)

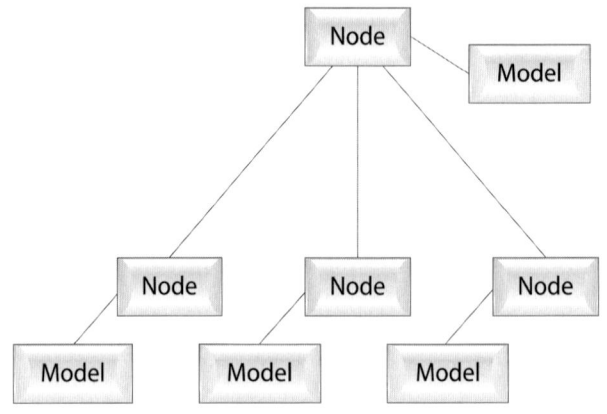

그림 9-2 장면 트리 구성 예

엔진을 사용하기 위한 헤더에는 다음과 같은 것들이 필요합니다.

```
<head>
    <meta charset="utf-8" />
```

```
<title> simple sample </title>
<meta name="viewport" content="width=device-width,
    initial-scale=1,maximum-scale=1.0, user-scalable=no">

<link rel="stylesheet" href="../libs/pig2d/css/core.css" />
<script src="../libs/jquery-2.0.3.min.js"></script>

<!--백본은 jQuery 다음에 옵니다. -->
<script src="../libs/backbone/underscore-min.js"></script>
<script src="../libs/backbone/backbone-min.js"></script>

<!--pig2d 엔진은 jQuery와 백본에 종속적입니다. -->
<script src="../libs/pig2d/js/core.js"></script>
<script src="../libs/pig2d/js/node2d.js"></script>
</head>
```

core.js에는 게임에서 공통으로 사용되는 벡터나 행렬 등의 수학 함수, 타이머가 들어가 있고 node2d.js에는 엔진의 핵심이 되는 장면 노드 관리자 모듈이 담겨 있습니다.

같은 페이지가 모바일 브라우저에서 작게 보이는 경우가 있습니다. 왜 그럴까요?

예전 아날로그 모니터는 적은 색과 적은 해상도이지만 이미지가 각 져 보이지 않던 이유는 음극선 브라운관 특성상 이웃 픽셀 간에 색이 서로 번져서 자연스럽게 뭉개져서 외곽선이 부드럽게 보였기 때문이었습니다. 그러나 최신 LCD 패널을 사용하는 요즘 모니터에서는 색번짐은 없어졌지만(물론 색 번짐은 없는 것이 더 발전된 기술입니다.) 오히려 이것 때문에 외곽선에 각이 져 보이는 현상이 발생했습니다. 그래서 이것을 해결하고자 나온 방법이 여러 개의 LCD 소자를 써서 픽셀 하나를 표현하는 것입니다. 픽셀당 물리적인 픽셀이 몇 개 쓰였는지를 나타내는 Pixel Density라는 것이 있습니다. 100%라면 1개의 픽셀에는 1개의 물리적인 픽셀로 표현하는 것을 뜻합니다. 만약 200%라면 가로, 세로 2개씩 총 4개로의 물리적인 픽셀로 하나의 픽셀을 표현합니다.

다음 주소에서 기기별로 화면 해상도와 Pixel Density를 찾아볼 수 있습니다.

URL http://screensiz.es/phone

다음과 같이 〈meta〉 태그를 정의해주면 Pixel Density가 적용된 해상도에 맞추어 개발을 진행할 수 있습니다.

```
<meta name="viewport" content="width=device-width,
    initial-scale=1,maximum-scale=1.0, user-scalable=no">
```

넓이를 device-width로 설정하면 위의 사이트에 나온 것처럼 화면 해상도가 device-width가 적용된 크기로 정해집니다. 만약 물리 해상도 크기를 그대로 가져다 쓰고 싶으면 이 옵션을 주지 않으면 됩니다. 그러나 이렇게 하면 물리적인 크기만큼 이미지를 그만큼 크게 그려야 하므로 메모리가 낭비되고 화면에 그리는 속도도 그만큼 저하됩니다.

한가지 주의할 점은 문자가 있는 이미지를 물리 해상도에 맞추어 작업하면 화질이 더 선명해 보입니다. 그렇지만, 물리 해상도 이상으로 잡을 필요는 없습니다. 더는 효과가 없기 때문입니다. 그렇지만, 될 수 있으면 문자가 없는 이미지는 device-width에 맞추어 작업하고 문자가 선명하게 보이도록 할 필요가 있는 이미지만 물리 해상도 크기에 맞추어 작업하면 됩니다.

user-scalable을 no로 설정하면 화면을 늘이고 줄일 수 없게 만듭니다. 일반적으로 애플리케이션은 전체 크기를 늘리거나 줄이지 않으므로 이 옵션은 no로 설정하는 것이 좋습니다.

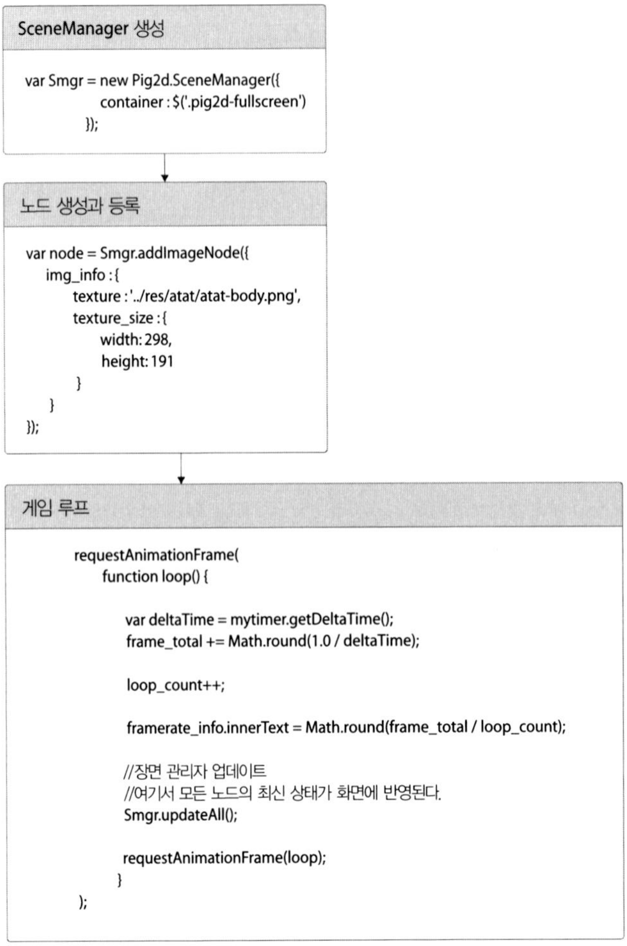

```
SceneManager 생성

var Smgr = new Pig2d.SceneManager({
        container : $('.pig2d-fullscreen')
    });
```

```
노드 생성과 등록

var node = Smgr.addImageNode({
    img_info : {
        texture : '../res/atat/atat-body.png',
        texture_size : {
            width: 298,
            height: 191
        }
    }
});
```

```
게임 루프

    requestAnimationFrame(
        function loop() {

            var deltaTime = mytimer.getDeltaTime();
            frame_total += Math.round(1.0 / deltaTime);

            loop_count++;

            framerate_info.innerText = Math.round(frame_total / loop_count);

            //장면 관리자 업데이트
            //여기서 모든 노드의 최신 상태가 화면에 반영된다.
            Smgr.updateAll();

            requestAnimationFrame(loop);
        }
    );
```

그림 9-3 엔진 사용 방법

Pig2d.SceneManager()로 장면 관리자 객체를 만듭니다. 이렇게 만든 장면 관리자는 화면 구성을 전체적으로 관리해주는 역할을 합니다. pig2d의 장면 관리자는 독립적인 트리 구성을 하고 있으며 필요할 때마다 DOM 트리에 반영하여 렌더링하는 방식을 취하고 있습니다. 픽셀 단위로 화면을 직접 그리지 않고 그 부분을 웹킷에 맡기는 방식입니다. 기본적으로 브라우저에서 화면을 렌더링하는 구조는 그림처럼 웹킷이 HTML을 파싱해서 생성된 DOM 트리를 가지고 렌더링 트리를 만들고서 네이티브 렌더링 시스템으로 넘기는 방식입니다.

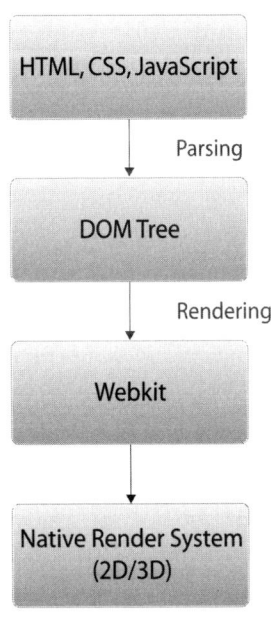

그림 9-4

pid2d 엔진은 파싱 과정 없이 자바스크립트 엘리먼트들을 만들어 직접 DOM 트리를 구성해주는 방식이라서 자체 렌더러가 필요없이 웹 브라우저의 렌더링 시스템을 활용했기 때문에 가벼우면서도 이식성이 뛰어난 HTML5 게임 엔진이라고 할 수 있습니다. 이점이 KineticJS, ease.js와 같은 기존 캔버스 라이브러리 수준을 벗어나지 못한 것과 차별되는 특징입니다.

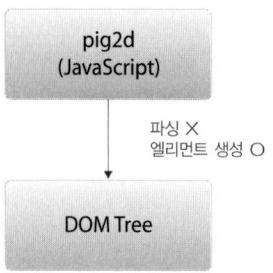

그림 9–5

그림에서 설명한 것처럼 pi2d 엔진 장면에 들어가는 객체를 직접 만들어서 장면을 구성합니다. 장면에 들어가는 객체를 pig2d에서는 장면 노드라고 합니다. 그림 9–3에서는 addImageNode( ) 메서드로 ⟨img/⟩ 엘리먼트와 같은 역할을 하는 장면 객체(장면 노드)를 만들어서 장면 관리자에 추가했습니다.

그림 9–3에서 게임 루프를 보면 requestAnimationFrame( )이라는 함수는 매번 시스템에서 화면을 갱신하는 요청이 발생하면 콜백됩니다. 기기마다 차이가 있지만, 대부분의 비디오 가속 칩들은 60Hz(1초에 60번) 화면을 갱신합니다. 이때마다 인자로 넘겨준 콜백 함수가 호출되므로 setInterval() 같은 타이머 함수보다는 이 함수를 이용하는 것이 더 부드러운 애니메이션 효과를 얻을 수 있습니다. 기종에 따라서는 타이머 함수를 이용하면 애니메이션이 끊기거나 심지어 화면 이 번쩍거릴 수도 있습니다.

게임 루프 속에 있는 Smgr.UpdateAll( ) 메서드는 pig2d의 장면 관리자를 DOM 트리에 반영시 켜주는 함수입니다. 게임 루프에서 매번 호출될 수 있도록 하면 실시간으로 장면 변화가 그대로 적용됩니다.

간단하게 엔진 사용하는 방법을 그림으로 나타내면 그림 9–3과 같이 정리할 수 있습니다. 다음은 그림에서 설명한 것처럼 코딩된 엔진 사용의 기본이 되는 예제 소스입니다.

예제 | 9–1

```
<!DOCTYPE html>
<html lang="ko">
```

```html
<head>
    <meta charset="utf-8" />
    <title> full-screen sample </title>
    <meta name="viewport" content="width=device-width,
        initial-scale=1,maximum-scale=1.0, user-scalable=no">

    <link rel="stylesheet" href="../libs/pig2d/css/core.css" />

    <!--jQuery가 종속성 관계에서 가장 높은 위치이다 그래서 맨 먼저 쓴다. -->
    <script src="../libs/jquery-2.0.3.min.js"></script>
    <script src="../libs/backbone/underscore-min.js"></script>
    <script src="../libs/backbone/backbone-min.js"></script>

    <!--pig2d 엔진은 jQuery와 백본에 종속적이므로 맨 나중에 쓴다. -->
    <script src="../libs/pig2d/js/core.js"></script>
    <script src="../libs/pig2d/js/node2d.js"></script>
    <script src="../libs/pig2d/js/system.js"></script>

</head>
<body>
<div class="pig2d-fullscreen" >
    <p id ='text-framerate-info' style="position: absolute" >frame rate</p>
</div>

<script>
    function main(evt) {
        var textures = evt.textures;
        //장면 관리자 생성하기
        var Smgr = new Pig2d.SceneManager({
            container : document.querySelector('.pig2d-fullscreen')
        });

        //스프라이트 노드 만들기
        var node = Pig2d.util.createSlicedImage({
            imgObj : textures['av8_harrier.png'],
            basex : -textures['av8_harrier.png'].width/2,
            basey : -textures['av8_harrier.png'].height/2
        });

        node.get('model').setPosition(300,200);
```

```
//장면 관리자 등록하기
Smgr.add(node);

//컨트롤러 설정
Pig2d.util.setup_pig2dTestController(
        document,    //이벤트를 받을 대상 (여기서는 화면 전체임)
        node         //조종할 대상이 되는 객체
);

//타이머 설정과 퍼포먼스 테스트용 정보
var mytimer = new gbox3d.core.Timer();
var framerate_info = document.querySelector("#text-framerate-info");
var frame_total = 0;
var loop_count = 0;

//게임 루프
requestAnimationFrame(
        function loop() {
            var deltaTime = mytimer.getDeltaTime();
            frame_total += Math.round(1.0 / deltaTime);
            loop_count++;
            framerate_info.innerText =
                    Math.round(frame_total / loop_count);

            //장면 관리자 업데이트
            //여기서 모든 노드의 최신 상태가 화면에 반영된다.
            Smgr.updateAll();
            requestAnimationFrame(loop);
        }
    );
}

Pig2d.util.SetupAsset({
   asset_path : "../res/",
   img_files : [
       "av8_harrier.png"
   ],
   OnLoadComplete : main
});
```

```
</script>
</body>
</html>
```

Pig2d.util.SetupAsset() 메서드는 pig2d 엔진이 동작할 수 있도록 리소스를 준비하는 메서드입니다. 인자로 여러 개의 이미지나 기타 설정 파일 또는 객체 정의 파일 등을 넘겨줄 수 있는데, 이 파일들이 모두 로드되서 사용할 수 있는 상태가 되면 OnLoadComplete()로 넘겨준 콜백 함수가 호출됩니다. 이 콜백 함수로 넘어오는 인자는 textures, animations를 가지는 객체입니다. 예를 들면 textures['av8_harrier.png']로 이미지 객체에 접근할 수 있습니다.

av8_harrier.png 파일은 미국과 영국이 합작해서 만든 수직 이착륙기인 해리어기를 위에서 내려다본 이미지입니다. 이미지를 가지고 간단하게 비행기를 조작하면서 데모를 만들었습니다. 앞서 설명했던 것처럼 new Pig2d.SceneManager()으로 장면 관리자를 생성하고 장면 노드(장면을 이루는 객체)를 추가합니다. 그리고나서 pig2d의 장면 객체 생성 함수인 createSlicedImage() 메서드를 이용하여 장면 노드를 만듭니다. 인자로 넣어주는 객체의 imgObj는 읽을 파일 이름과 원본 이미지에서 잘라낼 영역을 지정할 수 있지만, 여기서는 생략했기 때문에 전체 이미지 영역으로 계산합니다. basex, basey로 장면 노드의 위치가 이동하거나 회전, 확대, 축소할 때 중심으로 삼을 값을 지정합니다. 여기서는 전체 이미지크기의 $\frac{1}{2}$값을 넣어주어서 이미지의 가운데 중심으로 회전 이동(변환)하도록 했습니다.

node.get('model').setPosition()으로 원하는 위치에 장면 노드를 배치합니다. 이렇게 장면 노드를 생성하고 장면 관리자에 붙여주면 화면에 보이기는 하지만 아직은 사용자가 원하는 대로 움직이지는 않습니다. 사용자가 장면 노드를 컨트롤하려면 컨트롤러(R/C 비행기처럼 조종하고 싶다면)가 필요합니다. Pig2d.util.setup.pig2dTestController()는 컨트롤 객체를 만드는 함수입니다. 첫 번째 인자는 이벤트를 받을 대상을 정합니다. document로 하면 브라우저 창 전체를 뜻합니다. 두 번째 인자는 조종할 대상이 되는 장면 노드를 지정합니다. 여기서는 해리어 비행기 장면 노드인 node 변수를 인자로 넘겨 주었습니다.

이렇게 해서 예제를 실행시키면 비행기가 나오고 마우스를 좌우로 드래그하면 좌우로 회전하고 앞뒤로 드래그하면 앞뒤로 이동합니다.

그림 9-6 실행 결과

2. 엔진 구성 요소

2.1 노드(Pig2d.node)

최소 단위의 장면 구성 요소입니다. 노드가 모여 하나의 완성된 장면을 이루게 됩니다. 자료구조 구현은 트리 형식입니다.

node 자체는 DOM과는 무관합니다. 100% 논리적인 장면 그래프 요소로 구현되었습니다. DOM 과 연결해주는 부분은 이후에 소개할 Pig2d.model입니다.

[1] 생성자

```
var node = new Pig2d.node(
    {
        name : "hello_node",
        model : some_model
    }
);
```

위의 내용은 빈 노드를 하나 만들어 주는 코드입니다. 생성자에 전달해주는 인자는 model, name 정도가 있습니다. 그러나 모델은 나중에 설정해주어도 상관없습니다. name은 나중에 노드를 검색할 때 킷값으로 사용합니다. backbone.js를 사용했으므로 생성자 이외에서도 set으로 설정할 수 있습니다.

```
node.set('name', 'mynode');
```

[2] 주요 메서드

clone( )

노드를 복제해줍니다. 인자는 없으며 복제된 노드를 반환해줍니다. 복제 기능은 게임을 플레이할 때도 쓰이지만 툴을 만들 때에서 다수의 반복된 객체를 효율적으로 관리하고자 할 때 많이 사용하는 기능입니다.

```
var clone_node = node.clone();
```

findByName(name), findByID(id)

이름으로 자식 노드를 찾아냅니다. 재귀적으로 모든 장면 관리자의 트리 구조 자식 노드 말단까지 검색합니다. 적당한 노드를 찾지 못하면 널(Null) 값을 반환합니다.

```
var find_node = node.findByName('mynode');
```

add(child_node, parent)

자식 노드를 추가합니다. 자식 노드는 부모의 변환을 그대로 받아쓰는 노드입니다. (예를 들면 부모 노드의 움직임에 따라 함께 움직입니다.)

- child_node　　자식으로 추가할 노드입니다.
- parents　　this 아닌 다른 노드가 부모가 될 때 지정합니다. 인자를 생략하면 this 객체가 됩니다.

```
//목부분 만들기 (부모 노드)
var neck_node = Smgr.addImageNode({
    src : '../res/atat/atat-neck.png'
});
neck_node.get('model').setPosition(100,150);

//머리(자식 노드) 만들기
var head_node = Smgr.addImageNode({
    src : '../res/atat/atat-skull.png'
});
head_node.get('model').setPosition(100,0);

//목에 머리를 붙인다.
neck_node.add(head_node);
```

removeChild(node), removeChildAll()

인자로 넘겨준 자식 노드를 삭제합니다.

```
Smgr.get('rootNode').removeChild(node1);   //node1만 제거하기
Smgr.get('rootNode').removeChildAll();     //모든 자식 노드 제거하기
```

setParent(parent_node)

지정한 노드를 부모 노드로 바꿉니다. 노드에서 노드를 이동할 때 사용합니다.

```
node1.add(node3);
```

위의 코드를 이용하면 node3는 node1의 자식으로 붙습니다. node3을 node2의 자식으로 옮겨
붙이고 싶다면 다음과 같이 합니다.

```
node3.setParent(node2);
```

원래대로 다시 node1에 붙이려면 다음과 같이 해줍니다.

```
node3.setParent(node1);
```

show(visible)

인자값(visible)이 true이면 보이고 false이면 일시적으로 안 보이게 합니다. remove( ) 메서드
와는 다르게 DOM에서 제거하지 않고 display 속성을 none으로만 설정합니다.

2.2 Pig2d.model

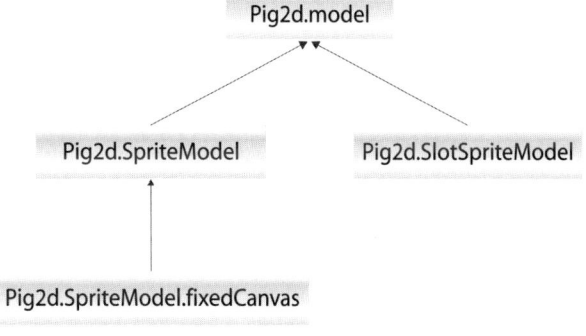

그림 9-7 Pig2d.model

그림 9-5처럼 model을 최상위 객체로 해서 파생된 여러 가지 모델 객체를 가지고 있습니다. 모델
객체는 노드 상의 엔진 객체를 DOM에 붙이는 역할을 합니다.

[1] 모델 사용하기

기본 모델은 단순 이미지 또는 사용자가 임의대로 만든 엘리먼트를 관리할 수 있습니다. 모델을 생성하면 element라는 멤버가 생성되는데, 여기에 자신이 만든 엘리먼트를 덮어쓰던가 아니면 appendChild() 메서드를 이용하여 자식으로 추가시켜 화면에 출력할 수 있습니다. 노드는 반드시 하나의 모델만을 가지고 있어야 하여 모델은 기본적으로 조인트 개념이 되는 공백 〈div〉 엘리먼트를 가지고 있습니다.

객체 생성하기

먼저 Pig2d의 기본 객체는 node와 model을 합쳐서 만들어집니다.

pig2d.node + pig2d.model = pig2d.object

객체의 형은 따로 선언되거나 존재하지는 않지만, 위와 같이 논리적인 개념으로 존재합니다. 좀 더 정확히 말하자면 모델을 담은 노드가 객체가 됩니다. 가장 많이 쓰이는 단순 이미지 출력을 위한 모델을 만드는 방법입니다. 헬퍼 함수인 Pig2d.util.createImage(), Pig2d.SceneManager. addImageNode()을 사용해서 생성할 수 있습니다.

이번에는 헬퍼 함수 도움 없이 직접 만들어 보도록 하겠습니다.

```
var model = new Pig2d.model()
model.setTexture(
    {
        texture : '../res/atat/atat-body.png',
        texture_size : {
            width :298,
            height : 191
        }
    }
);
```

이렇게 만들어진 모델을 노드에 붙여줍니다.

```
node.set({model : model});
```

다음으로, 텍스트 박스를 만들어 보도록 하겠습니다.

```
/////////////////////////////////
//객체만들기(텍스트)

var node = new Pig2d.node();
var model = new Pig2d.model();
var element = document.createElement('div');
element.innerText = 'P';
element.style.backgroundColor = 'yellow';
element.style.width = '64px';
element.style.height = '64px';
element.style.lineHeight = '64px';
element.style.textAlign = 'center';
element.style.webkitTransform = 'translate(-32px,-32px)';

model.get('element').appendChild(element);
model.setPosition(160,120);

node.set({model : model});

Smgr.add(node);
```

createElement()로 직접 엘리먼트를 생성해서 get('element')로 얻은 멤버의 자식 노드로 추가 해 주었습니다. SVG 등으로 기하 도형을 만든 후에 이것을 복제해서 엘리먼트에 붙여 도형 객체 를 만들 수 있습니다.

```
<div class="pig2d-templ-cross"
    style="
      position: absolute;
      width:32px;
      height:32px;
```

```
        -webkit-transform-origin:0% 0%;
">

    <svg xmlns="http://www.w3.org/2000/svg" version="1.1"
        style="
            position: absolute;
            -webkit-transform :translate(-16px,-16px);
    ">
    <line x1="16" y1="0" x2="16" y2="32"
            style="stroke:rgb(0,0,0);stroke-width:1"/>
    <line x1="0" y1="16" x2="32" y2="16"
            style="stroke:rgb(0,0,0);stroke-width:1"/>
    </svg>
</div>
```

위의 소스는 SVG를 이용하여 십자 모양을 그린 것입니다.

```
var node2 = new Pig2d.node();
var model = new Pig2d.model();

//태그로 미리 만들어 놓은 엘리먼트
var element = document.querySelector
        ('.pig2d-templet .pig2d-templ-cross').cloneNode(true);

model.get('element').appendChild(element);
model.setPosition(300,100);

node2.set({model : model});

Smgr.add(node2);
```

querySelector()로 엘리먼트를 얻어와서 노드를 복제한 후 그것을 모델의 엘리먼트에 자식으로 붙여 줍니다.

[2] model 메서드

위치 변환, setPosition(x, y), getPosition( ), translate(delta , direction_vector)

setPosition( ) 메서드로 원하는 위치로 이동시켜줄 수 있습니다.

```
model.setPosition(100,160);
```

getPosition( ) 메서드로는 위치를 얻을 수 있으며 translate( ) 메서드로는 방향과 거리만큼 이동할 수 있습니다. 첫 번째 인자인 distance는 이동 거리이고 axis는 이동 기준 방향입니다. (0, 1)이면 상단 벡터 기준으로 이동합니다. 만약 객체가 회전된 상태라면 상단이 마찬가지로 회전된 방향으로 이동하게 됩니다. 예를 들어 90도만큼 회전되어 있다면 실제론 오른쪽으로 이동하게 됩니다.

초당 10의 속도로 오른쪽으로 이동시키고 싶다면 게임 루프 안에서 다음과 같이 코딩해 줍니다.

```
node.get('model').translate(deltaTime*10, new gbox3d.core.Vect2d(1,0) );
```

현재 위치는 getPosition( )으로 얻어올 수 있습니다. 반환 형식은 gbox3d.core.Vect2d입니다 (자세한 내용은 294p를 참고하세요).

회전, setRotation(degree), getRotation( ), ratate(degree)

setRotation( )은 객체를 회전시켜 줍니다. 인자값의 단위는 각도(degree)입니다. getRotation( ) 메서드로 회전 값을 구합니다. float 형의 각도 값을 얻을 수 있습니다.

rotate( ) 메서드로 원하는 각도만큼 회전을 증가시켜줄 수 있습니다. 만약 초당 15도의 각속도로 회전시키고 싶다면 다음과 같이 해줍니다.

```
node.get('model').rotate(deltaTime * 15.0);
```

크기
• • • •

setScale() 메서드와 getScale() 메서드로 확대 값이나 축소 값을 설정하거나 얻어올 수 있습니다.

텍스처 지정
• • • • • • • • • •

setTexture(option) 메서드로 텍스처를 지정해줍니다. 이때 객체를 인자로 전달합니다. 전달 인자의 형식은 다음과 같습니다.

```
{
    texture_size : 텍스처 크기 {
        width : 가로,
        height : 세로
    }
    texture : 텍스처 경로명
}
```

animator( ) 메서드
• • • • • • • • • • • • • • •

웹킷의 transition을 활용해서 네이티브와 같은 퍼포먼스를 구현했습니다. setupTransition() 으로 한 번만 초기화한 후부터는 변화 값을 바꿔주면 트랜지션 애니메이션을 수행하게 됩니다. 트랜지션이 끝난 후에는 콜백도 받아볼 수 있습니다. 인자 값으로 콜백 함수를 넘겨 줍니다.

```
node.get('model').setupTransition({
    TransitionEndCallBack : function() {
        console.log('transition end');
        console.log(this);
    }
});
```

TransitionEndCallBack()에 콜백 함수를 넘겨줍니다. 이렇게 넘겨준 콜백 함수는 트랜지션이 종료될 때마다 호출됩니다.

```
node.get('model').transition({
    position : new gbox3d.core.Vect2d(160,100),
    scale : new gbox3d.core.Vect2d(0.3,0.3),
    rotation : 180,
    time : 2
});
```

transition() 메서드로 원하는 변환을 자연스럽게 애니메이션으로 표현할 수 있습니다. time은 원하는 위치까지 가는 데 걸리는 초 단위의 시간 값입니다.

더는 트랜지션을 원하지 않을 때는 clearTransition() 메서드를 호출해줍니다.

```
node.get('model').setupTransition({
    TransitionEndCallBack : function() {
    console.log('transition end');

        //랜덤하게 다른 위치로 이동
        var pos = new gbox3d.core.Vect2d(this.getPosition());
        pos.X += (Math.random() * 50) - 100;
        pos.Y += (Math.random() * 50) - 100;

        node.get('model').transition({
            position : pos,
            scale : new gbox3d.core.Vect2d(Math.random() * 1,
                Math.random() * 1),
                rotation : Math.random() * 180,
                time : Math.random() * 3 + 0.5
        });
    }
});
```

이 소스는 특정 위치까지 트랜지션이 끝나고 다음 위치로 바로 트랜지션을 하는 예입니다. 배열로 웨이포인트를 만들어서 차례대로 이동할 수도 있습니다.

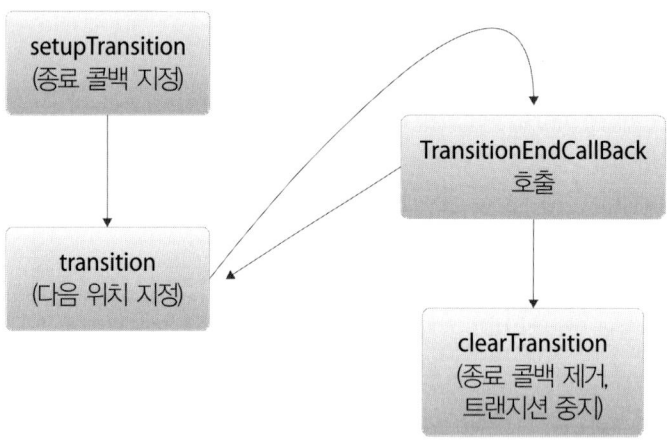

그림 9-8

[3] SpriteModel

스프라이트 애니메이션 기능이 있는 모델입니다. 기본 모델에서 애니메이션 기능이 추가된 모델입니다.

그림 9-9 스프라이트 애니메이션에 사용할 이미지

그림 9-9는 하나의 프레임당 크기가 64×64인 스프라이트 애니메이션입니다. 이것을 이용해서 스프라이트 모델을 만들면 다음과 같이 만들 수 있습니다.

```
var model = new Pig2d.SpriteModel( {
    data : {
        "name":"running_man",
```

```
        "frames":[
          {"sheets":[
          {"width":64,"height":64,
            "centerOffset":{"x":-32,"y":-64}, //중심점
            "bp_x":0,"bp_y":0 // 커팅위치
          }
          ],"delay":"50"},
          {"sheets":[{"width":64,"height":64,
            "centerOffset":{"x":-32,"y":-64},
            "bp_x":-64,"bp_y":0}],"delay":"50"},
          {"sheets":[{"width":64,"height":64,
            "centerOffset":{"x":-32,"y":-64},
            "bp_x":-128,"bp_y":0}],"delay":"50"},
          {"sheets":[{"width":64,"height":64,
            "centerOffset":{"x":-32,"y":-64},
            "bp_x":-64*3,"bp_y":0}],"delay":"50"},
          {"sheets":[{"width":64,"height":64,
            "centerOffset":{"x":-32,"y":-64},
            "bp_x":-64*4,"bp_y":0}],"delay":"50"},
          {"sheets":[{"width":64,"height":64,
            "centerOffset":{"x":-32,"y":-64},
            "bp_x":-64*5,"bp_y":0}],"delay":"50"},
          {"sheets":[{"width":64,"height":64,
            "centerOffset":{"x":-32,"y":-64},
            "bp_x":-64*6,"bp_y":0}],"delay":"50"},
          {"sheets":[{"width":64,"height":64,
            "centerOffset":{"x":-32,"y":-64},
            "bp_x":-64*7,"bp_y":0}],"delay":"50"},
          {"sheets":[{"width":64,"height":64,
            "centerOffset":{"x":-32,"y":-64},
            "bp_x":-64*8,"bp_y":0}],"delay":"50"},
          {"sheets":[{"width":64,"height":64,
            "centerOffset":{"x":-32,"y":-64},
            "bp_x":-64*9,"bp_y":0}],"delay":"50"}
        ]
        },
        imgObj : textures['MonsterARun.png']
    }
);
```

하나의 스프라이트 애니메이션 frame은 여러 개의 sheet(하나의 잘라진 이미지 조각)로 이루어 져 있습니다. sheet는 크기 정보를 가지는 width, height와 중심점을 정하는 centerOffset, 끊 어올 위치를 정하는 bp_x, bp_y로 이루어져 있습니다.

앞의 소스는 총 10개의 프레임으로 이루어진 SpriteModel을 생성하는 코드입니다. Animation Status 속성에는 play, stop, ready 중 하나가 올 수 있습니다. 이것을 이용해서 애니메이션을 플레이하거나 또는 정지할 수 있습니다. 애니메이션을 플레이시키려면 이 속성을 'play'로 해줍 니다.

앞의 예처럼 연속해서 달리는 애니메이션이라면 계속 반복해야 합니다. 이처럼 애니메이션을 무 한 반복하려면 isAnimationLoop 속성을 true로 해줍니다.

다음은 지금까지 설명한 내용을 적용한 전체 소스입니다.

예제 | 9-2

```html
<!DOCTYPE html>
<html lang="ko">
<head>
    <meta charset="utf-8" />

    <title> window mode sample </title>

    <meta name="viewport" content="width=device-width,
        initial-scale=1, maximum-scale=1.0, user-scalable=no">

    <link rel="stylesheet" href="../libs/pig2d/css/core.css" />

    <!--jQuery가 종속속성 관계에서 가장 높은 위치이다 그래서 맨 먼저 쓴다. -->
    <script src="../libs/jquery-2.0.3.min.js"></script>

    <!--백본은 jQuery 다음에 포함시킨다. -->
    <script src="../libs/backbone/underscore-min.js"></script>
    <script src="../libs/backbone/backbone-min.js"></script>

    <!--pig2d 엔진은 jQuery와 백본에 종속적이므로 맨 나중에 쓴다. -->
    <script src="../libs/pig2d/js/core.js"></script>
    <script src="../libs/pig2d/js/node2d.js"></script>
```

```html
    <script src="../libs/pig2d/js/system.js"></script>
</head>
<body>
<div style="width: 320px; margin: auto;">
    <p id='text-framerate-info'>frame rate</p>
    <div id='sprite_window' style="
        position: relative;
        height :240px; /* 높이를 명시해주어야 영역이 잡혀 UI가 밑으로 내려감. */
        margin-top: 3px;
        background-color: #bf62ff /*배경색을 정해준다.*/
    ">

        <svg class='helper-grid' style="position: absolute;
            height :240px;border: 1px solid;" >
          <line x1="0" y1="120" x2="320" y2="120"
            style="stroke:#000000;"/>
          <line x1="160" y1="0" x2="160" y2="240"
            style="stroke:#000000;"/>
        </svg>
    </div>
</div>
<script>
    function main(evt) {
        var textures = evt.textures;
        //장면 관리자 생성하기
        var Smgr = new Pig2d.SceneManager({
            container : document.querySelector('#sprite_window')
            ,window_size : { //클리핑 범위 지정
                width : 320,
                height: 240
            }
        });

        var node = new Pig2d.node();
        var model = new Pig2d.SpriteModel( {
            data : {
                "name":"running_man",
                "frames":[
                    {"sheets":[
                        {"width":64,"height":64,
```

```
                            "centerOffset":{"x":-32,"y":-64}, //중심점
                            "bp_x":0,"bp_y":0 // 커팅위치
                        }
                    ],"delay":"50"},
                    {"sheets":[{"width":64,"height":64,
                        "centerOffset":{"x":-32,"y":-64},
                        "bp_x":-64,"bp_y":0}],"delay":"50"},
                    {"sheets":[{"width":64,"height":64,
                        "centerOffset":{"x":-32,"y":-64},
                        "bp_x":-128,"bp_y":0}],"delay":"50"},
                    {"sheets":[{"width":64,"height":64,
                        "centerOffset":{"x":-32,"y":-64},
                        "bp_x":-64*3,"bp_y":0}],"delay":"50"},
                    {"sheets":[{"width":64,"height":64,
                        "centerOffset":{"x":-32,"y":-64},
                        "bp_x":-64*4,"bp_y":0}],"delay":"50"},
                    {"sheets":[{"width":64,"height":64,
                        "centerOffset":{"x":-32,"y":-64},
                        "bp_x":-64*5,"bp_y":0}],"delay":"50"},
                    {"sheets":[{"width":64,"height":64,
                        "centerOffset":{"x":-32,"y":-64},
                        "bp_x":-64*6,"bp_y":0}],"delay":"50"},
                    {"sheets":[{"width":64,"height":64,
                        "centerOffset":{"x":-32,"y":-64},
                        "bp_x":-64*7,"bp_y":0}],"delay":"50"},
                    {"sheets":[{"width":64,"height":64,
                        "centerOffset":{"x":-32,"y":-64},
                        "bp_x":-64*8,"bp_y":0}],"delay":"50"},
                    {"sheets":[{"width":64,"height":64,
                        "centerOffset":{"x":-32,"y":-64},
                        "bp_x":-64*9,"bp_y":0}],"delay":"50"}
                ]
            },
        imgObj : textures['MonsterARun.png']
    });


    node.set(
        {model :model }
    );
```

```
    node.get('model').setupAnimation();
    /*
    play,stop,ready
    */
    node.get('model').set('AnimationStatus','play');
    node.get('model').set('isAnimationLoop',true);

    var sprite_node = Pig2d.util.createDummy();
    sprite_node.get('model').set('flipY',true); //좌우 뒤집기
    sprite_node.get('model').setPosition(160,120);

    sprite_node.add(node);
    Smgr.add(sprite_node);

    //게임 루프 시작
    Pig2d.system.startGameLoop({
        framerate_info_element :
            document.querySelector("#text-framerate-info"),
        gameLoopCallBack : function(deltaTime) {
            //장면 관리자 업데이트
            //여기서 모든 노드의 최신 상태가 화면에 반영된다.
            Smgr.updateAll(deltaTime);
        },
        loopCount_limit : 30
    });
}

Pig2d.util.SetupAsset({
    asset_path : "../res/",
    img_files : [
        "MonsterARun.png"
    ],
    OnLoadComplete : main
});
</script>
</body>
</html>
```

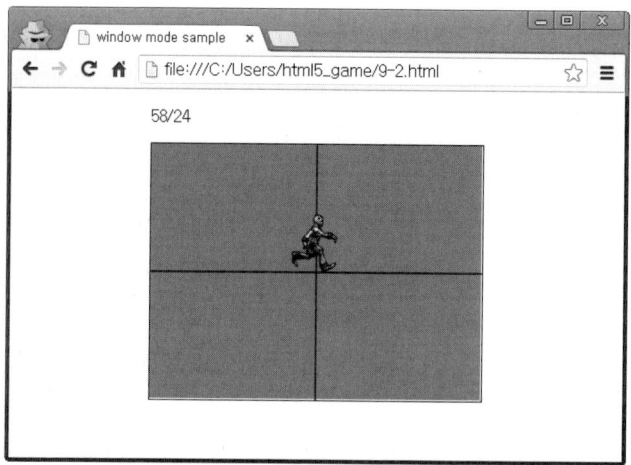

그림 9-10 실행 결과

2.3 장면 관리자

장면 관리자(Scene Manager)는 전반적인 장면을 관리하고 pig2d 엔진의 구심점 역할을 하는
객체입니다. 내부적으로 최상위 노드를 가지고 있으며 이 노드 밑에 여러 가지 자식 노드를 추가
해서 장면을 꾸미게 됩니다.

[1] SceneManager 다루기

다음은 장면 관리자를 생성해주는 코드입니다.

```
var Smgr = new Pig2d.SceneManager({
   container : document.querySelector('#sprite_window'),
   window_size : { //클리핑범위지정
      width : 320,
      height: 240
   }
});
```

주요 파라미터에는 container, window_size 등이 있습니다.

- container   DOM 엘리먼트이며, 모든 장면 요소를 모을 엘리먼트를 정합니다.
- window_size   클리핑 영역을 지정합니다. 풀 스크린을 사용할 경우에는 앞의 예제와 같이 생략합니다.

〈body〉 태그 바로 아래에 다음과 같이 태그를 만들어 주고 장면 그래프를 생성할 때 연결해주면 됩니다.

```
<body>
<div class="pig2d-fullscreen" >
   <p style="position: absolute;" id ='text-framerate-info' >frame rate</p>
</div>

<script>
var Smgr = new Pig2d.SceneManager({
   container :  document.querySelector('.pig2d-fullscreen')
});
</script>
</body>
```

container는 DOM에서 최상위 장면 노드가 들어갈 부모 엘리먼트입니다. 만약 전체 화면으로 하고 싶다면 body를 사용해도 됩니다. 그러나 위와 같이 따로 관리하면 여러 개의 창 단위로 된 장면들을 동시에 구현할 수 있습니다.

[2] 주요 메서드

업데이트 메서드: updateAll(deltaTick)

엔진의 상태를 항상 최신 상태로 유지 시켜주는 메서드입니다. 일반적으로 게임 루프 내에 포함 시켜줍니다.

```
requestAnimationFrame(
   function loop() {
```

```
        var deltaTime = mytimer.getDeltaTime();
        frame_total += Math.round(1.0 / deltaTime);
        loop_count++;
        framerate_info.innerText = Math.round(frame_total / loop_count);

        //장면 관리자 업데이트
        //여기서 모든 노드의 최신 상태가 화면에 반영된다.
        Smgr.updateAll(deltaTime);
        requestAnimationFrame(loop);
    }
);
```

Smgr.updateAll() 메서드가 호출되면 모든 장면 트리의 노드들이 최신화됩니다. 예를 들어 setPosition() 메서드로 위치를 바꿔 주었다 해도 DOM 트리에는 반영되지 않았으므로 화면에는 적용되지 않습니다. 이것을 updateAll() 해주면 화면에 적용됩니다. 이를 최신화라 합니다. 그러나 이 메서드는 호출을 최소화하는 것이 성능에 좋습니다. 매번 모든 장면 트리를 모두 순회하므로 퍼포먼스 저하를 가져옵니다. 그래서 최소한으로 호출하도록 게임 루프 로직을 만드는 것이 중요합니다.

노드를 추가할 때 주의 사항

장면 관리자에 새로운 노드를 추가하려면 기본적으로는 Pig2d.SceneManager.add() 메서드를 사용합니다. 이 함수는 외부에서 장면 노드를 생성한 후 인자로 넘겨주어 장면 노드에 붙여주는 단순한 역할만 합니다. 노드를 만드는 과정을 도와주는 함수들은 바로 뒤에서 자세히 다루도록 하겠습니다.

첫 번째 인자는 추가될 자식 노드가 오고 두 번째 인자는 부모 노드가 옵니다. 만약 parent를 지정하지 않으면 this가 기본값이 됩니다(rootNode 속성에 자식 노드로 추가됩니다).

addImageNode(), addSpriteSceneNode() 같은 헬퍼 함수들도 있습니다. 이 함수들은 직접 노드를 만들어 장면 관리자에 붙이는 것까지 합니다. 그래서 함수 외부에서 따로 노드를 장면 관리자에 붙여주지 않아도 됩니다.

헬퍼 함수가 있기는 하지만, 추가 삭제 이동과 관련해서는 Pig2d.node 객체를 직접 이용하는 편이 더 낫습니다. 최상위 루트 노드를 얻으려면 getRootNode()를 이용하면 됩니다.

3. 엔진 응용

3.1 노드 생성 헬퍼 함수

매번 노드와 모델을 따로 생성하여 붙이는 작업은 번거로울 수 있으므로 다음과 같이 생성을 도와
주는 도우미 메서드가 준비되어 있습니다.

- Pig2d.util.createDummy( ) 메서드

- Pig2d.util.createImage( ) 메서드

- Pig2d.util.createSlicedImage( ) 메서드

- Pig2d.util.createSprite( ) 메서드

빈 더미 노드를 만들 때는 createDummy( ) 메서드를 사용합니다.

더미는 왜 필요할까요?

실제로 더미 노드는 우리 눈에 보이지도 않습니다. 아무것도 가지지 않고 다만 부모에게 받은 변환
을 바로 밑의 자식들에게 나눠주는 역할만 합니다. 어떻게 보면 아무런 의미도 없고 필요도 없어 보
입니다만, 더미는 여러 개의 장면 노드를 그룹 단위로 구분 지어 관리할 때 없어서는 안 되는 중요한
개념입니다. 더미는 2D 다관절 캐릭터에 쓰이는 계층형 애니메이션을 구현할 때 서로 다른 관절끼
리 붙은 부분(조인트)을 표현할 때도 중요하게 쓰입니다. 우리의 삶도 비슷하게 가끔은 더미처럼 쉼
표가 있어야 좀 더 역동적이고 멋진 삶을 살 수 있는 것처럼 말이죠.

createSlicedImage( )는 캔버스 기반의 단일 프레임 스프라이트를 만들 수 있도록 해주는 메서
드입니다.

인자 형식은 다음과 같습니다.

```
{
    cutx : 잘라낼 위치
    cuty : 잘라낼 위치
    basex : 중심점
    basey : 중심점
    width : 캔버스 크기
    height : 캔버스 크기
    imgObj : 이미지 객체
}
```

imgObj만 인자로 넘겨주면 전체 이미지를 사용합니다.

```
//스프라이트 노드 만들기
var node = Pig2d.util.createSlicedImage({
    imgObj : textures['av8_harrier.png'],
    //중심점은 이미지 중앙으로
    basex : -textures['av8_harrier.png'].width/2,
    basey : -textures['av8_harrier.png'].height/2
});
```

3.2 리소스 관리 메서드

웹 뷰에서 스프라이트를 출력할 때는 이미지를 미리 로딩한 후에 화면을 그려주어야 깜박임이 없습니다. 이를 위해 이미지들을 통합해서 로딩하고자 pig2d 엔진에서는 Pig2.util.SetupAsset() 메서드를 제공하고 있습니다.

```
Pig2d.util.SetupAsset({
    asset_path : "../res/",
    img_files : [
        "av8_harrier.png",
        "f15_eagle.png",
        "f14_tomcat.png"
    ],
```

```
    OnLoadComplete : function(evt) {
    }
});
```

asset_path에는 리소스를 모아둔 폴더를 지정하며 img_files에는 로딩될 이미지 파일들의 배열을 지정합니다. OnLoadComplete()는 모든 리소스가 로딩된 후 호출될 콜백 함수입니다. 인자로 넘기는 evt의 속성 중에 textures에는 로딩 완료된 이미지 객체가 들어가고 animations에는 애니메이션 객체들이 들어가 있습니다.

원하는 객체를 찾으려면 다음과 같이 파일 이름으로 찾아 쓸 수 있습니다.

```
evt.textures['f15_eagle.png']
```

3.3 메인 루프

게임 루프와 관련해서는 Pig2d.system.startGameLoop() 메서드를 사용합니다. 인자 값 객체는 다음과 같습니다.

framerate_info_element에는 프레임 레이트를 출력하기 위한 엘리먼트를 지정합니다. gameLoopCallBack에는 내부적으로 사용된 requestAnimationFrame이 호출될 때 맞추어 같이 호출할 메서드를 지정합니다. 일반적으로는 updateAll()을 사용합니다. 콜백 인자로는 시간 델타 값이 넘어옵니다. loopCount_limit에는 몇 번마다 프레임 레이트를 다시 계산할지를 지정합니다.

```
//게임 루프 시작
Pig2d.system.startGameLoop({
    framerate_info_element : document.querySelector("#text-framerate-info"),
    gameLoopCallBack : function(deltaTime) {
        //장면 관리자 업데이트
        //여기서 모든 노드의 최신 상태가 화면에 반영된다.
        Smgr.updateAll(deltaTime);
    },
    loopCount_limit : 30
});
```

Vect2d

gbox3d.core.Vect2d는 pig2d 엔진 중 일부이며 2D 벡터(x, y 좌표)를 이용하여 수학적인 여러 가지 작업(단위 벡터 만들기, 두 점 사이의 거리 구하기, 각도 구하기 등)을 쉽게 하도록 도와주는 객체입니다. ../libs/pig2d/js/core.js에 구현되어 있습니다.

멤버 변수

X, Y   x, y 축 좌표

멤버 함수(메서드)

normalize( )	단위 벡터로 만들기
getAngle( )	원점 기준 각도 구하기
getDisTanceTo( )	인자로 넘겨준 벡터와의 거리 구하기
add,sub,multiply( )	합, 차, 곱 구하기(계산된 결과를 새로운 벡터를 만들어서 반환)
translate(diff)	인자로 넘겨준 벡터만큼(diff) 이동하기
rotate(angle, center)	center 중심으로 angle만큼 회전하기

제 10 장

RPG 게임 프레임워크 만들기

Chapter 10

 지금까지는 단순히 장면 그래프를 관리하고 노드 단위로 장면을 관리하는 방법을 다루었습니다. 이 장에서는 프로토타입 게임을 만들면서 어떻게 장면을 효율적으로 관리하고 객체들을 다룰 것인지 알아보도록 하겠습니다.

1. 캐릭터 컨트롤러 만들기

1.1 원하는 지점까지 부드럽게 이동하기

객체지향 프로그래밍은 대부분 뷰(View), 데이터(Data), 컨트롤러(Controller)의 3가지로 구성됩니다. 그중에서 컨트롤러 요소는 사용자의 입력에 반응하고 객체들이 거기에 맞춰 일사불란하게 움직이도록 하는 두뇌 역할을 하는 요소입니다. 대표적인 RPG 게임인 디아블로의 경우를 보면 캐릭터를 움직일 때 사용자가 원하는 위치로 마우스를 클릭하면 그곳으로 캐릭터가 움직이는 아주 직관적인 사용자 인터페이스를 제공한다는 것을 알 수 있습니다.

그럼 이번에는 마우스나 터치 이벤트가 발생하는 발생한 위치로 원하는 캐릭터나 물체를 이동시키는 컨트롤러를 만들어 보도록 하겠습니다. 먼저 화면의 레이아웃을 다음과 같이 잡아 줍니다.

```
<div style="
    width: 320px;
    margin: auto; /* 가운데로 배치함 */
    ">

    <p id='text-framerate-info'>frame rate</p>
    <div id='sprite_window' style="
    width: 320px;
    /* 높이를 명시해주어야 영역이 잡혀 다음 레이아웃이 밑으로 내려감. */
    height :240px;
    margin-top: 3px;
```

```
background-color: #bf62ff /*배경색을정해준다.*/
">

    <svg class='helper-grid' style="position: absolute;width:
        320px;height :240px;border: 1px solid;" >
      <line x1="0" y1="120" x2="320" y2="120"
          style="stroke:#000000;"/>
      <line x1="160" y1="0" x2="160" y2="240"
          style="stroke:#000000;"/>
    </svg>
  </div>
  <span>HP:100</span><button >fire ball</button><span>MP:50</span>
</div>
```

SVG를 이용해서 화면 중심의 십자선을 표시해줍니다. SVG는 기하학적인 도형을 그릴 때 사용하면 편리합니다.

트랜지션을 사용하기 전에 노드를 트랜지션이 가능하도록 초기화합니다. 인자로 넣어준 값은 트랜지션이 끝났을 때 호출할 콜백 함수입니다.

```
node.get('model').setupTransition({
   TransitionEndCallBack : function() {
   }
});
```

click 이벤트 핸들러를 다음과 같이 만들어 줍니다.

```
document.body.addEventListener('click',function(evt) {
   var cur_position = node.get('model').getPosition();
   var new_position = new gbox3d.core.Vect2d(evt.layerX,evt.layerY);

   var distance = (new_position.clone())
       .subToThis(cur_position).getDistance();

   node.get('model').transition({
     position : new_position,
```

```
    time : distance / 100 //1초에100픽셀만큼 이동
  });
});
```

transition( ) 메서드로 원하는 위치까지 일정한 속도로 이동시키려면 거리 대비 이동 시간을 계산해주어야 합니다. 먼저 현재 위치(cur_position)와 새로 이동할 위치(new_position) 사이의 거리를 구합니다. 이 값을 원하는 속도 값을 나누어 주면 목표 위치까지 가는 데 걸리는 시간이 초 단위로 나오게 됩니다. 위의 예처럼 100으로 나누어 주면 1초에 100픽셀만큼 움직이게 됩니다. transition( ) 메서드의 인자로 position에는 이동 목표 위치 값을 넣어주고 시간 계산 값은 time 인자 값에 넣어줍니다. 이렇게 하여 pig2d 엔진의 transition( ) 메서드를 이용해서 부드럽게 목표 지점까지 이동하는 애니메이션을 구현합니다.

click 이벤트에 대한 핸들러 함수의 인자로 넘어오는 값 중에 x, y로 마우스 위치를 얻을 수가 있습니다. 그러나 이들 값은 브라우저의 전체 화면기준의 좌표계이기 때문에 위의 예처럼 특정 영역에서 장면을 구성할 때는 좌표계가 맞지 않을 수 있습니다. 그래서 예제에서는 이벤트가 일어난 〈div〉 기준으로 위치를 얻을 수 있는 layerX, layerY를 써서 좌표를 얻었습니다.

다음 예제는 지금까지 설명한 내용을 적용한 전체 소스입니다.

예제 | 10−1

```
<!DOCTYPE html>
<html lang="ko">
<head>
   <meta charset="utf-8" />
   <title> RPG sample </title>
   <link rel="stylesheet" href="../libs/pig2d/css/core.css" />

   <!--jQuery가 종속성 관계에서 가장 높은 위치이다. 그래서 맨 먼저 쓴다. -->
   <script src="../libs/jquery-2.0.3.min.js"></script>

   <!--백본은 jQuery 다음에 포함하는 것이 건강에 이롭다. -->
   <script src="../libs/backbone/underscore-min.js"></script>
   <script src="../libs/backbone/backbone-min.js"></script>

   <!--pig2d 엔진은 jQuery와 백본에 종속적이므로 맨 나중에 쓴다. -->
```

```html
    <script src="../libs/pig2d/js/core.js"></script>
    <script src="../libs/pig2d/js/node2d.js"></script>
    <script src="../libs/pig2d/js/system.js"></script>

</head>
<body>
<div style="
    width: 320px;
    margin: auto; /* 가운데로 배치함 */
    ">

    <p id='text-framerate-info'>frame rate</p>

    <div id='sprite_window' style="
        width: 320px;
        height :240px; /* 높이를 명시해주어야 영역이 잡혀 내가 밑으로 내려감. */
        margin-top: 3px;
        background-color: #bf62ff/*배경색을 정해준다. */
        ">

        <svg class='helper-grid' style="position: absolute;
            width: 320px;height :240px;border: 1px solid;" >
          <line x1="0" y1="120" x2="320" y2="120"
            style="stroke:#000000;"/>
          <line x1="160" y1="0" x2="160" y2="240"
            style="stroke:#000000;"/>
        </svg>
    </div>
    <span>HP:100</span>
        <button >fire ball</button>
    <span>MP:50</span>
</div>
<script>
    function main(evt) {
        var textures = evt.textures;
        //장면 관리자 생성하기
        var Smgr = new Pig2d.SceneManager({
            container : document.querySelector('#sprite_window')
            ,window_size : { //클리핑 범위 지정
                width : 320,
```

```
        height: 240
    }
});

//스프라이트 노드 만들기
var node = Pig2d.util.createSlicedImage({
    imgObj : textures['../res/fighter.png'],
    cutx : 0,
    cuty : 0,
    width : 32,
    height : 48,
    basex : -16,
    basey : -24
});
node.get('model').setPosition(160,120);

//장면 관리자 등록하기
Smgr.add(node);
node.get('model').setupTransition({
    TransitionEndCallBack : function() {
    }
});

document.body.addEventListener('click',function(evt) {
    var cur_position = node.get('model').getPosition();
    var new_position = new gbox3d.core.Vect2d(evt.layerX,evt.layerY);

    var distance = (new_position.clone())
        .subToThis(cur_position)
        .getDistance();

    node.get('model').transition({
        position : new_position,
        time : distance / 100 //1초에 100픽셀만큼 이동
    });
});

//게임 루프 시작
Pig2d.system.startGameLoop({
    framerate_info_element :
```

```
            document.querySelector("#text-framerate-info"),
        gameLoopCallBack : function(deltaTime) {
            //장면 관리자 업데이트
            //여기서 모든 노드의 최신 상태가 화면에 반영된다.
            Smgr.updateAll(deltaTime);
        },
        loopCount_limit : 30
    });
}

Pig2d.util.SetupAsset({
    asset_path : "./",
    img_files : ['../res/fighter.png'],
    OnLoadComplete : main
});
</script>
</body>
</html>
```

보라색 배경으로 칠해진 영역에 마우스를 클릭하면 클릭한 곳으로 캐릭터가 천천히 이동합니다.
그러나 한번 이동하기 시작한 캐릭터는 이동 중에는 다른 곳을 클릭해도 이동 목표 위치를 바꾸지
않습니다. 왼쪽 위에 표시된 숫자는 초당 프레임 레이트입니다.

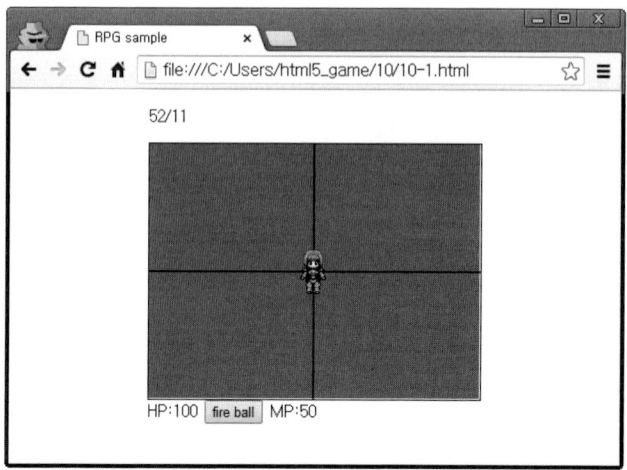

그림 10-1 실행 결과

1.2 이동 위치 바꾸기

앞에서 설명한 예제는 한 가지 큰 문제점이 있습니다. 바로 이동 중에는 새로운 이동 위치로 바꿀 수 없다는 문제입니다. 별거 아닌 것 같지만, 위치를 중간에 바꿀 수 없으면 조작감이 매우 떨어지게 됩니다.

새로운 위치가 들어 오면 기존의 transition을 중단하고 현재 위치를 얻은 다음 다시 새로운 위치까지 거리를 구하고 거리를 기준으로 소요 시간을 계산한 다음 다시 transition() 메서드를 호출합니다.

```
document.body.addEventListener('click',function(evt) {
    node.get('model').stopTransition();
    node.update(true, 0); //정확한 위치를 알아내고자 업데이트를 해줌

    var cur_position = node.get('model').getPosition();
    var new_position = new gbox3d.core.Vect2d(evt.layerX,evt.layerY);

    var distance = (new_position.clone())
            .subToThis(cur_position).getDistance();

    node.get('model').transition({
        position : new_position,
        time : distance / 100 //1초에 100픽셀만큼 이동
    });
});
```

음영으로 표시된 부분을 추가하면 기존의 transition이 취소되고 현재 위치를 새롭게 계산하게 됩니다. transition 중에는 노드 객체의 position 값은 변하지 않기 때문에 transition을 취소한 후에는 반드시 update() 메서드를 이용하여 현재 node의 position 값을 중단된 위치로 고쳐야 합니다.

위와 같이 핸들러 함수를 만들면 이동 중에도 새로운 목표 지점이 생기면 이전 목표는 취소하고 새로운 목표를 향해서 움직이기 때문에 조작감이 살아나게 됩니다.

1.3 pig2d 엔진의 마우스 스팟 컨트롤러 사용하기

이번에는 간편하게 pig2d 엔진을 이용해서 마우스 좌표까지 이동하는 코드를 구현해 보도록 하겠습니다.

앞에서 지금까지 설명한 내용을 pig2d 엔진에서는 컨트롤러 형태로 제공합니다. 마우스를 클릭하거나 터치가 발생한 곳까지 게임 속 캐릭터들을 이동시켜주는 컨트롤러입니다. 디아블로나 스타크래프트 같은 게임에서 게임 사용자가 마우스를 자기의 캐릭터가 이동을 원하는 곳에 대고 클릭하면 그 캐릭터가 원하는 위치까지 이동하는 방식입니다. 최근 3인칭 시점의 게임에서 많이 사용되는 캐릭터 컨트롤 방식입니다. 이런 방식의 컨트롤을 마우스 스팟 컨트롤(Mouse Spot Control)이라고 합니다. pig2d 엔진에서는 Pig2d.util.controller.MouseSpot라는 객체에 구현되어 있습니다.

```
var mycontroler = new Pig2d.util.controller.MouseSpot({
    listener_element : document,
    node : node,
    speed : 200,
    setupCallBack : function() {
    },

    endCallBack : function() { //이동이 완료되면

    },
    startCallBack : function(evt) { //새로운 이동 포인터가 입력되면

    }
});
```

- **listener_element** 이벤트를 받아내는 엘리먼트 객체를 정해줍니다.
- **node** 컨트롤하고 싶은 장면 노드를 넣어줍니다.
- **speed** 초당 이동 속도를 정해 줍니다. 예제처럼 200 이면 초당 200픽셀 이동합니다.
- **setupCallBack** 컨트롤러가 세팅되고 초기화하는 시점에서 호출되는 콜백 함수입니다.
- **endCallBack** 이동 완료 후 호출되는 콜백 함수입니다.
- **startCallBack** 이동 시 시작될 때 호출되는 함수입니다.

앞에서 언급된 3가지 콜백 함수로 캐릭터 애니메이션을 상황에 따라 조작하면 좀 더 실감 나는 게임 진행을 할 수 있습니다. 예를 들어 캐릭터가 이동 중에는 걷는 애니메이션 나오고 정지 중에는 대기 동작이 나오게 할 수 있습니다. 그러려면 먼저 스프라이트 애니메이션 객체를 세팅해야 합니다.

Pig2d.util.createSprite() 메서드로 스프라이트 노드 객체를 생성할 수 있습니다.

```
var animation_data = {
    "frames":[
        {
            "sheets":[{"width":32,"height":48,
                "centerOffset":{"x":-16,"y":-24},
                "bp_x":0,"bp_y":0}], "delay":"100"
        },
        {
            "sheets":[{"width":32,"height":48,
                "centerOffset":{"x":-16,"y":-24},
                "bp_x":-32,"bp_y":0}], "delay":"100"
        },
        {
            "sheets":[{"width":32,"height":48,
                "centerOffset":{"x":-16,"y":-24},
                "bp_x":-64,"bp_y":0}], "delay":"100"
        },
        {
            "sheets":[{"width":32,"height":48,
                "centerOffset":{"x":-16,"y":-24},
                "bp_x":-96,"bp_y":0}], "delay":"100"
        }
    ]
};
```

frames는 배열 형태이며 동작 별로 데이터가 차례대로 나열되어 있습니다. 배열의 0번째 데이터는 서 있는 동작입니다. 1~3번째 데이터에는 걷는 동작이 차례대로 들어가 있습니다. 그래서 걷는 동작을 보여 주고 싶다면 1~3번 배열을 내용을 순서대로 한 장씩 같은 위치에서 보여주면 움직이는 것처럼 보이게 됩니다. 하나의 frames는 여러 개의 sheets로 이루어져 있습니다.

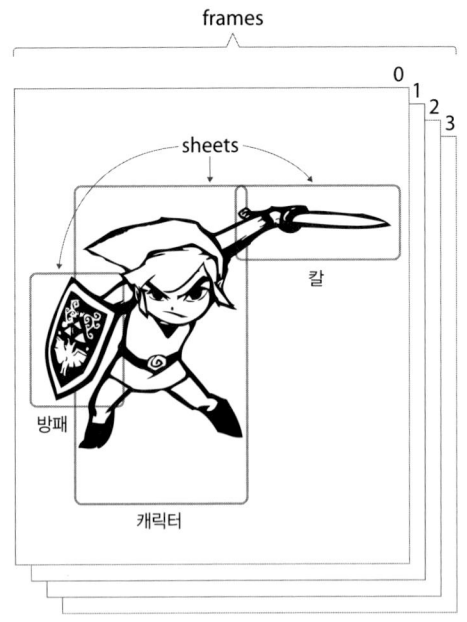

그림 10-2

sheets는 각각의 프레임을 구성하는 실제 이미지 조각 들입니다. 이렇게 한 프레임을 다시 여러 개의 sheets라는 단위로 나누는 이유는 캐릭터를 표현할 때 옷이나 무기를 바꿔야 할 경우 몸을 표현하는 sheets 위에 옷이나 무기, 방어구, 장신구 등을 다시 덧그리면 매번 새로운 이미지를 그려서 자원을 낭비할 필요없이 다른 조합으로 여러 가지 모습을 표현할 수 있기 때문입니다.

sheets는 다음과 같은 변수로 구성되어 있습니다.

- **width, height**   스프라이트 이미지의 크기입니다.
- **bp_x, bp_y**   잘라낼 원본 이미지에서 해당 스프라이트 sheets가 있는 위치입니다.

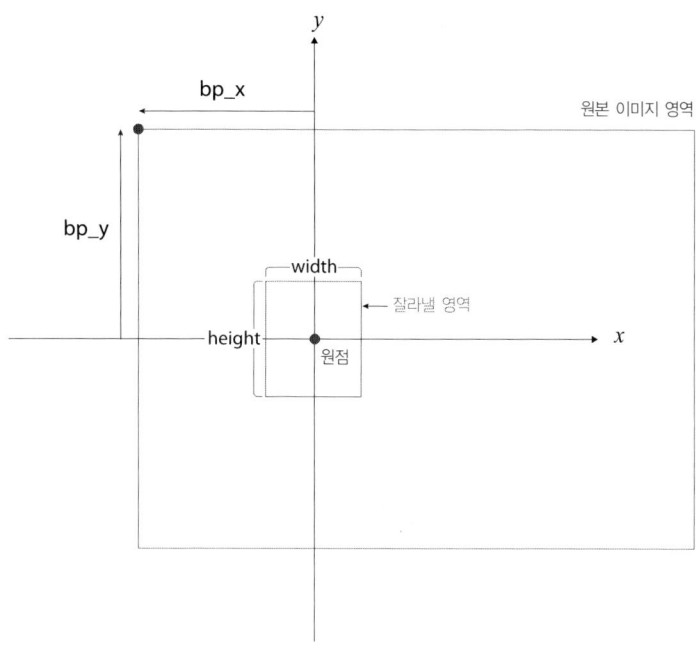

그림 10-3

centerOffset은 중심점 위치입니다. 이 값은 sheet가 화면에 그려질 때 기준이 되는 위치입니다. 예를 들어 회전이나 이동할 때, 축소할 때 이점을 기준으로 합니다.

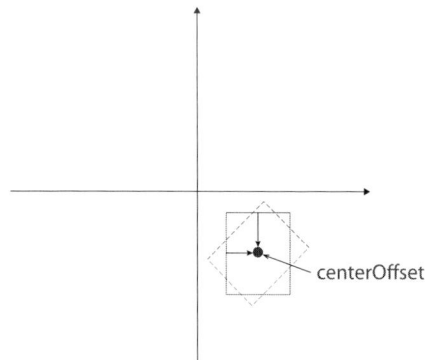

그림 10-4

delay는 다음 프레임으로 전환할 때까지 걸리는 시간입니다. 밀리 초(1/1,000초) 단위입니다.

```
//스프라이트 노드 만들기
var node = Pig2d.util.createSprite({
    texture : textures['fighter.png'],
    animation : animation_data
});
```

animation 데이터가 준비되었으면 Pig2d.util.createSprite( )를 이용해서 스프라이트 노드를 생성합니다. createSprite()에 인자로 넘기는 객체에는 texture, animation 두 개의 변수가 있습니다. texture에는 SetupAsset에서 넘어온 textures['fighter.png']와 같은 이미지 객체를 넣어줍니다. animation에는 앞에서와 같이 코드로 만든 애니메이션 데이터를 넣어주거나 JSON 파일에서 읽은 데이터를 넣어 줍니다.

```
var mycontroler = new Pig2d.util.controller.MouseSpot({
    listener_element : document,
    node : node,
    speed : 200,
    setupCallBack : function() {

    },
    endCallBack : function() { //이동이 완료되면
        node.get('model').setFrame(0);
        node.get('model').set('AnimationStatus','stop');
    },
    startCallBack : function(evt) { //새로운 이동 포인터가 입력되면
        node.get('model').setupAnimation({
            startFrame: 1,
            endFrame: 3,
            isAnimationLoop: true,
            AnimationStatus: 'play'
        });
    }
});
```

startCallBack에는 이동이 시작되었을 때의 처리를 해줍니다. setupAnimation( ) 메서드로 애니메이션 상태를 걷기 동작으로 만들어 줍니다.

- **startFrame**   첫 번째 애니메이션 프레임을 지정합니다.

- **endFrame**   마지막 애니메이션 프레임을 지정합니다.

- **isAnimationLoop**   애니메이션 반복 여부를 정합니다.

- **AnimationStatus**   애니메이션 상태를 정합니다. stop은 정지, play는 애니메이션 재생입니다.

- **endCallBack**   목표 지점에 도착했을 때의 처리를 해줍니다. setFrame으로 정지 동작인 프레임으로 지정 하고 AnimationStatus를 stop으로 지정합니다.

지금까지 설명한 내용을 적용한 전체 소스는 다음과 같습니다.

예제 | 10-2

```html
<!DOCTYPE html>
<html lang="ko">
<head>
    <meta charset="utf-8" />
    <title> RPG sample </title>
    <link rel="stylesheet" href="../libs/pig2d/css/core.css" />

    <!--jQuery가 종속성 관계에서 가장 높은 위치이다. 그래서 맨 먼저 쓴다. -->
    <script src="../libs/jquery-2.0.3.min.js"></script>

    <!--백본은 jQuery 다음에 포함시키는 것이 건강에 이롭다 -->
    <script src="../libs/backbone/underscore-min.js"></script>
    <script src="../libs/backbone/backbone-min.js"></script>

    <!--pig2d 엔진은 jQuery와 백본에 종속적이므로 맨 나중에 쓴다. -->
    <script src="../libs/pig2d/js/core.js"></script>
    <script src="../libs/pig2d/js/node2d.js"></script>
    <script src="../libs/pig2d/js/system.js"></script>
    <script src="../libs/pig2d/js/controller.js"></script>

</head>
<body>
<div style="
```

```
       width: 320px;
       margin: auto; /* 가운데로 배치함 */
       ">
    <p id='text-framerate-info'>frame rate</p>
    <div id='sprite_window' style="
       width: 320px;
       height :240px; /* 높이를 명시해주어야 영역이 잡혀 UI가 밑으로 내려감. */
       margin-top: 3px;
       background-color: #bf62ff/*배경색을 정해준다. */
       ">
       <svg class='helper-grid' style="position: absolute;
           width: 320px;height :240px;border: 1px solid;" >
         <line x1="0" y1="120" x2="320" y2="120" style="stroke:#000000;"/>
         <line x1="160" y1="0" x2="160" y2="240" style="stroke:#000000;"/>
       </svg>
    </div>
    <span>HP:100</span><button >fire ball</button><span>MP:50</span>
  </div>
  <script>
    function main(evt) {
      var textures = evt.textures;
      //장면 관리자 생성하기
      var Smgr = new Pig2d.SceneManager({
         container : document.querySelector('#sprite_window'),
           window_size : { //클리핑 범위 지정
               width : 320,
               height: 240
           }
         });
      var animation_data = {
        "frames":[
          {
             "sheets":[{"width":32,"height":48,
               "centerOffset":{"x":-16,"y":-24},
               "bp_x":0,"bp_y":0}], "delay":"100"
          },
          {
             "sheets":[{"width":32,"height":48,
               "centerOffset":{"x":-16,"y":-24},
               "bp_x":-32,"bp_y":0}], "delay":"100"
```

```
        },
        {
            "sheets":[{"width":32,"height":48,
                "centerOffset":{"x":-16,"y":-24},
                "bp_x":-64,"bp_y":0}], "delay":"100"
        },
        {
            "sheets":[{"width":32,"height":48,
                "centerOffset":{"x":-16,"y":-24},
                "bp_x":-96,"bp_y":0}], "delay":"100"
        }
    ]
};
//스프라이트 노드 만들기
var node = Pig2d.util.createSprite({
    texture : textures['fighter.png'],
    animation : animation_data
});

node.get('model').setFrame(0);
node.get('model').set('AnimationStatus','stop');
node.get('model').setPosition(160,120);

//장면 관리자 등록하기
Smgr.add(node);
var mycontroler = new Pig2d.util.controller.MouseSpot({
    listener_element : document,
    node : node,
    speed : 200,
    setupCallBack : function() {
    },
    endCallBack : function() { //이동이 완료되면
        node.get('model').setFrame(0);
        node.get('model').set('AnimationStatus','stop');
    },
    startCallBack : function(evt) { //새로운 이동 포인터가 입력되면
        node.get('model').setupAnimation({
            startFrame: 1,
            endFrame: 3,
            isAnimationLoop: true,
```

```
                AnimationStatus: 'play'
            });
        }
    });

    //게임 루프 시작
    Pig2d.system.startGameLoop({
        framerate_info_element :
            document.querySelector("#text-framerate-info"),
        gameLoopCallBack : function(deltaTime) {

            //장면 관리자 업데이트
            //여기서 모든 노드의 최신 상태가 화면에 반영된다.
            Smgr.updateAll(deltaTime);
        },
        loopCount_limit : 30
    });
}

Pig2d.util.SetupAsset({
    asset_path : "./",
    img_files : ['fighter.png'],
    OnLoadComplete : main
});
</script>
</body>
</html>
```

마우스를 원하는 위치에 클릭하면 캐릭터가 걷는 애니메이션을 반복하며 원하는 위치로 이동합니다. 그뿐만 아니라 이동 중에 다른 곳을 클릭하면 곧바로 이동 목표 위치를 바꿔 이동합니다.

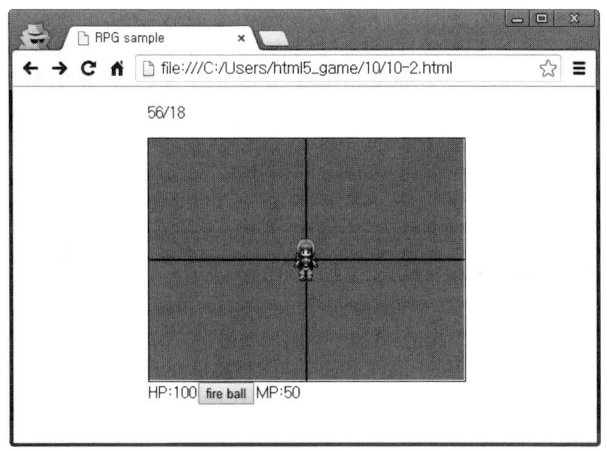

그림 10-5 실행 결과

2. 다중 스크롤 효과 구현

예전 오락실에서 인기 있던 예전 게임 중에 '파이널 파이트'라는 게임이 있었습니다. 진행형 액션 게임이라는 장르를 개척한 선구적인 게임이었습니다. 그 후 RPG 요소를 더한 '던전 앤 드래곤즈'라는 게임이 등장하여 많은 마니아층의 사랑을 받았습니다. 요즘에는 '던전 앤 파이터'라는 온라인 게임으로도 많은 사랑을 받고 있습니다. 이런 장르의 게임은 좌우로 배경이 스크롤 되고 그 안에서 캐릭터들이 움직이며 여러 가지 모험을 벌입니다. 2D 게임이면서도 원근감을 줄 수 있고 여러 가지 액션 연출이 가능하기 때문에 2D 게임에서 자주 쓰이는 진행 방식입니다.

원경과 근경의 스크롤 속도 차를 이용하면 좀 더 실감 나는 원근감을 줄 수 있습니다. Pig2d.util. scroller.type_finalfight() 메서드는 두 개의 다른 스크롤 속도가 가능한 레이어를 지원합니다.

```
//파이널 파이트식 스크롤러 세팅
var scrollobj = new Pig2d.util.scroller.type_finalfight({
    scroll_center : 160,
    speed : 100,
```

```
    front_layer : textures['Slum1-1.png'],
    back_layer : textures['Slum1-2.png'],
    backlayer_rate : 0.6
});
```

- **scroll_center** 사용자의 스크롤 입력 시 좌우 기준이 되는 값입니다. 현재 스크롤 위치에서 상대적인 좌표이며 일반적으로 게임 화면의 중앙을 사용합니다.

- **speed** 스크롤 되는 속도입니다. 초당 픽셀 단위입니다.

- **front_layer** 전경 레이어입니다.

- **back_layer** 배경 레이어입니다.

- **bakcklayer_rate** 배경 레이어의 속도 비율입니다. 일반적으로 전경 대비 배경 레이어의 가로 크기 비율로 정합니다. (배경 가로 크기/전경 가로 크기)

```
//마우스 이벤트
document.addEventListener('mousedown',function(evt) {
    scrollobj.setScrollPos(evt.layerX);
});

//터치 이벤트
document.addEventListener('touchstart',function(event) {
    event.preventDefault();
    var touch = event.touches[0];
    touchX = touch.screenX;
    touchY = touch.screenY;
    scrollobj.setScrollPos(touchX);
});
```

예제에서는 mousedown과 touchstart 이벤트를 모두 지정해서 모바일까지 동작하게 해주고 있습니다. 마우스 입력은 창 기준으로 좌표값을 얻어오기 위해서 layerX 값을 사용하며 터치 입력은 5개의 터치 입력을 받을 수 있습니다.

event.touches[0]로 맨 처음 이벤트를 받아 옵니다. 모바일에서는 layer 기준으로 값을 얻어 오는 값이 없으므로 전체 화면 기준인 screen 값을 사용합니다. 특정 창 기준으로 얻어 오려면 좀 더 복잡한 처리 과정이 필요합니다.

다음은 지금까지 설명한 내용을 구현한 전체 소스입니다.

```html
<!DOCTYPE html>
<html lang="ko">
<head>
    <meta charset="utf-8" />
    <title> scroller sample </title>
    <link rel="stylesheet" href="../libs/pig2d/css/core.css" />

    <!--jQuery가 종속성 관계에서 가장 높은 위치이다. 그래서 맨 먼저 쓴다. -->
    <script src="../libs/jquery-2.0.3.min.js"></script>

    <!--백본은 jQuery 다음에 포함하는 것이 건강에 이롭다. -->
    <script src="../libs/backbone/underscore.js"></script>
    <script src="../libs/backbone/backbone.js"></script>

    <!--pig2d 엔진은 jQuery와 백본에 종속적이므로 맨 나중에 쓴다. -->
    <!--<script src="../libs/gl-matrix-min.js"></script>-->
    <script src="../libs/pig2d/js/core.js"></script>
    <script src="../libs/pig2d/js/node2d.js"></script>
    <script src="../libs/pig2d/js/controller.js"></script>
    <script src="../libs/pig2d/js/scroller.js"></script>
    <script src="../libs/pig2d/js/system.js"></script>

</head>
<body style="margin: 0px;">
<div style="
    width: 320px;
    margin: auto; /* 가운데로 배치함 */
    ">

    <p id='text-framerate-info'>frame rate</p>
    <div id='sprite_window' style="
        width: 320px;
        /* 높이를 명시해주어야 영역이 잡혀 UI가 밑으로 내려감. */
        height :240px;
        margin-top: 3px;
        background-color: #bf62ff/*배경색을 정해준다.*/
        ">
```

```html
        <svg class='helper-grid' style="position: absolute;
            width: 320px;height :240px;
            border: 1px solid;z-index: 10;" >
          <line x1="0" y1="120" x2="320" y2="120"
            style="stroke:#000000;"/>
          <line x1="160" y1="0" x2="160" y2="240"
            style="stroke:#000000;"/>
        </svg>
    </div>
    <span>HP:100</span><button >fire ball</button><span>MP:50</span>
  </div>
  <script>
    function OnLoadComplete(evt) {
        //장면 관리자 생성하기
        var Smgr = null;
        var textures = evt.textures;

        //장면 관리자 생성하기
        var Smgr = new Pig2d.SceneManager({
          container : document.querySelector('#sprite_window')
          ,window_size : { //클리핑 범위 지정
            width : 320,
            height: 240
          }
        });

        //파이널 파이트식 스크롤러 세팅
        var scrollobj = new Pig2d.util.scroller.type_finalfight({
          scroll_center : 160,
          speed : 100,
          front_layer : textures['../res/Slum1-1.png'],
          back_layer : textures['../res/Slum1-2.png'],
          backlayer_rate : 0.6
        });

        Smgr.add(scrollobj.getRoot());

        //클릭 이벤트
        document.addEventListener('mousedown',function(evt) {
          scrollobj.setScrollPos(evt.layerX);
```

```
    });

    document.addEventListener('touchstart',function(event) {
        event.preventDefault();
        var touch = event.touches[ 0 ];
        touchX = touch.screenX;
        touchY = touch.screenY;
        scrollobj.setScrollPos(touchX);
    });

    //게임루프시작
    Pig2d.system.startGameLoop({
        framerate_info_element :
            document.querySelector("#text-framerate-info"),
        gameLoopCallBack : function(deltaTime) {

            //장면 관리자 업데이트
            //여기서 모든 노드의 최신 상태가 화면에 반영된다.
            Smgr.updateAll(deltaTime);
        },
        loopCount_limit : 30
    });
}

Pig2d.util.SetupAsset({
    asset_path : "./",
    img_files : [
        "../res/Slum1-1.png",
        "../res/Slum1-2.png"
    ],
    animation_files : [
    ],
    OnLoadComplete : OnLoadComplete
});

document.body.addEventListener('mousemove',function(evt) {
    });
</script>
</body>
</html>
```

십자선의 좌우를 클릭하면 클릭한 곳의 위치가 화면 중앙에 올 때까지 화면이 천천히 스크롤 됩니
다. 이 예제는 사이드 뷰 방식의 진행형 액션 게임의 형식을 따르고 있기 때문에 세로는 고정되고
가로 위치가 중앙으로 올 때까지 스크롤 됩니다.

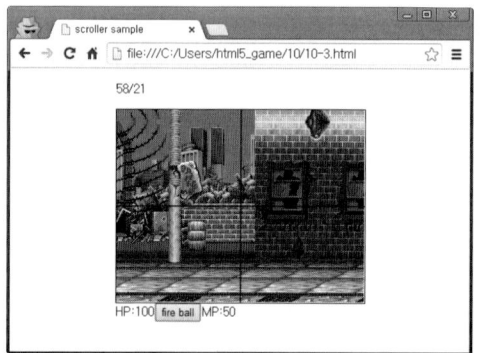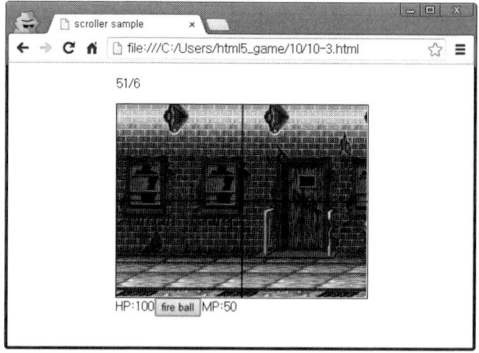

그림 10-6 스크롤 실행 결과

3. 던전 앤 파이터 식 액션 RPG 프레임워크 만들기

지금까지 배웠던 스크롤러와 마우스 컨트롤러를 합쳐서 횡 스크롤 게임을 만들어 보도록 하겠습
니다.

```
var animation_data = {
    "frames": [
        {
            "sheets":[{"width":32,"height":48,
                "centerOffset":{"x":-16,"y":-24},
                "bp_x":0,"bp_y":0}], "delay":"100"
        },
        {
            "sheets":[{"width":32,"height":48,
                "centerOffset":{"x":-16,"y":-24},
```

```
            "bp_x":-32,"bp_y":-48}], "delay":"100"
      },
      {
         "sheets":[{"width":32,"height":48,
            "centerOffset":{"x":-16,"y":-24},
            "bp_x":-64,"bp_y":-48}], "delay":"100"
      },
      {
         "sheets":[{"width":32,"height":48,
            "centerOffset":{"x":-16,"y":-24},
            "bp_x":-96,"bp_y":-48}], "delay":"100"
      }
   ]
};
```

위의 예제처럼 옆을 보는 애니메이션을 만듭니다.

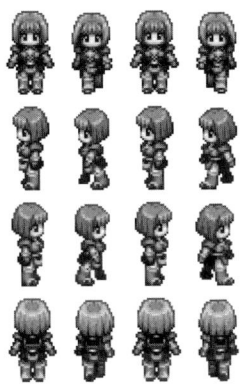

그림 10-7 사용할 이미지

그림 10-4에서 두 번째 줄의 캐릭터 애니메이션이 왼쪽을 보고 걷는 모양입니다. 캐릭터 프레임
하나당 높이는 48이므로 bp_y에는 −48 값을 넣어줍니다. 1~3프레임이 왼쪽을 보고 걷는 애니메
이션이 됩니다.

```
//컨트롤용 더미 노드 만들기
var node_dummy = Pig2d.util.createDummy();

//스프라이트 노드 만들기
var node = Pig2d.util.createSprite({
    texture : textures['../res/fighter.png'],
    animation : animation_data
});

node.get('model').setFrame(0);
node.get('model').set('AnimationStatus','stop');

node_dummy.get('model').setPosition(160,220);
node_dummy.add(node);
```

flipY로 좌우 반전 효과를 내려면 더미 노드 아래에 반전시키고자 하는 스프라이트 노드를 붙여줍니다. 그리고 더미 노드를 마우스 컨트롤러(MouseSpot)에 연결해줍니다. 그렇게 하지 않으면 거울 반전 효과는 행렬 값을 조작한 관계로 변환이 깨져서 나오게 됩니다.

```
var mycontroler = new Pig2d.util.controller.MouseSpot({
    listener_element : document,
    node : node_dummy,
    speed : 100,
    scroller : scrollobj,
    setupCallBack : function() {
    },
    endCallBack : function() { //이동이 완료되면
        node.get('model').setFrame(0);
        node.get('model').set('AnimationStatus','stop');
    },
    startCallBack : function(evt) { //새로운 이동 포인터가 입력되면
        node.get('model').setupAnimation({
            startFrame: 1,
            endFrame: 3,
            isAnimationLoop: true,
            AnimationStatus: 'play'
```

```
        });

        //오른쪽으로 움직이면 반전시키기
        if(evt.direction_vector.X > 0) {
            node.get('model').set('flipY',true);
        }
        else {
            node.get('model').set('flipY',false);
        }
    }
});

//장면 관리자 등록하기
scrollobj.getRoot().add(node_dummy);
Smgr.add(scrollobj.getRoot());
```

node 인자 값에 dummy_node를 지정합니다. 예제처럼 스크롤러와 캐릭터 컨트롤러를 연결하려면 우선 MouseSpot 객체를 생성할 때 인자로 스크롤러를 넣어줍니다.

scroller에는 스크롤 객체인 scrollobj를 넣어줍니다. startCallBack의 인자로 넘어오는 evt.direction 값으로 방향 벡터를 받아볼 수 있습니다. 이 값으로 각도를 구할 수도 있지만 여기서는 간단하게 x 값의 음수 여부를 따져서 왼쪽인지 오른쪽인지를 구분했습니다.

dummy_node를 스크롤 객체의 노드에 자식 노드로 붙여서 스크롤되는 화면과 같이 움직이게 합니다.

다음은 지금까지의 설명을 적용한 전체 소스입니다.

예제 | 10-4

```
<!DOCTYPE html>
<html lang="ko">
<head>
    <meta charset="utf-8" />
    <title> RPG sample </title>
    <link rel="stylesheet" href="../libs/pig2d/css/core.css" />

    <!--jQuery가 종속성 관계에서 가장 높은 위치이다 그래서 맨 먼저 쓴다. -->
```

```html
    <script src="../libs/jquery-2.0.3.min.js"></script>

    <!--백본은 jQuery 다음에 포함시키는것이 건강에 이롭다. -->
    <script src="../libs/backbone/underscore-min.js"></script>
    <script src="../libs/backbone/backbone-min.js"></script>

    <!--pig2d 엔진은 jQuery와 백본에 종속적이므로 맨 나중에 쓴다. -->
    <script src="../libs/pig2d/js/core.js"></script>
    <script src="../libs/pig2d/js/node2d.js"></script>
    <script src="../libs/pig2d/js/system.js"></script>
    <script src="../libs/pig2d/js/controller.js"></script>
    <script src="../libs/pig2d/js/scroller.js"></script>
</head>
<body>
<div style="
    width: 320px;
    margin: auto; /* 가운데로 배치함 */
    ">

    <p id='text-framerate-info'>frame rate</p>

    <div id='sprite_window' style="
        width: 320px;
        height :240px; /* 높이를 명시해주어야 영역이 잡혀 UI가 밑으로 내려감. */
        margin-top: 3px;
        background-color: #bf62ff/*배경색을 정해준다. */
        ">

        <svg class='helper-grid' style="position: absolute;
            width: 320px;height :240px;
            border: 1px solid;" >

            <line x1="0" y1="120" x2="320" y2="120" style="stroke:#000000;"/>
            <line x1="160" y1="0" x2="160" y2="240" style="stroke:#000000;"/>
        </svg>
    </div>
    <span>HP:100</span><button >fire ball</button><span>MP:50</span>
</div>
<script>
    function main(evt) {
```

```javascript
var textures = evt.textures;
//장면 관리자 생성하기
var Smgr = new Pig2d.SceneManager({
    container : document.querySelector('#sprite_window')
    ,window_size : { //클리핑 범위 지정
        width : 320,
        height: 240
    }
});


/////////////////////
//파이널 파이트식 스크롤러 세팅
var scrollobj = new Pig2d.util.scroller.type_finalfight({
    scroll_center : 160,
    speed : 50,
    front_layer : textures['Slum1-1.png'],
    back_layer : textures['Slum1-2.png'],
    backlayer_rate : 0.6
});


//클릭 이벤트
document.addEventListener('mousedown',function(evt) {
    //스크롤 위치 지정
    scrollobj.setScrollPos(evt.layerX);
});


document.addEventListener('touchstart',function(event) {
    event.preventDefault();
    var touch = event.touches[ 0 ];
    touchX = touch.screenX;
    touchY = touch.screenY;
    scrollobj.setScrollPos(touchX);
});


/////////////////////

var animation_data = {
    "frames":[
        {
            "sheets":[{"width":32,"height":48,
```

```
                        "centerOffset":{"x":-16,"y":-24},
                        "bp_x":0,"bp_y":0}], "delay":"100"
                },
                {
                    "sheets":[{"width":32,"height":48,
                        "centerOffset":{"x":-16,"y":-24},
                        "bp_x":-32,"bp_y":-48}], "delay":"100"
                },
                {
                    "sheets":[{"width":32,"height":48,
                        "centerOffset":{"x":-16,"y":-24},
                        "bp_x":-64,"bp_y":-48}], "delay":"100"
                },
                {
                    "sheets":[{"width":32,"height":48,
                        "centerOffset":{"x":-16,"y":-24},
                        "bp_x":-96,"bp_y":-48}], "delay":"100"
                }
        ]
};

//컨트롤용 더미 노드 만들기
var node_dummy = Pig2d.util.createDummy();

//스프라이트 노드 만들기
var node = Pig2d.util.createSprite({
    texture : textures['fighter.png'],
    animation : animation_data
});

node.get('model').setFrame(0);
node.get('model').set('AnimationStatus','stop');
node_dummy.get('model').setPosition(160,220);
node_dummy.add(node);

var mycontroler = new Pig2d.util.controller.MouseSpot({
    listener_element : document,
    node : node_dummy,
    speed : 100,
    scroller : scrollobj,
```

```javascript
    setupCallBack : function() {

    },
    endCallBack : function() { //이동이 완료되면
        node.get('model').setFrame(0);
        node.get('model').set('AnimationStatus','stop');
    },
    startCallBack : function(evt) { //새로운 이동 포인터가 입력되면
        node.get('model').setupAnimation({
            startFrame: 1,
            endFrame: 3,
            isAnimationLoop: true,
            AnimationStatus: 'play'
        });
        //오른쪽으로 움직이면 반전시키기
        if(evt.direction_vector.X > 0) {
            node.get('model').set('flipY',true);
        }
        else {
            node.get('model').set('flipY',false);
        }
    }
});
//장면 관리자 등록하기
scrollobj.getRoot().add(node_dummy);
Smgr.add(scrollobj.getRoot());
//게임 루프 시작
Pig2d.system.startGameLoop({

    framerate_info_element :
        document.querySelector("#text-framerate-info"),
    gameLoopCallBack : function(deltaTime) {

        //장면 관리자 업데이트
        //여기서 모든 노드의 최신 상태가 화면에 반영된다.
        Smgr.updateAll(deltaTime);
    },
    loopCount_limit : 30
});
}
```

```
    Pig2d.util.SetupAsset({
        asset_path : "./",
        img_files : [
            'fighter.png',
            "Slum1-1.png",
            "Slum1-2.png"
        ],
        OnLoadComplete : main
    });
</script>
</body>
</html>
```

캐릭터를 이동시키고 싶은 위치를 마우스를 클릭하면 캐릭터가 그곳으로 이동하면서 동시에 화면도 캐릭터를 따라 스크롤 됩니다(마치 카메라가 주인공을 따라가는 것처럼). 그리고 캐릭터가 새로 위치한 곳이 화면의 중앙이 될 때까지 화면이 스크롤 됩니다.

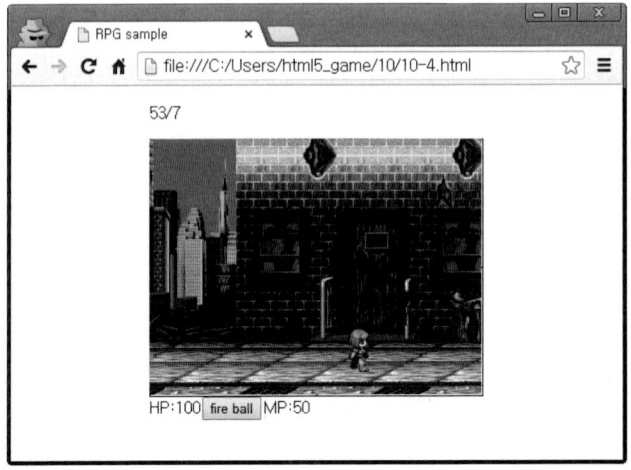

그림 10-8 실행 결과

이상으로 pig2d 엔진의 기능을 이용해서 던전 앤 파이터 게임(진행형 액션 RPG) 스타일로 주인공 캐릭터를 움직이고 배경 역시 이중으로 스크롤 시키는 예제를 알아보았습니다. 주목할 점은 이 예제를 실행시키기 위해 별도의 플러그인이나 다른 프로그램을 설치하지 않아도 된다는 점입니다. 그뿐만 아니라 안드로이드나 아이폰 같은 모바일 브라우저에도 별도의 앱 설치 없이 웹 서버 등을 통해서 브라우저로 해당 HTML 파일의 주소를 입력하면 게임이 실행됩니다. 왜냐하면, pig2d 엔진이 HTML5 웹 표준안을 지켜 만든 엔진이기 때문입니다. CSS3를 적절히 사용하고 웹킷을 최대한 활용하였기 때문에 속도나 메모리 효율도 네이티브 게임에 뒤지지 않는 성능을 발휘합니다. 그리고 생산성 측면에서도 별도의 포팅이 필요 없으므로 네이티브로 개발된 게임에 비해 훨씬 우수합니다.

03   Web 3D

제 11 장

WebGL

Chapter 11

1. WebGL 기초

WebGL은 웹에서 HTML의 canvas 객체를 통하여 OpenGL ES의 API들을 사용할 수 있게 해줍니다. 별도의 플러그인 설치할 필요없이 웹 GPU 가속을 이용하여 고성능 3D 그래픽이 가능하도록 해줍니다. WebGL 프로그램은 자바스크립트 언어로 만들어지며 특수 효과를 위하여 GPU에 직접 사용하는 GLSL 셰이더 언어도 사용할 수 있습니다.

WebGL

WebGL은 웹 기반의 그래픽 라이브러리입니다. 자바스크립트 프로그래밍 언어를 통해서 사용할 수 있으며 호환성이 있는 웹 브라우저에서 인터랙티브한 3D 그래픽을 사용할 수 있도록 제공됩니다.

WebGL은 플러그인의 사용 없이 3차원 컴퓨터 그래픽스 API를 제공하는 캔버스 HTML 요소의 컨텍스트입니다. 2011년 3월 3일에 세부 사양이 버전 1.0으로 출시되었습니다. WebGL은 비영리 단체인 크로노스 그룹이 관리합니다.

URL 출처 : http://ko.wikipedia.org/wiki/WebGL

1.1 3D 렌더링을 위한 기본 작업

먼저 3D 객체들이 렌더링될 공간을 위하여 canvas 객체를 생성합니다. 다음은 캔버스를 세팅해주는 HTML 태그 작성 예제입니다.

```
<canvas id="glcanvas" width="640" height="480">
    브라우저가 HTML5 <code>&lt;canvas&gt;</code> 엘리먼트를 지원하지않습니다.
</canvas>
```

그런 다음 렌더링할 수 있도록 getContext() 메서드를 사용하여 canvas 엘리먼트에 WebGL을 초기화합니다.

다음은 WebGL을 초기화해주는 initWebGL() 함수 예제 소스입니다.

```
function initWebGL(canvas) {
    var gl = null;

    try {
        gl = canvas.getContext("webgl");
    }
    catch(e) {}

    // WebGL을 지원하지 않는다면
    if (!gl) {
        alert("WebGL을 초기화할 수 없습니다. 브라우저가 지원하지 않습니다. ");
        gl = null;
    }

    return gl;
}
```

canvas 객체의 getContext("webgl") 메서드로 얻어진 gl은 WebGL 객체입니다. 먼저 gl의 멤버 함수(메서드)를 호출하여 화면을 검게 칠해봅시다.

```
gl.clearColor(0.0, 0.0, 0.0, 1.0);    // 검은색으로 칠하기
gl.enable(gl.DEPTH_TEST);             // 깊이 검사 활성화
gl.depthFunc(gl.LEQUAL);              // 가까이 있는 것이 먼 곳에 있는 것을 가림
gl.clear(gl.COLOR_BUFFER_BIT|gl.DEPTH_BUFFER_BIT);
```

위의 코드는 일반적으로 렌더링 루프에 들어갈 부분입니다. 렌더링 루프에서는 매번 화면이 변할 때마다 화면을 다시 그리고 각종 시각 효과 세팅을 갱신해줍니다. 이번에는 화면의 변화가 없으므로 한 번만 호출하였습니다. 거리에 따라 사물이 서로 가릴지 또는 어떤 특정한 방식으로 가릴지도 함께 설정해 줍니다.

전체 소스 코드는 다음과 같습니다. initWebGL() 함수를 호출하면 WebGL을 초기화하고 gl. clear() 메서드로 캔버스 화면 전체를 검은색으로 클리어해줍니다.

예제 11-1

```html
<!DOCTYPE html>
<html>
<head>
    <title></title>
</head>
<body>
<canvas id="glcanvas" width="640" height="480">
    사용하시는 브라우저가 HTML5
    <code>&lt;canvas&gt;</code> 엘리먼트를 지원하지 않습니다.
</canvas>

<script>
    function initWebGL(canvas) {
        var gl = null;

        try {
            gl = canvas.getContext("webgl");
        }
        catch(e) {}

        // WebGL을 지원하지 않는다면
        if (!gl) {
            alert("WebGL을 초기화할 수 없습니다. 브라우저가 지원하지 않습니다.");
            gl = null;
        }
        return gl;
    }

    var canvas = document.getElementById("glcanvas");
    // Initialize the GL context
    var gl = initWebGL(canvas);
    // Only continue if WebGL is available and working
    if (gl) {
        // Set clear color to black, fully opaque
        gl.clearColor(0.0, 0.0, 0.0, 1.0);
        // Enable depth testing
        gl.enable(gl.DEPTH_TEST);
        // Near things obscure far things
```

```
        gl.depthFunc(gl.LEQUAL);
    // Clear the color as well as the depth buffer.
    gl.clear(gl.COLOR_BUFFER_BIT|gl.DEPTH_BUFFER_BIT);
    }
</script>
</body>
</html>
```

그림 11-1 실행 결과

2. WebGL 셰이더의 이해

WebGL은 고정 파이프라인을 사용하지 않고 사용자가 직접 GPU에 명령을 내릴 수 있는 셰이더를 사용하여 매번 파이프라인을 직접 만들어 사용할 수 있도록 해줍니다. 이처럼 폴리곤 기반의 3D 그래픽 디바이스로 화면에 그림을 표시하려면 크게 두 가지 종류의 정의가 필요합니다.

1. 선을 어떻게 그릴 것인가?

2. 점을 어떻게 뿌릴 것인가?

셰이더는 바로 이 두 가지 방법을 정의해주는 언어라고 이해하시면 됩니다.

주로 VS라고 줄여 말하는 버텍스 셰이더(Vertex Shader)가 선을 어떻게 그리는 것인지를 정의해주고 PS 또는 FS라고 줄여 말하는 프래그먼트 셰이더(Fragment Shader)가 점에 관한 내용을 정의해줍니다.

ps

ps는 픽셀 셰이더(Pixel Shader)의 약자인데, DirectX에서 사용합니다. DirectX에서는 HLSL 이라는 셰이더 언어를 사용합니다. 여기서 다루는 WebGL은 OpenGL 표준을 따르기 때문에 GLSL이라는 셰이더 언어를 사용합니다. 이보다 상위 개념의 fx, cg 셰이더가 있습니다.

2.1 버텍스 셰이더

다음은 가장 기본적인 버텍스 셰이더(Vertex Shader)입니다. 〈script〉 태그를 이용해서 헤더에 작성해줍니다. type 속성에 x-shader/x-vertex라고 버텍스 셰이더임을 명시해줍니다. 이 부분은 이름이 정해진 것은 아니므로 자신이 원하는 이름으로 바꿔써도 상관없습니다. (예제 소스의 getShader() 함수에 구현된 코드를 보시면 x-shader/x-vertex 또는 x-fragment라는 이름으로 찾아서 종류별로 컴파일해줍니다.)

중간에 나오는 셰이더 코드들은 마치 C 언어와 비슷합니다. WebGL은 OpenGL의 셰이더 문법인 GLSL 셰이더 문법을 사용합니다.

```
<script id="shader-vs" type="x-shader/x-vertex">
    attribute vec3 aVertexPosition;
    uniform mat4 uMVMatrix;
    uniform mat4 uPMatrix;
    void main(void) {
        gl_Position =
            uPMatrix * uMVMatrix * vec4(aVertexPosition, 1.0);
    }
</script>
```

윗부분에 선언된 변수들인 uMVMatrix, uPMatrix 값은 자바스크립트 측에서 데이터를 받아오는 변수들입니다(입력값).

버텍스 셰이더의 main() 함수 안의 변수 gl_Position은 아무런 선언 없이 바로 나온 값이라서 어떻게 된 건지 궁금할 수 있습니다. 이 값은 OpenGL 셰이더(GLSL)에서 미리 정해놓은 값입니다. 다음 단계인 프래그먼트 셰이더(픽셀 셰이더)로 출력되는 값입니다(출력값).

버텍스 위치를 받아오는 aVertextPosition, 모델 뷰 행렬을 받아오는 uMVMatrix, 투영 행렬을 받아오는 uPMatrix를 연결하려면 먼저 셰이더를 컴파일한 후 정해진 프레임워크에 따라서 자바스크립트 변수와 연결합니다(연결하는 방법은 바로 아래에서 설명합니다). WebGL의 셰이더 파일은 컴파일 후 GPU에 직접 올라가 동작하므로 당연히 자바스크립트에서 돌아가는 코드보다 셰이더로 만든 코드가 훨씬 더 빠른 속도를 보장합니다.

WebGL 객체의 compileShader() 메서드를 사용해서 셰이더를 컴파일합니다. 다음은 버텍스 셰이더 객체를 만들어 주는 예제입니다.

```
var vs_shader = gl.createShader(gl.VERTEX_SHADER);
gl.shaderSource(vs_shader, strSource );
gl.compileShader(vs_shader);
```

위에서 만들어진 셰이더 객체를 가지고 자바 스크립트의 변수와 연결하려면 다음과 같이 createProgram() 메서드를 사용해서 셰이더 프로그램 객체를 만들어서 변수를 연결해줍니다. 여기에 attachShader() 메서드로 위에서 컴파일한 셰이더들을 붙여줍니다.

```
shaderProgram = gl.createProgram();
//버텍스 셰이더를 먼저 붙여주고
gl.attachShader(shaderProgram, vs_shader);
//이어서 프래그먼트 셰이더를 붙여줌(순서에 주의)
gl.attachShader(shaderProgram, fs_shader);
gl.linkProgram(shaderProgram);

if (!gl.getProgramParameter(shaderProgram, gl.LINK_STATUS)) {
    alert("Could not initialise shaders");
}
gl.useProgram(shaderProgram);
```

attachShader() 메서드 하나로 프래그먼트 셰이더와 버텍스 셰이더를 모두 붙일 수 있습니다.

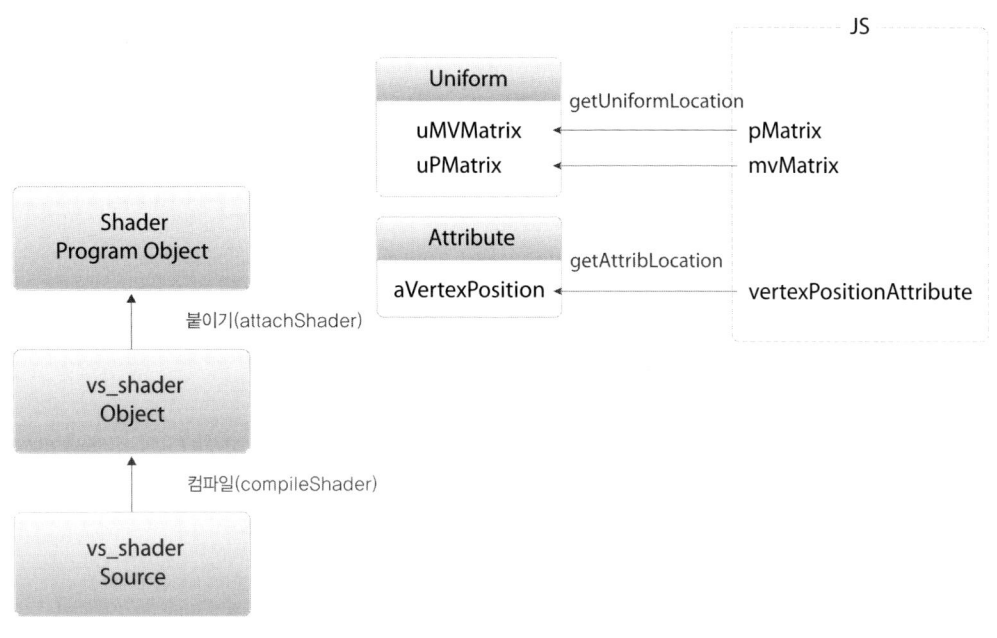

그림 11-2

여기서 주의할 점이 있습니다. 바로 셰이더를 붙이는 순서입니다. 버텍스 셰이더를 먼저 붙이고 그다음에 프래그먼트 셰이더(픽셀 셰이더)를 붙이면 됩니다. 그리고 가장 먼저 붙인 셰이더와 자바스크립트가 서로 변수를 정해서 데이터를 전달할 수 있습니다. 그러므로 프래그먼트 셰이더에 직접 변수를 전달하지는 못합니다. 버텍스 셰이더를 경유에서 넘겨줘야 합니다.

다음으로, linkProgram() 메서드를 이용하여 붙인(attach) 순서로 셰이더를 서로 연결해줍니다. 그리고 useProgram() 메서드로 우리가 만든 셰이더 프로그램 객체를 사용한다고 렌더러에게 알려줍니다.

```
if (!gl.getProgramParameter(shaderProgram, gl.LINK_STATUS)) {
    alert("Could not initialise shaders");
}
```

```
gl.useProgram(shaderProgram);
shaderProgram.vertexPositionAttribute =
        gl.getAttribLocation(shaderProgram, "aVertexPosition");
gl.enableVertexAttribArray(shaderProgram.vertexPositionAttribute);

shaderProgram.pMatrixUniform =
        gl.getUniformLocation(shaderProgram, "uPMatrix");
shaderProgram.mvMatrixUniform =
        gl.getUniformLocation(shaderProgram, "uMVMatrix");
```

gl.LINK_STATUS 파라미터를 넘겨서 셰이더 프로그램 객체가 파라미터를 받아올 준비를 하게 합니다.

WebGL 객체의 getAttributeLocation( ) 메서드로 셰이더 쪽의 aVertexPosition 변수를 자바스크립트 측의 shaderProgram.vertexPositionAttribute와 연결해줍니다. 그리고 enable VertexAttribArray로 이것을 버텍스 배열 형태로 만들어 줍니다. 이렇게 하여 나중에 버텍스 버퍼를 넘길 때 한꺼번에 넘길 수 있도록 합니다.

다음은 행렬을 셰이더 프로그램 객체와 연결해주는 예제입니다. 행렬 생성은 gl-matrix.js 라는 자바스크립트 수학 라이브러리를 사용했습니다. 이것에 대해서는 뒤에서 좀 더 자세히 설명합니다.

```
var mvMatrix = mat4.create();
var pMatrix = mat4.create();

shaderProgram.pMatrixUniform =
        gl.getUniformLocation(shaderProgram, "uPMatrix");
shaderProgram.mvMatrixUniform =
        gl.getUniformLocation(shaderProgram, "uMVMatrix");
```

glmatrix.js에 포함된 mat4.create( )로 0으로 이루어진 4×4 행렬을 만들어줍니다. create( )에 인자로 아무것도 넘겨주지 않으면 단위 행렬(identity)로 만들어집니다.

getUniformLocation( ) 메서드로 셰이더 코드에 있는 변수의 참조 값을 얻어옵니다(자바스크립트에서 만든 mvMatrix, pMatrix 행렬을 전달할 때 필요합니다). WebGL에서는 사실 행렬 객체가 따로 있는 것이 아니고 단순한 16개의 실수형 배열입니다.

셰이더 변수들을 자바스크립트와 연결해주는 initShader() 함수의 전체 소스는 다음과 같습니다.

```
// 종류별로 셰이더를 컴파일해서 셰이더 객체를 반환해주는 함수
/*
    gl : WebGL 객체
    id : 스크립트 태그 엘리먼트의 아이디 값
*/
function getShader(gl, id) {
   var shaderScript = document.getElementById(id);
   if (!shaderScript) {
      return null;
   }

   // 셰이더 소스 부분만 추려 낸다.
   var str = "";
   var k = shaderScript.firstChild;
   while (k) {
      if (k.nodeType == 3) {
         str += k.textContent;
      }
      k = k.nextSibling;
   }

   // 종류별로 셰이더 객체를 만든다.
   var shader;
   if (shaderScript.type == "x-shader/x-fragment") {
      shader = gl.createShader(gl.FRAGMENT_SHADER);
   } else if (shaderScript.type == "x-shader/x-vertex") {
      shader = gl.createShader(gl.VERTEX_SHADER);
   } else {
      return null;
   }

   gl.shaderSource(shader, str);
   gl.compileShader(shader);
```

```
    if (!gl.getShaderParameter(shader, gl.COMPILE_STATUS)) {
        alert(gl.getShaderInfoLog(shader));
        return null;
    }
    return shader;
}

var shaderProgram;

function initShaders() {
    var fragmentShader = getShader(gl, "shader-fs");
    var vertexShader = getShader(gl, "shader-vs");

    shaderProgram = gl.createProgram();
    gl.attachShader(shaderProgram, vertexShader);
    gl.attachShader(shaderProgram, fragmentShader);
    gl.linkProgram(shaderProgram);

    if (!gl.getProgramParameter(shaderProgram, gl.LINK_STATUS)) {
        alert("Could not initialise shaders");
    }

    gl.useProgram(shaderProgram);

    shaderProgram.vertexPositionAttribute =
        gl.getAttribLocation(shaderProgram, "aVertexPosition");
    gl.enableVertexAttribArray
        (shaderProgram.vertexPositionAttribute);

    shaderProgram.pMatrixUniform =
        gl.getUniformLocation(shaderProgram, "uPMatrix");
    shaderProgram.mvMatrixUniform =
        gl.getUniformLocation(shaderProgram, "uMVMatrix");
}

//gl-matrix의 행렬 생성 함수 이용해서 단위 행렬을 만든다.
var mvMatrix = mat4.create();
var pMatrix = mat4.create();

function setMatrixUniforms() {
```

```
    gl.uniformMatrix4fv(shaderProgram.pMatrixUniform,
        false, pMatrix);
    gl.uniformMatrix4fv(shaderProgram.mvMatrixUniform,
        false, mvMatrix);
}
```

setupMatrixUniforms() 함수의 구현 내용을 살펴보면 자바스크립트 측의 프로젝션 변환 행렬 객체인 pMatix가 getUniformLocation() 메서드로 얻어온 셰이더 코드 쪽의 uPMatrix의 참조 값인 shaderProgram.pMatrixUniform을 통해서 uPMatrix에 전달됩니다(uniformMatrix4fv() 메서드 이용). 마찬가지로 월드 뷰 행렬 객체인 mvMatrix도 같은 과정을 거칩니다.

```
pMatrix → shaderProgram.pMatrixUniform → uPMatrix
mvMatrix → shaderProgram.mvMatirxUniform → uMVMatrix
```

2.2 버텍스 버퍼

버텍스(Vertex)는 정점이라는 뜻으로 해석되는데, 일반적으로 3차원 공간상의 점을 말합니다. 이 점들을 서로 연결하는 선이 나오게 됩니다. 이것을 선이라고 합니다. 이 선들을 모아서 도형을 만들게 됩니다. 최소 단위의 도형이 삼각형이 되는데, 이것이 흔히들 말하는 폴리곤입니다.

정점   선   폴리곤

그림 11-3 정점, 선, 폴리곤

WebGL 객체의 createBuffer() 메서드로 정점 버퍼 객체를 만들 수 있습니다. 다음은 중심이 원점인(0,0,0) 삼각형 버퍼를 만드는 소스입니다.

```
var triangleVertexPositionBuffer = gl.createBuffer();
gl.bindBuffer(gl.ARRAY_BUFFER, triangleVertexPositionBuffer);

var vertices = [
    0.0, 1.0, 0.0,
   -1.0, -1.0, 0.0,
    1.0, -1.0, 0.0
];

gl.bufferData(gl.ARRAY_BUFFER, new Float32Array(vertices),
      gl.STATIC_DRAW);
triangleVertexPositionBuffer.itemSize = 3;
triangleVertexPositionBuffer.numItems = 3;
```

vertices는 정점을 정의한 배열입니다. bindBuffer에 gl.ARRAY_BUFFER 인자를 넘겨 주어서 triangleVertexPositionBuffer를 렌더러에 등록시켜 줍니다. bufferData로 버퍼의 내용을 채워 줍니다. 여기서 ARRAY_BUFFER라는 값은 동일하게 주어야 합니다. 한 점은 x, y, z의 3개 데이터로 되어 있기 때문에 itemSize를 3으로 정해 줍니다. 그리고 삼각형은 선이 3개로 이루어져 있기 때문에 numItems도 3으로 정합니다.

3. 렌더링

렌더링을 하려면 먼저 물체를 배치하여야 합니다. 원하는 위치에 물체를 놓고 그릴 수 있어야 합니다. 이런 과정을 수학의 도움을 받아서 수행합니다.

전통 방식의 고정 파이프라인 OpenGL은 행렬이 노출되지 않습니다. 그러나 여기서 사용한 WebGL은 셰이더를 직접 만들어 쓰기 때문에 행렬을 직접 넣어 주는 것도 가능합니다.

일반적으로 많이 쓰이는 Direct 3D 같은 경우 렌더링 과정은 월드 변환, 뷰 변환(카메라 변환), 투영 변환, 뷰 포트 변환 순으로 진행됩니다. OpenGL은 월드 변환과 뷰 변환을 합쳐 모델 뷰 변환이라고 합니다. 물론 이 부분은 버텍스 셰이더에서 얼마든지 바꿔줄 수 있습니다. 고정 파이프라인을 사용하던 시절의 전통적인 방식일 뿐입니다. 변환에 대한 자세한 내용은 3D 그래픽 이론서를 참고 하시기 바랍니다.

```
gl.viewport(0, 0, gl.viewportWidth, gl.viewportHeight);
gl.clear(gl.COLOR_BUFFER_BIT | gl.DEPTH_BUFFER_BIT);

//투영변환행렬만들기
mat4.perspective(pMatrix,45, gl.viewportWidth / gl.viewportHeight,
    0.1, 100.0);

mat4.identity(mvMatrix);
mat4.translate(mvMatrix,mvMatrix, [-1.5, 0.0, -7.0]);

//버텍스 버퍼에 붙이기
gl.bindBuffer(gl.ARRAY_BUFFER, triangleVertexPositionBuffer);

// 셰이더의 aVertexPosition과 연결해준다.
gl.vertexAttribPointer(
   shaderProgram.vertexPositionAttribute,
   triangleVertexPositionBuffer.itemSize,
   gl.FLOAT, false, 0, 0);

setMatrixUniforms();
gl.drawArrays(gl.TRIANGLES, 0, triangleVertexPositionBuffer.numItems);
```

렌더링을 할 때는 맨 처음 뷰 포트 영역을 설정하여 렌더링될 영역을 지정해줍니다. clear() 함수로 화면을 지우는데, 일반적으로 깊이 버퍼와 컬러 값을 모두 지워 줍니다. 인자로 넘겨준 COLOR_BUFFER_BIT는 실제 화면에 보이는 픽셀들을 지워주는 것이고 깊이 버퍼는 픽셀의 우선순위를 매기는 값들을 지워줍니다.

3.1 행렬 다루기

WebGL은 행렬 관련 함수를 전혀 제공하고 있지 않습니다. 따라서 직접 행렬 관련 처리를 코딩해 주어야 하는데, 행렬 관련 연산 처리 작업은 매우 번거로운 작업입니다. 그래서 WebGL에서 사용하기 좋은 glmatrix라는 라이브러리를 가져다 씁니다.

glmatrix

정확한 파일 이름은 gl-matrix.js입니다. 행렬뿐만 아니라 쿼터니온도 지원합니다. 투영 행렬과 뷰 변환 행렬 모델의 변환 행렬을 쉽게 만들 수 있는 함수들을 제공합니다.

URL http://glmatrix.net/

위 주소에서 내려받으실 수 있습니다. 소스는 GitHub에도 공개되어 있으며 MIT 라이선스를 따르고 있습니다.

mat4는 glmatrix의 4×4 행렬 관련 객체입니다. 이 객체를 이용해서 투영 행렬, 단위 행렬 등을 만드실 수 있습니다.

처음에 mat4.create()로 만든 행렬은 모든 원소가 0인 0 행렬입니다. 이 행렬을 perspective() 메서드를 이용해서 원근 투영 행렬로 만들거나 ortho() 메서드를 써서 직교 투영 행렬로 만들 수 있습니다.

perspective() 메서드의 첫 번째 인자는 결과물로 출력할 행렬입니다. 두 번째 인자는 시야각입니다. 시야각이 크면 어안처럼 원근이 과장되어 보이며 시야각이 작으면 현미경으로 보는 것처럼 원근감이 거의 없어집니다. 시야각이 0도가 되면 직교 투영이 됩니다. 세 번째 인자는 화면의 종횡 비율입니다. 화면의 종횡 비율이 맞지 않으면 롱다리 아가씨가 숏다리 오징어 과자처럼 보이기도 합니다. 마지막으로 네 번째와 다섯 번째 인자는 근거리와 원거리 범위 값입니다.

다음으로, 모델 변환과 뷰 변환 행렬을 만들어 주어야 합니다. 뷰 변환은 카메라 변환이라고도 합니다. 여기서는 모델 변환과 뷰 변환 행렬을 하나로 처리했습니다. 즉 카메라 개념이 빠지고 카메라는 항상 원점에서 원점을 바라보는 식으로 구현되었습니다. 따로 카메라를 구현하고 싶으면 lookat() 메서드로 뷰 행렬을 따로 만들어 모델 변환 행렬과 곱하여 사용합니다.

먼저 identity() 메서드로 단위 행렬을 만든 다음, translate() 메서드로 위치 이동 변환 행렬을 만들어 줍니다. translate() 메서드의 세 번째 인자가 모델 뷰 행렬의 이동 값입니다. 여기서 z 값으로 −7.0을 쓴 이유는 앞서 설명한 것처럼 카메라 위치가 원점이기 때문입니다. 만약 0이면 화면에 아무것도 보이지 않습니다. 마치 눈에 붙은 티끌은 볼 수 없는 것과 마찬가지입니다.

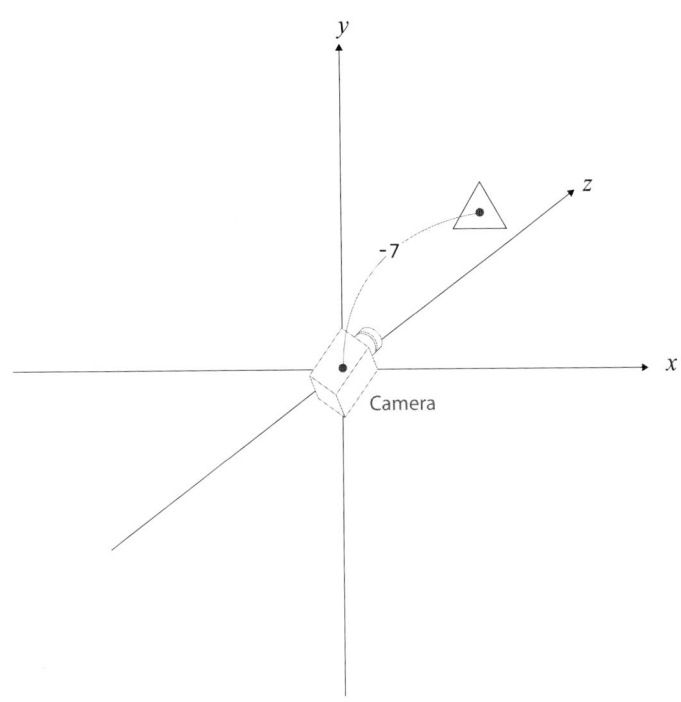

그림 11-4 카메라는 원점에 있고 물체는 −7만큼 떨어져 있는 모양

투영 행렬과 모델 뷰 행렬을 만들어 그것을 버텍스 셰이더에 넘겨주는 함수가 setMatrixUniforms()
입니다.

```
function setMatrixUniforms() {
    gl.uniformMatrix4fv(shaderProgram.pMatrixUniform, false, pMatrix);
    gl.uniformMatrix4fv(shaderProgram.mvMatrixUniform, false, mvMatrix);
}
```

이 과정을 반복적으로 사용해서 여러 개의 물체를 배치할 수도 있습니다.

```
//첫번째
mat4.identity(mvMatrix);
```

```
mat4.translate(mvMatrix,mvMatrix, [1, 0.0, -10.0]);

gl.bindBuffer(gl.ARRAY_BUFFER, triangleVertexPositionBuffer);
gl.vertexAttribPointer(shaderProgram.vertexPositionAttribute,
    triangleVertexPositionBuffer.itemSize, gl.FLOAT, false, 0, 0);
setMatrixUniforms();
gl.drawArrays(gl.TRIANGLES, 0,
    triangleVertexPositionBuffer.numItems);

//두번째삼각형
mat4.identity(mvMatrix);
mat4.translate(mvMatrix,mvMatrix, [-1.0, 0.0, -10.0]);
gl.bindBuffer(gl.ARRAY_BUFFER, triangleVertexPositionBuffer);
gl.vertexAttribPointer(shaderProgram.vertexPositionAttribute,
    triangleVertexPositionBuffer.itemSize, gl.FLOAT, false, 0, 0);
setMatrixUniforms();
gl.drawArrays(gl.TRIANGLES, 0,
    triangleVertexPositionBuffer.numItems);

//세번째삼각형
mat4.identity(mvMatrix);
mat4.translate(mvMatrix,mvMatrix, [0.0, 1.0, -10.0]);      //이동 변환
mat4.rotateZ(mvMatrix,mvMatrix, (3.14/180) * 180 );        //회전변환

//위의 결과로 이동한후 물체가 회전하는 순서로 변환된다.
//만약 순서가 뒤바뀌면 결과 값이 달라진다.
gl.bindBuffer(gl.ARRAY_BUFFER, triangleVertexPositionBuffer);
gl.vertexAttribPointer(shaderProgram.vertexPositionAttribute,
triangleVertexPositionBuffer.itemSize, gl.FLOAT, false, 0, 0);
setMatrixUniforms();
gl.drawArrays(gl.TRIANGLES, 0,
    triangleVertexPositionBuffer.numItems);
```

앞의 소스는 하나의 triangleVertexPositionBuffer를 재활용해서 3개의 삼각형을 각각 다른 위치와 회전 값을 가지게 해서 화면을 구성한 예제입니다. 같은 정점 버퍼를 쓰지만, 정면 버퍼가 그래픽 디바이스를 통해서 화면에 그려질 때 셰이더 쪽에서 변환 행렬을 적용해서 서로 다른 위치에 삼각형을 출력했습니다. mvMatrix를 gl_matrix.js 라이브러리의 identity로 일단 단위 행렬로 만들어 기존에 있던 변환 정보를 초기화합니다. 그리고 translate(), rotateZ() 메서드로 원하는 이동

과 회전 변환을 차례로 적용시켜줍니다(항상 회전 앞서 이동을 해야 함). 이렇게 하면 mvMatrix에는 원하는 위치와 회전 값이 들어가 있는 행렬이 됩니다. 그다음에 setMatrixUniforms() 함수를 호출하면 위에서 설명한 대로 자바스크립트에서 만든 행렬 객체(mvMatrix)가 그대로 셰이더 측의 uMVMatirx 값으로 넘어가서 변환이 적용됩니다. 이 과정을 3번 반복하여 서로 다른 위치에 3개의 삼각형을 출력하는 것입니다.

다음은 지금까지의 내용을 구현한 전체 예제입니다.

예제 11-2

```html
<html>
<head>
    <meta charset="utf-8" />
    <title> WebGL basic </title>
    <script type="text/javascript"
            src="../libs/gbox3d/gl-matrix.js"></script>
    <script id="shader-fs" type="x-shader/x-fragment">
    precision mediump float;
    void main(void) {
        gl_FragColor = vec4(1.0, 1.0, 1.0, 1.0);
    }
    </script>
    <script id="shader-vs" type="x-shader/x-vertex">
        attribute vec3 aVertexPosition;
        uniform mat4 uMVMatrix;
        uniform mat4 uPMatrix;
        void main(void) {
            gl_Position = uPMatrix * uMVMatrix * vec4(aVertexPosition, 1.0);
        }
    </script>
</head>
<body>
<canvas id="lesson01-canvas" style="border: none;"
        width="500" height="500"></canvas>
<script type="text/javascript">
    var gl;
    function initGL(canvas) {
        try {
            gl = canvas.getContext("webgl");
```

```
            gl.viewportWidth = canvas.width;
            gl.viewportHeight = canvas.height;
        } catch (e) {
        }
        if (!gl) {
            alert("Could not initialise WebGL, sorry :-(");
        }
    }

function getShader(gl, id) {
    var shaderScript = document.getElementById(id);
    if (!shaderScript) {
        return null;
    }

    var str = "";
    var k = shaderScript.firstChild;
    while (k) {
        if (k.nodeType == 3) {
            str += k.textContent;
        }
        k = k.nextSibling;
    }

    var shader;
    if (shaderScript.type == "x-shader/x-fragment") {
        shader = gl.createShader(gl.FRAGMENT_SHADER);
    } else if (shaderScript.type == "x-shader/x-vertex") {
        shader = gl.createShader(gl.VERTEX_SHADER);
    } else {
        return null;
    }

    gl.shaderSource(shader, str);
    gl.compileShader(shader);

    if (!gl.getShaderParameter(shader, gl.COMPILE_STATUS)) {
        alert(gl.getShaderInfoLog(shader));
        return null;
    }
```

```
      return shader;
}

var shaderProgram;

function initShaders() {
    var fragmentShader = getShader(gl, "shader-fs");
    var vertexShader = getShader(gl, "shader-vs");
    shaderProgram = gl.createProgram();
    gl.attachShader(shaderProgram, vertexShader);
    gl.attachShader(shaderProgram, fragmentShader);
    gl.linkProgram(shaderProgram);

    if (!gl.getProgramParameter(shaderProgram, gl.LINK_STATUS)) {
        alert("Could not initialise shaders");
    }

    gl.useProgram(shaderProgram);
    shaderProgram.vertexPositionAttribute =
        gl.getAttribLocation(shaderProgram, "aVertexPosition");
    gl.enableVertexAttribArray
        (shaderProgram.vertexPositionAttribute);

    shaderProgram.pMatrixUniform =
        gl.getUniformLocation(shaderProgram, "uPMatrix");
    shaderProgram.mvMatrixUniform =
        gl.getUniformLocation(shaderProgram, "uMVMatrix");
}

var mvMatrix = mat4.create();
var pMatrix = mat4.create();

function setMatrixUniforms() {
    gl.uniformMatrix4fv(shaderProgram.pMatrixUniform,
        false, pMatrix);
    gl.uniformMatrix4fv(shaderProgram.mvMatrixUniform,
        false, mvMatrix);
}

var triangleVertexPositionBuffer;
```

```
// var squareVertexPositionBuffer;

function initBuffers() {
    triangleVertexPositionBuffer = gl.createBuffer();
    gl.bindBuffer(gl.ARRAY_BUFFER, triangleVertexPositionBuffer);
    var vertices = [
        0.0, 1.0, 0.0,
        -1.0, -1.0, 0.0,
        1.0, -1.0, 0.0
    ];
    gl.bufferData(gl.ARRAY_BUFFER, new Float32Array(vertices),
        gl.STATIC_DRAW);
    triangleVertexPositionBuffer.itemSize = 3;
    triangleVertexPositionBuffer.numItems = 3;
}


function drawScene() {
    gl.viewport(0, 0, gl.viewportWidth, gl.viewportHeight);
    gl.clear(gl.COLOR_BUFFER_BIT | gl.DEPTH_BUFFER_BIT);

    mat4.perspective(pMatrix,45,
        gl.viewportWidth / gl.viewportHeight, 0.1, 100.0);

    mat4.identity(mvMatrix);
    mat4.translate(mvMatrix,mvMatrix, [1, 0.0, -10.0]);

    gl.bindBuffer(gl.ARRAY_BUFFER, triangleVertexPositionBuffer);
    gl.vertexAttribPointer(shaderProgram.vertexPositionAttribute,
        triangleVertexPositionBuffer.itemSize,
        gl.FLOAT, false, 0, 0);
    setMatrixUniforms();
    gl.drawArrays(gl.TRIANGLES, 0,
        triangleVertexPositionBuffer.numItems);

    //두 번째 삼각형
    mat4.identity(mvMatrix);
    mat4.translate(mvMatrix,mvMatrix, [-1.0, 0.0, -10.0]);
    gl.bindBuffer(gl.ARRAY_BUFFER, triangleVertexPositionBuffer);
    gl.vertexAttribPointer(shaderProgram.vertexPositionAttribute,
```

```
            triangleVertexPositionBuffer.itemSize,
            gl.FLOAT, false, 0, 0);
        setMatrixUniforms();
        gl.drawArrays(gl.TRIANGLES, 0,
            triangleVertexPositionBuffer.numItems);


        //세번째삼각형
        mat4.identity(mvMatrix);
        //먼저이동시킨후
        mat4.translate(mvMatrix,mvMatrix, [0.0, 1.0, -10.0]);
        //이동후에회전하기
        mat4.rotateZ(mvMatrix,mvMatrix, (3.14/180) * 180 );

        gl.bindBuffer(gl.ARRAY_BUFFER, triangleVertexPositionBuffer);
        gl.vertexAttribPointer(shaderProgram.vertexPositionAttribute,
            triangleVertexPositionBuffer.itemSize,
            gl.FLOAT, false, 0, 0);
        setMatrixUniforms();
        gl.drawArrays(gl.TRIANGLES, 0,
            triangleVertexPositionBuffer.numItems);
    }


    function WebGLStart() {
        var canvas = document.getElementById("lesson01-canvas");
        initGL(canvas);
        initShaders();
        initBuffers();

        gl.clearColor(0.0, 0.0, 0.0, 1.0);
        gl.enable(gl.DEPTH_TEST);
        drawScene();
    }
    WebGLStart();
</script>
</body>
</html>
```

위와 같이 해서 행렬을 이용해서 같은 모양을 가진 물체를 여러 번 다른 위치에 그려보았습니다.
폴리곤을 여러 개 모아 놓은 것을 메시(Mesh)라고 합니다. 메시 하나는 수많은 정점과 정점 사이를 이어주는 인덱스 정보들을 가져야 하므로 메모리를 많이 차지합니다. 행렬을 사용하지 않으면 같은 모양의 물체라도 위치가 바뀌면 매번 메시를 다시 만들어 메모리에 올려주어야 합니다. 그래서 대부분의 게임 엔진들은 메시를 리소스에 넣어서 공통으로 사용하고 거기에 행렬을 붙여서 3D 객체로 만든 다음 트리 구조를 사용하는 장면 관리자에 넣어서 장면을 관리합니다.

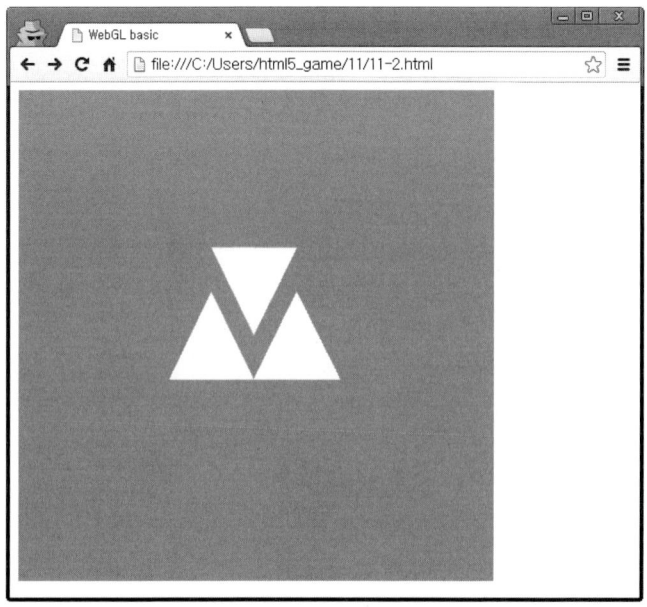

그림 11-5 실행 결과

4. 프래그먼트 셰이더 응용하여 색상 바꾸기

픽셀 셰이더라고도 하지만 OpenGL 계열에서는 일반적으로 프래그먼트 셰이더(Fragment Shader)라고 합니다. 다음은 가장 단순한 프래그먼트 셰이더 코드의 예입니다.

```
<script id="shader-fs" type="x-shader/x-fragment">
    precision mediump float;
```

```
    void main(void) {
        gl_FragColor = vec4(1.0, 1.0, 1.0, 1.0);
    }
</script>
```

gl_FragColor는 앞서 다루었던 버텍스 셰이더의 gl_Position처럼 예약된 변수입니다. 최종적으로 출력될 컬러 값을 정해줍니다. vec4는 원래 x, y, z, w이지만 여기서는 RGBA 순서의 형식으로 컬러 값을 넣어 줄 수 있습니다. 여기서는 모두 1이므로 불투명한 흰색이 됩니다.

```
<script id="shader-fs" type="x-shader/x-fragment">
    precision mediump float;
    varying vec4 vColor;

    void main(void) {
        gl_FragColor = vColor;
    }
</script>
```

위 소스는 고정된 컬러 값이 이전 단계(버텍스 셰이더)에서 받아온 vColor 값을 가지고 픽셀의 컬러 값으로 넣어 줍니다.

```
<script id="shader-vs" type="x-shader/x-vertex">
    attribute vec3 aVertexPosition;
    attribute vec4 aVertexColor;

    uniform mat4 uMVMatrix;
    uniform mat4 uPMatrix;

    varying vec4 vColor;

    void main(void) {
        gl_Position = uPMatrix * uMVMatrix
            * vec4(aVertexPosition, 1.0);
        vColor = aVertexColor;
    }
</script>
```

프래그먼트 셰이더에 값을 자바스크립트에서 넣어 줄 수 없으므로 위와 같이 버텍스 셰이더를 통해서 값을 넘겨 주게 됩니다.

변수 선언 앞에서 varying 키워드를 사용하면 변수를 다음 단계 파이프라인으로 전달하라는 뜻입니다. 그림 11-5에서 처럼 자바 스크립트에서 처음 넘어오는 단계가 버텍스 셰이더입니다.

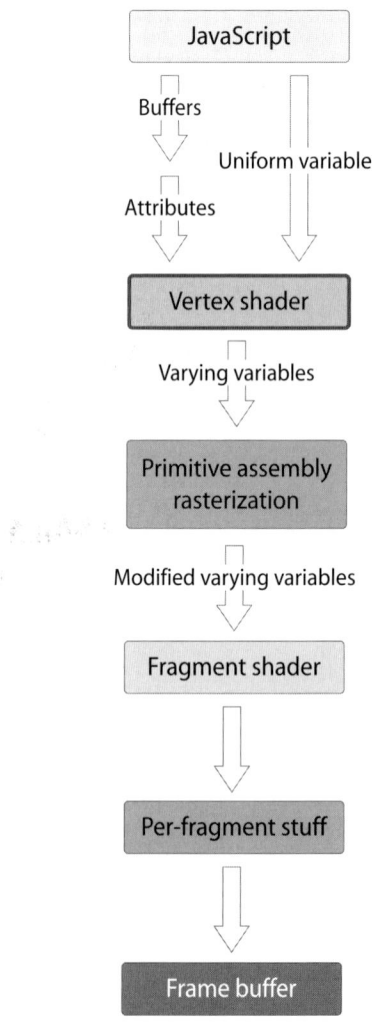

그림 11-6 버텍스 셰이더 단계

버텍스 버퍼를 셰이더에 넘겨주기 위해서 자바스크립트 변수를 연결했던 것과 똑같은 방법으로 버텍스 컬러 값이 담길 변수도 연결해줍니다.

```
shaderProgram.vertexColorAttribute =
    gl.getAttribLocation(shaderProgram, "aVertexColor");
gl.enableVertexAttribArray(shaderProgram.vertexColorAttribute);
```

버텍스 셰이더에서 attribute vec3 aVertexColor; 로 선언된 것을 자바 스크립트 단의 변수인 shaderProgram.vertexColorAttribute에 연결합니다.

```
triangleVertexColorBuffer = gl.createBuffer();
gl.bindBuffer(gl.ARRAY_BUFFER, triangleVertexColorBuffer);
var colors = [
    1.0, 0.0, 0.0, 1.0,
    0.0, 1.0, 0.0, 1.0,
    0.0, 0.0, 1.0, 1.0
];

gl.bufferData(gl.ARRAY_BUFFER, new Float32Array(colors),
    gl.STATIC_DRAW);
triangleVertexColorBuffer.itemSize = 4;
triangleVertexColorBuffer.numItems = 3;
```

createBuffer( ) 메서드로 버텍스 컬러 버퍼를 만들어서 trangleVertexColorBuffer 변수에 넣어 줍니다. bindBuffer( ) 메서드로 연결할 자바 스크립트 변수를 지정하고 bufferData( ) 메서드로 만들어진 버퍼를 셰이더가 사용하는 메모리에 연결해줍니다.

```
//버텍스 버퍼
gl.bindBuffer(gl.ARRAY_BUFFER, triangleVertexPositionBuffer);
gl.vertexAttribPointer(shaderProgram.vertexPositionAttribute,
    triangleVertexPositionBuffer.itemSize,
    gl.FLOAT, false, 0, 0);

//버텍스 컬러 버퍼
```

```
gl.bindBuffer(gl.ARRAY_BUFFER, triangleVertexColorBuffer);
gl.vertexAttribPointer(shaderProgram.vertexColorAttribute,
    triangleVertexColorBuffer.itemSize,
    gl.FLOAT, false, 0, 0);
```

렌더링할 때는 위와 같이 버텍스 버퍼와 버텍스 컬러 버퍼를 차례로 셰이더 쪽으로 넘겨 줍니다. 마찬가지로 bindBuffer() 메서드로 넘겨줄 변수를 선택하고 vertexAttribPointer() 메서드의 첫 번째 인자로 셰이더측 변숫값을 지정하고 두 번째 인자로 배열 원소의 크기를 지정하면 bindBuffer() 메서드로 마지막에 지정했던 버퍼가 셰이더 쪽으로 넘어가게 됩니다.

위와 같이 하면 aVertexPosition에는 버텍스 좌표값이, aVertexColor에는 버텍스 컬러 값이 전달됩니다.

지금까지의 설명을 하나의 예제로 정리한 것이 다음 소스 코드입니다.

예제 | 11-3

```
<!DOCTYPE html>
<html lang="ko">
<head>
    <title>WebGL sample 3 vertex color</title>
    <meta charset="utf-8" />
    <script type="text/javascript"
            src="../libs/gbox3d/gl-matrix.js"></script>
    <script id="shader-fs" type="x-shader/x-fragment">
        precision mediump float;
        varying vec4 vColor;
        void main(void) {
            gl_FragColor = vColor;
        }
    </script>
    <script id="shader-vs" type="x-shader/x-vertex">
        attribute vec3 aVertexPosition;
        attribute vec4 aVertexColor;

        uniform mat4 uMVMatrix;
        uniform mat4 uPMatrix;
        varying vec4 vColor;
```

```
        void main(void) {
            gl_Position =
                uPMatrix * uMVMatrix * vec4(aVertexPosition, 1.0);
            vColor = aVertexColor;
        }
    </script>
</head>
<body>
<canvas id="canvas-WebGL" style="border: none;"
        width="500" height="500"></canvas>

<script type="text/javascript">
    var gl;
    function initGL(canvas) {
        try {
            gl = canvas.getContext("webgl");
            gl.viewportWidth = canvas.width;
            gl.viewportHeight = canvas.height;
        } catch (e) {
        }
        if (!gl) {
            alert("죄송합니다. WebGL을 초기화할수없습니다. :-(");
        }
    }

    function getShader(gl, id) {
        var shaderScript = document.getElementById(id);
        if (!shaderScript) {
            return null;
        }

        var str = "";
        var k = shaderScript.firstChild;
        while (k) {
            if (k.nodeType == 3) {
                str += k.textContent;
            }
            k = k.nextSibling;
        }
```

```javascript
    var shader;
    if (shaderScript.type == "x-shader/x-fragment") {
        shader = gl.createShader(gl.FRAGMENT_SHADER);
    } else if (shaderScript.type == "x-shader/x-vertex") {
        shader = gl.createShader(gl.VERTEX_SHADER);
    } else {
        return null;
    }

    gl.shaderSource(shader, str);
    gl.compileShader(shader);

    if (!gl.getShaderParameter(shader, gl.COMPILE_STATUS)) {
        alert(gl.getShaderInfoLog(shader));
        return null;
    }
    return shader;
}

var shaderProgram;

function initShaders() {
    //getShader에서 컴파일된 셰이더 객체를 넘겨받습니다.
    var fragmentShader = getShader(gl, "shader-fs");
    var vertexShader = getShader(gl, "shader-vs");

    //셰이더 객체를 vs -> fs 순서로 연결해줍니다.
    shaderProgram = gl.createProgram();
    gl.attachShader(shaderProgram, vertexShader);
    gl.attachShader(shaderProgram, fragmentShader);
    gl.linkProgram(shaderProgram);

    if (!gl.getProgramParameter(shaderProgram, gl.LINK_STATUS)) {
        alert("Could not initialise shaders");
    }

    gl.useProgram(shaderProgram);

    shaderProgram.vertexPositionAttribute =
        gl.getAttribLocation(shaderProgram, "aVertexPosition");
```

```
  gl.enableVertexAttribArray
      (shaderProgram.vertexPositionAttribute);

  shaderProgram.vertexColorAttribute =
        gl.getAttribLocation(shaderProgram, "aVertexColor");
  gl.enableVertexAttribArray(shaderProgram.vertexColorAttribute);

  shaderProgram.pMatrixUniform =
        gl.getUniformLocation(shaderProgram, "uPMatrix");
  shaderProgram.mvMatrixUniform =
        gl.getUniformLocation(shaderProgram, "uMVMatrix");
}

var mvMatrix = mat4.create();
var pMatrix = mat4.create();

function setMatrixUniforms() {
  gl.uniformMatrix4fv(shaderProgram.pMatrixUniform,
        false, pMatrix);
  gl.uniformMatrix4fv(shaderProgram.mvMatrixUniform,
        false, mvMatrix);
}

var triangleVertexPositionBuffer;
var triangleVertexColorBuffer;
var squareVertexPositionBuffer;
var squareVertexColorBuffer;

function initBuffers() {
  triangleVertexPositionBuffer = gl.createBuffer();
  gl.bindBuffer(gl.ARRAY_BUFFER, triangleVertexPositionBuffer);
  var vertices = [
     0.0,  1.0,  0.0,
    -1.0, -1.0,  0.0,
     1.0, -1.0,  0.0
  ];
  gl.bufferData(gl.ARRAY_BUFFER, new Float32Array(vertices),
        gl.STATIC_DRAW);
  triangleVertexPositionBuffer.itemSize = 3;
  triangleVertexPositionBuffer.numItems = 3;
```

```
        triangleVertexColorBuffer = gl.createBuffer();
        gl.bindBuffer(gl.ARRAY_BUFFER, triangleVertexColorBuffer);
        var colors = [
            1.0, 0.0, 0.0, 1.0,
            0.0, 1.0, 0.0, 1.0,
            0.0, 0.0, 1.0, 1.0
        ];

        gl.bufferData(gl.ARRAY_BUFFER, new Float32Array(colors),
            gl.STATIC_DRAW);
        triangleVertexColorBuffer.itemSize = 4;
        triangleVertexColorBuffer.numItems = 3;
    }

function drawScene() {
    gl.viewport(0, 0, gl.viewportWidth, gl.viewportHeight);
    gl.clear(gl.COLOR_BUFFER_BIT | gl.DEPTH_BUFFER_BIT);

    mat4.perspective(pMatrix,45,
        gl.viewportWidth / gl.viewportHeight, 0.1, 100.0);
    mat4.identity(mvMatrix);
    mat4.translate(mvMatrix,mvMatrix, [-1.5, 0.0, -7.0]);

    gl.bindBuffer(gl.ARRAY_BUFFER, triangleVertexPositionBuffer);
    gl.vertexAttribPointer(shaderProgram.vertexPositionAttribute,
        triangleVertexPositionBuffer.itemSize,
        gl.FLOAT, false, 0, 0);

    gl.bindBuffer(gl.ARRAY_BUFFER, triangleVertexColorBuffer);
    gl.vertexAttribPointer(shaderProgram.vertexColorAttribute,
        triangleVertexColorBuffer.itemSize,
        gl.FLOAT, false, 0, 0);

    setMatrixUniforms();
    gl.drawArrays(gl.TRIANGLES, 0,
        triangleVertexPositionBuffer.numItems);
}

function WebGLStart() {
```

```
        var canvas = document.getElementById("canvas-WebGL");
        initGL(canvas);
        initShaders();
        initBuffers();
        gl.clearColor(0.0, 0.0, 0.0, 1.0);
        gl.enable(gl.DEPTH_TEST);
        drawScene();
    }
    WebGLStart();
</script>
</body>
</html>
```

3차원 좌표계 (−1.5, 0, 7) 위치에 각각의 모서리가 서로 다른 색으로 그러데이션이 그려진 삼각형
이 나옵니다. 그러데이션은 하드웨어 가속을 받아서 수행되기 때문에 웹에서도 전혀 성능이 떨어
지지 않습니다.

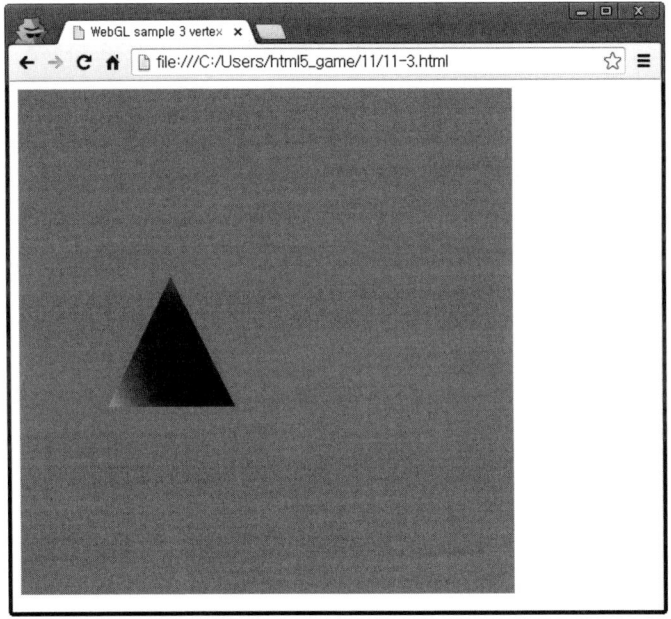

그림 11-7 실행 결과

지금까지 WebGL에 관해 아주 기초적인 내용을 살펴보았습니다. 버텍스 셰이더와 프래그먼트 셰이더를 이용하는 가장 기본적인 예제를 다뤄 보았습니다. 물론 처음부터 셰이더가 나와서 좀 어려웠을 수도 있습니다만 오히려 이번 기회에 셰이더 개념을 익혀 두시면 플랫폼에 무관하게 공통으로 사용되는 기술이므로 공부하는 데 도움이 많이 되리라 생각합니다.

제 12 장

three.js

Chapter 12

1. 좀 더 쉬운 WebGL

지금까지 배운 WebGL만 가지고도 충분히 웹 3D 그래픽을 구현할 수 있지만, 그렇게 한다면 때로는 매우 고된 작업이 될 수도 있습니다. 왜냐하면, WebGL은 저 레벨 수준의 API만 제공하므로 순수하게 WebGL만 쓴다면 마치 기계어로 프로그래밍하는 것과 별반 다를 게 없는 상황이기 때문입니다. 따라서 이미 개발된 엔진을 사용하고자 합니다. 몇 가지 WebGL 기반으로 개발되었고 또한 오픈소스 프로젝트가 있는데, 그중에서 가장 대중적으로 널리 쓰이는 엔진이 바로 three.js라는 엔진입니다.

URL `http://threejs.org/`

이곳이 정식 홈페이지이고 GitHub(https://github.com/mrdoob/three.js/)를 통해서도 소스를 내려받을 수 있습니다. 소스 공개는 MIT 라이선스를 따르고 있습니다.

three.js는 웹 렌더링 엔진이기 때문에 WebGL 렌더러 뿐만 아니라 캔버스, CSS 3D, SVG 등의 렌더러도 이미 지원하거나 지원할 예정입니다.

1.1 CanvasRenderer 객체

다음은 와이어 프레임으로 된 간단한 육면체를 화면에 띄우는 예제 일부입니다.

```
camera = new THREE.PerspectiveCamera( 75, window.innerWidth / window.
innerHeight, 1, 10000 );
camera.position.z = 1000;
scene = new THREE.Scene();
geometry = new THREE.CubeGeometry( 200, 200, 200 );
material = new THREE.MeshBasicMaterial(
        { color: 0xff0000, wireframe: true } );
mesh = new THREE.Mesh( geometry, material );
scene.add( mesh );
```

three.js로 화면에 무언가를 보여주려면 카메라(Camera), 장면(Scene), 렌더러(Renderer)가 필요합니다.

먼저 카메라를 세팅하는 방법입니다.

일단 WebGL을 사용한 예제에서는 따로 카메라 개념 없이 모델 변환과 뷰 변환 행렬이 합친 것을 사용했는데, three.js에서는 카메라를 따로 관리할 수 있는 카메라 객체와 모델 변환을 통합해서 관리해주는 Scene 객체를 제공합니다. 이 객체로 장면들을 통합적으로 관리할 수 있습니다. 내부 자료 구현은 트리 형태로 되어 있기 때문에 계층적으로 장면을 구성할 수 있습니다. three.js에서 Scene 객체는 장면 관리자 역할을 합니다.

new THREE.PerspectiveCamera()로 원근 카메라 객체를 생성합니다.

예제에서 첫 번째 인자로 넣어준 75는 시야각입니다. 시야각이 크면 클수록 사물의 왜곡이 심해집니다. 다시 말하면 가까운 물체는 아주 크고 멀리 있는 물체는 아주 작아 보입니다. 반대로 시야각이 작으면 원근감이 적어집니다. 만약 시야각이 0이라면 CAD 도면처럼 원근감이 전혀 없는 모양이 됩니다.

두 번째 인자는 화면의 종횡 비율입니다. 이 값은 실제 모니터의 종횡 비율과 맞아야 합니다. 일반적으로 요즘 나오는 와이드 모니터는 16:9 비율이 많습니다. 여기서는 직접 브라우저 창의 크기를 얻어와서 가로÷세로(innerWidth/innerHeight)해서 얻은 값을 사용했습니다.

세 번째와 네 번째 인자는 각각 근거리 시야와 원거리 시야 범위입니다. 시야의 범위가 넓으면 더욱더 큰 영역을 렌더링할 수 있지만, Z-buffer 메모리를 많이 사용하게 됩니다. 그래서 하드웨어 한계 이상으로 넓어지면 근접한 두 물체의 원근 표현에 오류가 발생할 수 있습니다. 예를 들면 관찰자의 위치에서 가까운 물체가 멀리 있는 물체를 가려야 하지만 그렇게 하지 못하는 경우가 발생합니다. 하드웨어 사양에 따라 적절하게 값을 조정하거나 광활한 대지를 꼭 표현해야 할 경우 안개나 어둠을 표현하여 먼 곳이 어색하게 잘리는 현상을 가려줘야 합니다.

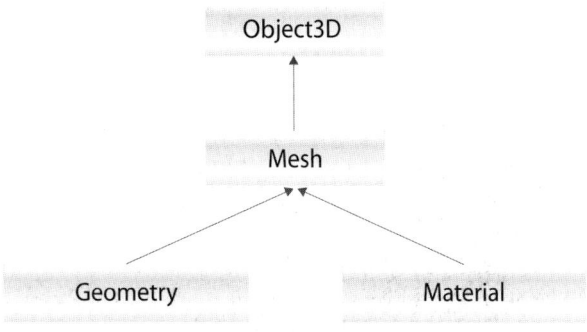

그림 12-1 Object3d 상속 관계도

두 번째로 장면 관리는 Scene 객체에서 맡아서 하고 있습니다.

이전에 설명했던 것처럼 Scene은 여러 개의 Object3D를 관리해주는 객체입니다. Object3D에서 상속받은 Mesh 객체는 geometry 객체와 material 객체를 가지고 만들어 줍니다. (그림 12-1 참고) 그리고 Scene.add() 메서드로 Mesh 객체를 장면에 추가합니다.

다음은 렌더러를 세팅하는 과정입니다.

```
renderer = new THREE.CanvasRenderer();
renderer.setSize( window.innerWidth, window.innerHeight );
document.body.appendChild( renderer.domElement );
```

new THREE.CanvasRender()로 캔버스 렌더러를 생성합니다. 캔버스 렌더러를 사용하면 하드웨어 가속을 지원하지 않는 모바일 기기에서도 느리지만 동작하므로 실행 결과는 확인해볼 수 있습니다.

렌더러의 setSize() 메서드로 전체 렌더링될 화면의 크기를 정해줍니다. 만약 중간에 화면 크기가 바뀌면 setSize() 메서드로 다시 지정해 줄 수 있습니다. 그렇지만, 이렇게 하면 투영 행렬이나 화면 비율은 재조정되지 않습니다. 그것까지 재조정하려면 카메라도 재설정해주어야 합니다. 관련 내용은 다음 예제에서 자세히 살펴보도록 하겠습니다.

렌더러의 domElement를 원하는 태그에 붙여 화면을 구성할 수 있습니다. 여기서는 전체 화면으로 구성할 것이기 때문에 〈body〉에 붙였습니다.

다음은 지금까지 설명한 내용을 적용한 전체 소스 코드입니다.

예제 | 12-1 canvas.html

```html
<!DOCTYPE html>
<html>
<head>
   <title>three.js first sample</title>
   <script src="../libs/three.js/three.js"></script>
</head>
<body>
<script>
   var camera, scene, renderer;
   var geometry, material, mesh;
   init();
   animate();
   function init() {
      camera = new THREE.PerspectiveCamera( 75,
            window.innerWidth / window.innerHeight, 1, 10000 );
      camera.position.z = 1000;
      scene = new THREE.Scene();
      geometry = new THREE.CubeGeometry( 200, 200, 200 );
      material = new THREE.MeshBasicMaterial(
            { color: 0xff0000, wireframe: true } );
      mesh = new THREE.Mesh( geometry, material );
      scene.add( mesh );

      renderer = new THREE.CanvasRenderer();
      renderer.setSize( window.innerWidth, window.innerHeight );
      document.body.appendChild( renderer.domElement );
   }

   function animate() {
      // note: three.js includes requestAnimationFrame shim
      requestAnimationFrame( animate );
      mesh.rotation.x += 0.01;
      mesh.rotation.y += 0.02;
```

```
            renderer.render( scene, camera );
    }
</script>
</body>
</html>
```

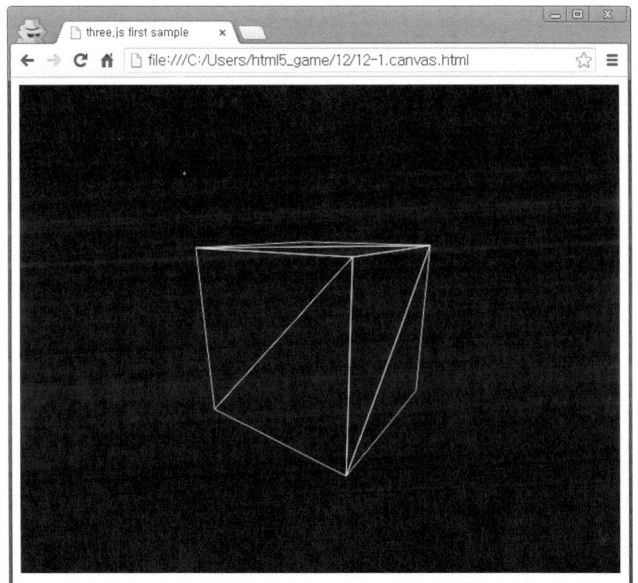

그림 12-2 실행 결과

1.2 WebGLRenderer 객체

THREE.WebglRenderer 객체를 이용해서 WebGL 렌더러를 만들 수 있습니다. 생성 시 사용되는 주요 파라미터는 다음과 같습니다.

- **canvas**   렌더러가 사용하게 될 캔버스 객체를 지정합니다.

- **precision**   셰이더의 정확도를 정합니다. highp, mediump, lowp 중 하나가 올 수 있습니다.

- **alpha**   렌더러 전체 알파 효과 여부를 정합니다. 기본값은 true입니다. 알파 값이 적용되면 여러 개의 렌더러를 겹쳐서 보이게 할 수 있습니다.

- antialias — 픽셀을 뭉개서 부드럽게 보이게 하는 옵션입니다. 기본값은 true입니다.

- stencil — 스텐실 버퍼 활성화 여부를 정합니다. 기본값은 true입니다.

- clearColor — 화면 갱신 시에 사용하는 클리어 컬러를 지정합니다. 기본값은 0x0000000, 검은색입니다. 정수형 데이터 값입니다.

- clearAlpha — 클리어 컬러 값과 같이 사용되는 알파 값입니다. 기본값은 0이고 실수형 값입니다.

- maxLight — 최대 조명 개수를 지정합니다. 기본값은 4입니다. 많을수록 연산이 느려집니다.

다음은 화면을 회색으로 클리어해주는 예제입니다.

```
var renderer = new THREE.WebGLRenderer({
    clearAlpha : 1.0,
    clearColor : 0xbbbbbb
});

//창크기
renderer.setSize(320,240);

//윈도우영역지정
document.getElementById('container')
        .appendChild(renderer.domElement);
```

창 모드처럼 일부 영역을 골라서 렌더 영역으로 지정할 수 있습니다. setSize() 메서드로 창 크기를 지정하고 해당 태그 엘리먼트에 domElement를 appendChild() 메서드로 붙여 줍니다.

```
<div id="container" style="width: 320px;height: 240px;" ></div>
```

태그 엘리먼트의 예입니다. style 속성으로 넓이와 높이를 정했습니다. 만약 style로 크기를 정하지 않으면 화면이 잘려서 아무것도 보이지 않습니다.

 **렌더링 루프**

render( ) 메서드로 최종적으로 렌더링하는데, 실시간 렌더러의 경우는 매번 렌더링을 반복적으로 새로 해주어야 합니다. 그래서 렌더링 루프가 필요합니다.

```
var render = function () {
    requestAnimationFrame(render);
    cube.rotation.x += 0.1;
    cube.rotation.y += 0.1;
    renderer.render(scene, camera);
    };
render();
```

requestAnimationFram 객체를 사용해서 비동기적인 무한 루프를 구현합니다. 이 함수는 화면이 갱신되는 시점에서 호출됩니다. 시스템에 따라서 정해진 프레임 수 맞추어 호출되는 것이 일반적입니다.

한 가지 알아 두셔야 할 것은 이 타이밍이 웹킷 내부적으로 DOM을 한 번씩 업데이트하는데, 그것과는 일치하지 않는다는 점입니다.

환경에 따라서 이 함수가 구현되지 않는 것들도 있습니다. 이때는 setTimeout( ) 메서드로 대신해 줍니다.

```
(function() {
    var requestAnimationFrame = window.requestAnimationFrame ||
                    window.mozRequestAnimationFrame ||
                    window.webkitRequestAnimationFrame ||
                    window.msRequestAnimationFrame
                    || function(callback)
    {
        //60 fps.
        window.setTimeout(callback, 1000 / 60);
    };
    window.requestAnimationFrame = requestAnimationFrame;
})();
```

위 소스는 플랫폼별로 requestAnimationFrame 구현 여부를 검사하고 구현되어 있지 않으면 타이머로 대신합니다.

지금까지 설명한 내용을 적용한 전체 소스는 다음과 같습니다.

예제 | 12-2 webgl.html

```
<!DOCTYPE html>
<html>
<head>
    <title>theejs sample : webgl renderer</title>
    <script src="../libs/three.js/three.js"></script>
</head>
<body>
<div id="container" style="width: 320px;height: 240px;" ></div>
<script>
    //장면 객체 생성
    var scene = new THREE.Scene();
    //투영 행렬 값 지정
    var camera = new THREE.PerspectiveCamera(75, 320/240, 0.1, 1000);
    //렌더러 세팅
    var renderer = new THREE.WebGLRenderer({
        clearAlpha : 1.0,
        clearColor : 0xbbbbbb
    });
    //창 크기
    renderer.setSize(320,240);
    //윈도우 지정
    document.getElementById('container')
            .appendChild(renderer.domElement);

    //지오메트리 객체 만들기
    var geometry = new THREE.CubeGeometry(1,1,1);
    var material = new THREE.MeshBasicMaterial({color: 0x00ff00});
    var cube = new THREE.Mesh(geometry, material);
    scene.add(cube);
    camera.position.z = 5;

    var render = function () {
        requestAnimationFrame(render);
        cube.rotation.x += 0.1;
        cube.rotation.y += 0.1;
        renderer.render(scene, camera);
```

```
    };
    render();
</script>
</body>
</html>
```

그림 12-3 실행 결과

2. 지오메트리(Geometry)

2.1 정점을 직접 넣어 지오메트리 만들기

THREE.Geometry는 버텍스와 인덱스 정보를 한데 묶어서 관리하는 객체입니다. 다시 말해서 3D 모델을 표현하는 데 필요한 기본적인 자료들을 모두 가지고 있습니다. 장면 객체를 정리하면 다음과 같은 관계가 있습니다.

> 지오메트리(Geometry) + 머티리얼(Material) = 장면 객체(Scene Object)

다음은 직각 삼각형 모양의 도형을 만드는 예제입니다.

```
var geometry = new THREE.Geometry();
geometry.vertices.push( new THREE.Vector3( -1, 1, 0 ) );
geometry.vertices.push( new THREE.Vector3( -1, -1, 0 ) );
geometry.vertices.push( new THREE.Vector3( 1, -1, 0 ) );
geometry.faces.push( new THREE.Face3( 0, 1, 2 ) );
```

vertices에 정점 정보를 차례로 넣어줍니다. faces에는 정점들을 서로 이어주는 정보를 넣어줍니다. 넣어주는 값은 정점 배열의 인덱스 숫자 값들입니다.

다음으로, 머티리얼 객체와 함께 메시(Mesh) 객체를 생성합니다.

```
var material = new THREE.MeshBasicMaterial({color: 0x00ff00});
var triangle = new THREE.Mesh(geometry, material);
scene.add(triangle);
```

THREE.Mesh()에 방금 만든 geometry와 material을 인자로 넣어서 장면 객체를 만들어 장면 관리자인 scene에 add() 메서드로 장면 객체를 추가해줍니다.

예제 | 12-3

```
<!DOCTYPE html>
<html>
<head>
    <title>theejs sample : geometry</title>
    <script src="../libs/three.js/three.js"></script>
</head>
<body>
<div id="container" style="width: 320px;height: 240px;" ></div>
<script>
    //장면 객체 생성
    var scene = new THREE.Scene();
    //투영 행렬 값 지정
    var camera =
        new THREE.PerspectiveCamera(75, 320/240, 0.1, 1000);
    //렌더러 세팅
    var renderer = new THREE.WebGLRenderer();
```

```
    renderer.setClearColor(0xbbbbbb);
    //창크기
    renderer.setSize(320,240);
    //윈도우지정
    document.getElementById('container')
            .appendChild(renderer.domElement);

    //지오메트리 객체 만들기
    var geometry = new THREE.Geometry();
    geometry.vertices.push( new THREE.Vector3( -1,  1, 0 ) );
    geometry.vertices.push( new THREE.Vector3( -1, -1, 0 ) );
    geometry.vertices.push( new THREE.Vector3(  1, -1, 0 ) );
    geometry.faces.push( new THREE.Face3( 0, 1, 2 ) );
    geometry.computeVertexNormals(); //조명 계산시 필요함

    var material = new THREE.MeshBasicMaterial({color: 0x00ff00});
    var triangle = new THREE.Mesh(geometry, material);
    scene.add(triangle);
    camera.position.z = 5;
    renderer.render(scene, camera);
</script>
</body>
</html>
```

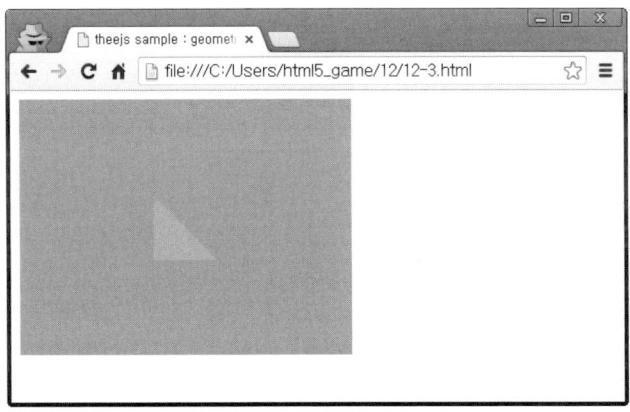

그림 12-4 실행 결과

2.2 three.js 에서 제공하는 기본 도형

육면체(Cube)

CubeGeometry( ) 메서드는 육면체를 생성합니다.

```
THREE.CubeGeometry(
    width, height, depth,
    widthSegment, heightSegment, depthSegment
)
```

- width   육면체의 가로(x 축) 길이입니다.
- height   육면체의 세로 (y축) 길이입니다.
- depth   육면체의 z 길이입니다.
- widthSegment   가로로 면을 나누는 개수입니다.
- heightSegment 세로로 면을 나누는 개수입니다.
- depthSegment   z 축으로 면을 나누는 개수입니다.

```
var cube = new THREE.CubeGeometry(
    100, 100, 100,     //크기
    4, 4, 4            //세그먼트 개수
)
```

평면 도형(Plane)

PlaneGeometry( ) 메서드는 평면 도형을 만듭니다.

```
THREE.PlaneGeometry(
    width, height,
    widthSegment, heightSegment
)
```

- width   가로(x) 길이입니다.

- height   세로(y) 길이입니다.

- widthSegment   x 축으로 면을 나누는 개수입니다.

- heightSegment   y 축으로 면을 나누는 개수입니다.

```
new THREE.PlaneGeometry(
    100,
    100,   //가로세로 면 크기
    4,     //몇 개로 나눌 것인가?(세그먼트 개수)
    4
)
```

구(Sphere)

SphereGeometry( ) 메서드는 구 모양을 만듭니다.

THREE.SphereGeometry(
    radius, widthSegment, heightSegment,
    phiStart, phiLength, thetaStart, thetaLength
)

- radius   구의 지름입니다. 기본값은 50입니다.

- widthSegment   x 축으로 면을 나누는 개수입니다.

- heightSegment   y 축으로 면을 나누는 개수입니다.

- phiStart   x축 원호 시작 각도입니다. 기본값은 0입니다.

- phiLength   x축 원호 길이입니다. 기본값은 3.14×2(360도)입니다.

- thetaStart   y축 원호 시작 각도입니다.

- thetaLength   y축 원호 길이입니다. 기본값은 3.14(180도)입니다.

완전한 구형을 만들려면 세 번째 인자까지만 값을 넣어 줍니다. 나머지 인자 값을 조절해서 임의
의 반구 형태를 만들 수도 있습니다.

다음은 회전하는 반구를 그리는 예제입니다.

```html
<!DOCTYPE html>
<html>
<head>
    <title>theejs sample : geometry</title>
    <script src="../libs/gbox3d/core.js"></script>
    <script src="../libs/three.js/three.js"></script>
</head>
<body>
<div id="container" style="width: 320px;height: 240px;" ></div>
<script>
    //장면 객체 생성
    var scene = new THREE.Scene();
    //투영 행렬 값 지정
    var camera = new THREE.PerspectiveCamera(75, 320/240, 0.1, 1000);
    //렌더러 세팅
    var renderer = new THREE.WebGLRenderer();
    renderer.setClearColor(0x000000);
    //창크기
    renderer.setSize(320,240);
    //윈도우 지정
    document.getElementById('container')
            .appendChild(renderer.domElement);

    //지오메트리 객체 만들기
    var geometry = new THREE.SphereGeometry(
            2.5,// 지름 크기
            20,
            10,
            0,
            THREE.Math.degToRad(180),
            0,
            THREE.Math.degToRad(90)
    );

    var material = new THREE.MeshBasicMaterial(
            {color: 0x00ff00,wireframe: true});
```

```
    var scene_node = new THREE.Mesh(geometry, material);
    scene.add(scene_node);
    camera.position.z = 5;
    var myTimer = new gbox3d.core.Timer();

    var render = function () {
        var deltaTime = myTimer.getDeltaTime();
        requestAnimationFrame(render);

        //1초에 10도씩 움직인다.
        scene_node.rotation.x += THREE.Math.degToRad(10) * deltaTime;
        scene_node.rotation.y += THREE.Math.degToRad(10) * deltaTime;
        renderer.render(scene, camera);
    };
    render();
</script>
</body>
</html>
```

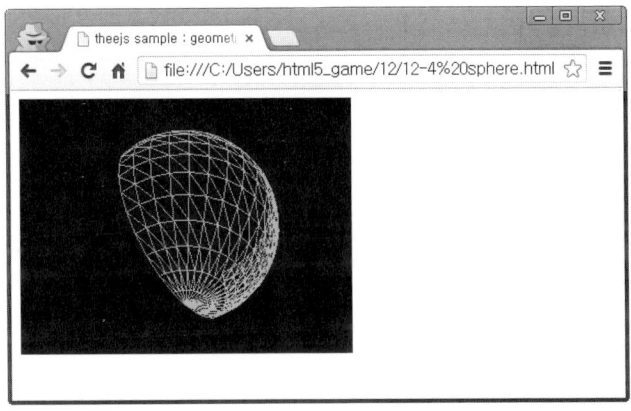

그림 12-5 실행 결과

원통(Cylinder)
. . . .
CylinderGeometry() 메서드는 원통형 지오메트리를 생성합니다.

```
THREE.CylinderGeometry(
    radiusTop, radiusBottom,
    height,
    radiusSegment, heightSegment,
    openEnded
)
```

- radiusTop   상부의 원의 반지름으로, 기본값은 20입니다.

- radiusBottom   하부 원의 반지름으로, 기본값 20입니다.

- height   높이입니다.

- radiusSegment   원부분 구성면의 개수입니다.

- radiusSegment   높이 구성 부분 면의 개수입니다.

다음 소스는 상단부 원의 크기가 0.5, 하단부 원의 크기가 1.5, 높이가 2인 원통을 만드는 예제입니다.

예제 | 12–5 3_2/2.3.cylinder.html

```html
<!DOCTYPE html>
<html>
<head>
    <title>theejs sample : geometry</title>
    <script src="../libs/gbox3d/core.js"></script>
    <script src="../libs/three.js/three.js"></script>
</head>
<body>

<div id="container" style="width: 320px;height: 240px;" ></div>
<script>
    //장면 객체 생성
    var scene = new THREE.Scene();
    //투영 행렬 값 지정
    var camera = new THREE.PerspectiveCamera(75, 320/240, 0.1, 1000);
    //렌더러 세팅
    var renderer = new THREE.WebGLRenderer();
```

```javascript
    renderer.setClearColor(0x000000);
    //창크기
    renderer.setSize(320,240);
    //윈도우 지정
    document.getElementById('container')
            .appendChild(renderer.domElement);

    //지오메트리 객체 만들기
    var geometry = new THREE.CylinderGeometry(
            0.5, 1.5,    //상하 원크기
            2,           //실린더 길이
            40,          //원세그먼트 개수
            5            //길이 세그먼트 개수
    );

    var material = new THREE.MeshBasicMaterial(
            {color: 0x00ff00,wireframe: true});
    var scene_node = new THREE.Mesh(geometry, material);
    scene.add(scene_node);

    camera.position.z = 5;

    var myTimer = new gbox3d.core.Timer();
    var render = function () {
        var deltaTime = myTimer.getDeltaTime();
        requestAnimationFrame(render);

        //1초에 10도씩 움직인다.
        scene_node.rotation.x += THREE.Math.degToRad(10) * deltaTime;
        scene_node.rotation.y += THREE.Math.degToRad(10) * deltaTime;
        renderer.render(scene, camera);
    };
    render();

</script>
</body>
</html>
```

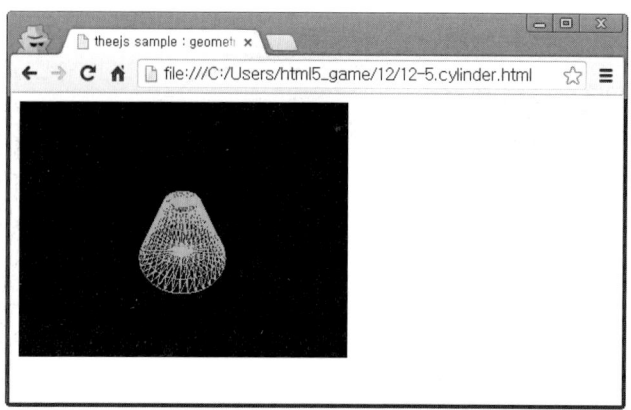

그림 12-6 실행 결과

헬퍼 객체(Helper Object)

실시간 렌더러를 만들 때는 구체적으로 화면에서 제대로 연산이 수행되고 있는지 알아봐야 할 때가 있습니다. 이럴 때는 콘솔이나 디버거로는 찾기가 어렵고 직접 화면에 그려 봐야 확실하게 발견할 수 있는 것들이 있습니다. 이럴 때 직선이나 화살표, 축 모양 등을 그려서 연산 결과를 확인하면 좀 더 쉽게 개발을 할 수 있습니다.

three.js는 기본적으로 화살표 모양과 축 모양의 객체를 만들어주는 헬퍼가 있습니다. 이것들을 이용해서 지오메트리와 머티리얼을 조합한 객체를 바로 얻어 올 수 있습니다.

THREE.AxisHelper(size)

- size   크기를 정해 줍니다.

다음은 축의 길이가 2.5인 AxisHelper를 만드는 예제입니다.

예제 12-6

```html
<!DOCTYPE html>
<html>
<head>
    <title>theejs sample : geometry</title>
    <script src="../libs/gbox3d/core.js"></script>
    <script src="../libs/three.js/three.js"></script>
</head>
<body>
<div id="container" style="width: 320px;height: 240px;" ></div>

<script>
    //장면 객체 생성
    var scene = new THREE.Scene();
    //투영 행렬 값 지정
    var camera = new THREE.PerspectiveCamera(75, 320/240, 0.1, 1000);
    //렌더러 세팅
    var renderer = new THREE.WebGLRenderer();
    renderer.setClearColor(0x000000);
    //창크기
    renderer.setSize(320,240);
    //윈도우 지정
    document.getElementById('container')
            .appendChild(renderer.domElement);

    //지오메트리 객체 만들기
    var scene_node = new THREE.AxisHelper( 2.5 );
    scene.add(scene_node);

    camera.position.z = 5;

    var myTimer = new gbox3d.core.Timer();
    var render = function () {
        var deltaTime = myTimer.getDeltaTime();
        requestAnimationFrame(render);

        //1초에 10도씩 움직인다.
        scene_node.rotation.x += THREE.Math.degToRad(10) * deltaTime;
        scene_node.rotation.y += THREE.Math.degToRad(10) * deltaTime;
```

```
            renderer.render(scene, camera);
    };
    render();
</script>
</body>
</html>
```

그림 12-7처럼 축을 만들어 줍니다.

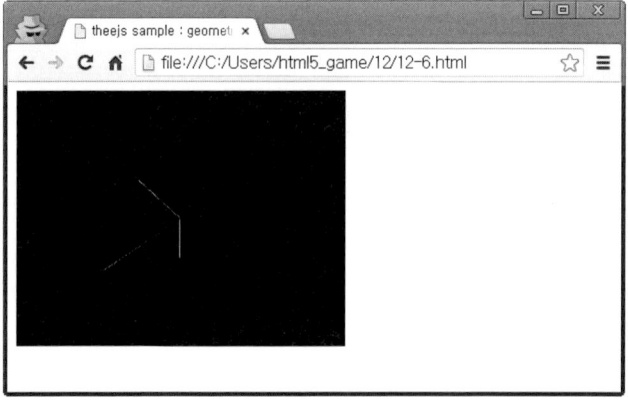

그림 12-7 실행 결과

이외에도 화살표 모양의 헬퍼 객체를 만드는 ArrowHelper( ) 메서드가 있습니다.

THREE.ArrowHelper(dir, origin, legth, color)

- **dir**   방향 벡터입니다. THREE.Vector3을 인자로 넣어 줍니다.
- **origin**   위치입니다. THREE.Vector3입니다.
- **length**   화살표의 길이입니다.
- **color**   화살표의 색깔입니다.

2.3 머티리얼(Material)

3D 도형을 표현하는 데 지금까지 했던 지오메트리가 뼈대였다면 이번에 살펴볼 머티리얼은 살이 되는 부분이라 할 수 있습니다. 머티리얼은 면의 다양한 재질 속성과 컬러 등을 지정하여 한층 더 실감 나는 그래픽을 구현하는 데 도움을 줍니다.

[1] 기본 머티리얼

THREE.MeshBasicMaterial( ) 메서드는 기본적인 조명 옵션과 컬러와 텍스처를 입힐 수 있는 머티리얼 객체입니다.

THREE.MeshBasicMaterial( )

파라미터를 객체 형태로 넘깁니다. 파라미터 객체의 멤버 변수는 다음과 같습니다.

- color   머티리얼 컬러 값입니다. 기본은 0xffffff 흰색입니다.
- wireframe   지오메트리의 와이어 프레임을 보여 줍니다.
- shading   셰이딩 형식을 지정합니다. 기본값은 THREE.SmoothShading입니다.
- vertexColors   버텍스 컬러 사용 여부를 결정합니다. 기본값은 false입니다.
- fog   안개 효과가 적용되게 합니다. 기본값은 true입니다.
- map   디퓨즈 맵을 지정합니다(기본 텍스처).
- lightMap   라이트 맵을 지정합니다.
- specularMap   반사 맵을 지정합니다.
- envMap   환경 맵을 지정합니다.
- skinning   스키닝 허용 여부를 지정합니다. 기본값은 false입니다.

다음은 육면체 지오메트리를 만들어서 단색으로 된 머티리얼을 만들어 입히는 예제입니다.

```
<!DOCTYPE html>
<html>
<head>
    <title>theejs sample : Material</title>
    <script src="../libs/gbox3d/core.js"></script>
    <script src="../libs/three.js/three.js"></script>
</head>
<body>
<div id="container" style="width: 320px;height: 240px;" ></div>
<script>
    //장면 객체 생성
    var scene = new THREE.Scene();
    //투영 행렬 값 지정
    var camera = new THREE.PerspectiveCamera(75, 320/240, 0.1, 1000);
    //렌더러 세팅
    var renderer = new THREE.WebGLRenderer();
    renderer.setClearColor(0x000000);
    //창 크기
    renderer.setSize(320,240);
    //윈도우 지정
    document.getElementById('container')
            .appendChild(renderer.domElement);

    //지오메트리 객체 만들기
    var geometry = new THREE.CubeGeometry(2, 2, 2);
    var material = new THREE.MeshBasicMaterial({color: 0xffffff});
    var scene_node = new THREE.Mesh(geometry, material);
    scene.add(scene_node);

    camera.position.z = 5;

    var myTimer = new gbox3d.core.Timer();
    var render = function () {
        var deltaTime = myTimer.getDeltaTime();
        requestAnimationFrame(render);

        //1초에 10도씩 움직인다.
        scene_node.rotation.x += THREE.Math.degToRad(10) * deltaTime;
```

```
        scene_node.rotation.y += THREE.Math.degToRad(10) * deltaTime;
        renderer.render(scene, camera);
    };
    render();
</script>
</body>
</html>
```

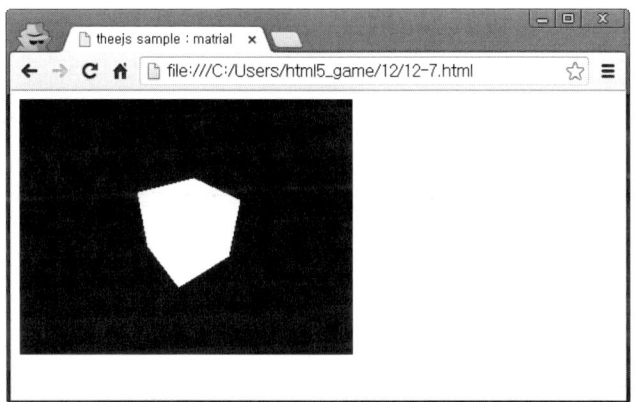

그림 12-8 실행 결과

[2] 텍스처 매핑

머티리얼 생성 시에 map이라는 파라미터에 이미지 객체를 만들어서 전달하면 텍스처가 적용됩니다. 먼저 loadTexture() 메서드를 이용해서 텍스처 객체를 만들어 줍니다. 이 함수는 내부적으로 THREE.ImageLoader를 사용하고 있습니다. ImageLoader의 load( ) 메서드에서는 createElement('img')를 이용해서 이미지 객체를 얻어와서 src에 파일 이름이나 주소를 넣어주는 방법으로 텍스처를 로딩합니다.

다음은 three.js의 ImageLoader를 구현한 소스입니다.

```
THREE.ImageLoader = function ( manager ) {
    this.manager = ( manager !== undefined )
```

```
                  ? manager : THREE.DefaultLoadingManager;
};

THREE.ImageLoader.prototype = {
    constructor: THREE.ImageLoader,
    load: function ( url, onLoad, onProgress, onError ) {
        var scope = this;
        var image = document.createElement( 'img' );

        if ( onLoad !== undefined ) {
            image.addEventListener( 'load', function ( event ) {
                scope.manager.itemEnd( url );
                onLoad( this );
            }, false );
        }

        if ( onProgress !== undefined ) {
            image.addEventListener( 'progress', function ( event ) {
                onProgress( event );
            }, false );
        }

        if ( onError !== undefined ) {
            image.addEventListener( 'error', function ( event ) {
                onError( event );
            }, false );
        }

        if ( this.crossOrigin !== undefined )
                image.crossOrigin = this.crossOrigin;

        image.src = url;
        scope.manager.itemStart( url );
    },

    setCrossOrigin: function ( value ) {
        this.crossOrigin = value;
    }
}
```

load() 메서드에 있는 인자들을 살펴보면 onLoad(), onProgress() 같은 콜백 함수로, 각 시점에 해당하는 상태를 콜백으로 받아볼 수 있습니다. 로딩이 끝난 다음에 진행하고 싶은 일이 있다면 onLoad()에 함수를 넘겨 주어 처리합니다.

다음 예제는 텍스처 로딩이 완료된 시점에 콘솔에 메시지를 출력해보는 소스입니다.

```
var texture = THREE.ImageUtils.loadTexture( 'crate.gif',
    new THREE.UVMapping(),
    function(texture) {
        console.log('load complete');
        console.log(texture);
    } );
texture.anisotropy = renderer.getMaxAnisotropy();
```

다음은 큐브 지오메트리를 이용해서 모양을 만든 후에 나무 무늬 텍스처를 입혀서 나무 박스 모양이 나오도록 하는 예제입니다.

예제 **12-8**

```
<!DOCTYPE html>
<html>
<head>
    <title>theejs sample : Material</title>
    <script src="../libs/gbox3d/core.js"></script>
    <script src="../libs/three.js/three.js"></script>
</head>
<body>
<div id="container" style="width: 320px;height: 240px;" ></div>
<script>
    //장면 객체 생성
    var scene = new THREE.Scene();
    //투영 행렬 값 지정
    var camera = new THREE.PerspectiveCamera(75, 320/240, 0.1, 1000);
    //렌더러 세팅
    var renderer = new THREE.WebGLRenderer();
    renderer.setClearColor(0x000000);
    //창크기
```

```
        renderer.setSize(320,240);
        //윈도우지정
        document.getElementById('container')
                .appendChild(renderer.domElement);

        //지오메트리 객체 만들기
        var geometry = new THREE.CubeGeometry( 2, 2, 2 );
        var texture = THREE.ImageUtils.loadTexture( 'crate.gif',
            new THREE.UVMapping(),
            function(texture) {
                console.log('load complete');
                console.log(texture);
            } );

        texture.anisotropy = renderer.getMaxAnisotropy();
        var material = new THREE.MeshBasicMaterial( { map: texture } );
        var scene_node = new THREE.Mesh( geometry, material );
        scene.add( scene_node );
        camera.position.z = 5;

        var myTimer = new gbox3d.core.Timer();

        var render = function () {
            var deltaTime = myTimer.getDeltaTime();
            requestAnimationFrame(render);

            //1초에 10도씩 움직인다.
            scene_node.rotation.x += THREE.Math.degToRad(10) * deltaTime;
            scene_node.rotation.y += THREE.Math.degToRad(10) * deltaTime;
            renderer.render(scene, camera);
        };
        render();
</script>
</body>
</html>
```

실행할 때 한 가지 주의할 것은 웹 서버에서 이 예제를 실행해야 한다는 점입니다. 그렇지 않으면
자바스크립트 콘솔에 이미지 파일을 읽을 수 없다는 에러 메시지가 표시됩니다.

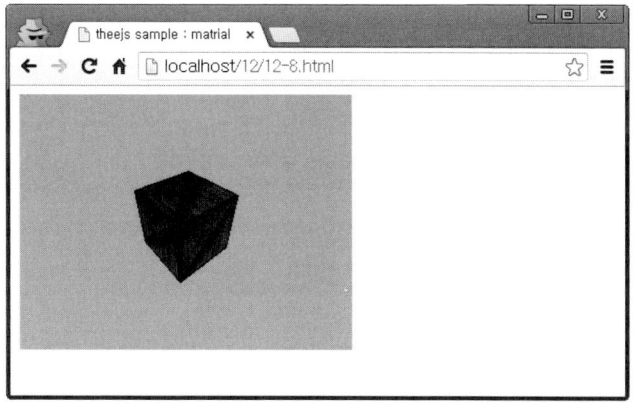

그림 12-9 실행 결과

2.4 조명

[1] 주변광

AmbientLight( ) 메서드는 주변광을 구현하는 객체입니다. 주변광은 광역적으로 나타나는 빛이기 때문에 주변광이 밝은 색이면 어두운 부분에 영향을 주어 밝게 나타납니다. 만약 밤에 촛불을 켠 장면을 표현하고 싶으면 주변광은 완전히 검은색(0x000000)이 되어야 합니다.

```
var ambient_light = new THREE.AmbientLight( 0x404040 );
scene.add( ambient_light );
```

THREE.AmbientLight(light_color)

- **light_color**   값은 빛의 색입니다. 앞서 본 코드처럼 RGB 순서로 된 hex 값을 넣어 줍니다.

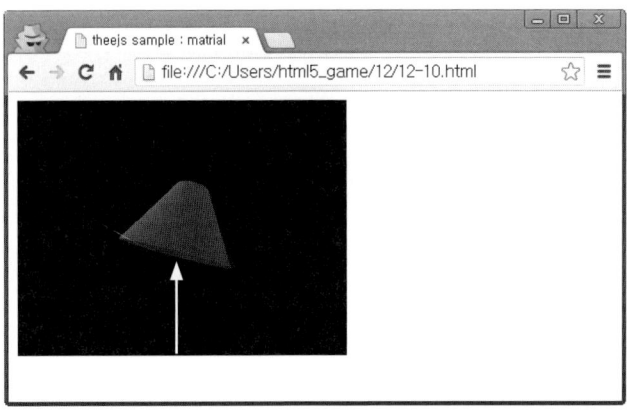

그림 12-10 주변광

그림 12-10에서 오른쪽은 적색, 왼쪽은 녹색 조명이 있고 중간에 조명이 미치지 못하는 화살표로 표시한 부분이 주변광의 영향을 받는 부분입니다. (0x404040 컬러)

[2] 방향성 광원

DirectionalLight( ) 메서드는 방향성 광원을 구현하는 객체입니다. MeshLambertMaterial( ) 메서드 또는 MeshPhongMateral( ) 메서드와 함께 쓰입니다.

태양처럼 광원이 아주 멀리 떨어져 있고 빛의 세기가 강한 광원을 표현할 때 쓰입니다. 그래서 대부분 실외 환경을 표현할 때 기본적으로 쓰이는 광원입니다.

THREE.DirectionalLight(light_color,intensity)

- **light_color**   조명 컬러 값입니다.
- **intensity**   조명의 세기입니다. 기본값은 1입니다.

```
var light;
light = new THREE.DirectionalLight( 0xffffff );
light.position.set( 1, 1, 1 );
scene.add( light );
```

조명의 방향은 position에 방향 벡터 값을 넣어 주어 방향으로 사용합니다. 방향성 조명 객체에서는 위치 값이 원점을 기준으로 한 방향 값으로 사용됩니다.

다음은 방향성 광원을 사용해서 실린더 모양에 조명을 비추는 예제입니다.

예제 | 12-9

```
<!DOCTYPE html>
<html>
<head>
    <title>theejs sample : Material</title>
    <script src="../libs/gbox3d/core.js"></script>
    <script src="../libs/three.js/three.js"></script>
</head>
<body>
<div id="container" style="width: 320px;height: 240px;" ></div>
<script>
    //장면 객체 생성
    var scene = new THREE.Scene();
    //투영행렬값 지정
    var camera = new THREE.PerspectiveCamera(75, 320/240, 0.1, 1000);
    //렌더러 세팅
    var renderer = new THREE.WebGLRenderer();
    renderer.setClearColor(0x000000);
    //창크기
    renderer.setSize(320,240);

    //윈도우지정
    document.getElementById('container')
        .appendChild(renderer.domElement);
    //주변광 설정
    scene.add( new THREE.AmbientLight( 0x404040 ) );
    //방향성광원
```

```
        var light;
        light = new THREE.DirectionalLight( 0xffffff );
        light.position.set( 1, 1, 1 );
        scene.add( light );

        //지오메트리 객체 만들기
        var geometry = new THREE.CylinderGeometry(
                0.5, 1.5,     //상하원크기
                2,            //실린더 길이
                40,           //원세그먼트 개수
                5             //길이세그먼트 개수
        );

        var material = new THREE.MeshLambertMaterial({color: 0xffffff});
        var scene_node = new THREE.Mesh(geometry, material);
        scene.add(scene_node);

        camera.position.z = 5;
        var myTimer = new gbox3d.core.Timer();
        var render = function () {
            var deltaTime = myTimer.getDeltaTime();
            requestAnimationFrame(render);

            //1초에 10도씩 움직인다.
            scene_node.rotation.x += THREE.Math.degToRad(10) * deltaTime;
            scene_node.rotation.z += THREE.Math.degToRad(10) * deltaTime;
            renderer.render(scene, camera);
        };
        render();
    </script>
    </body>
    </html>
```

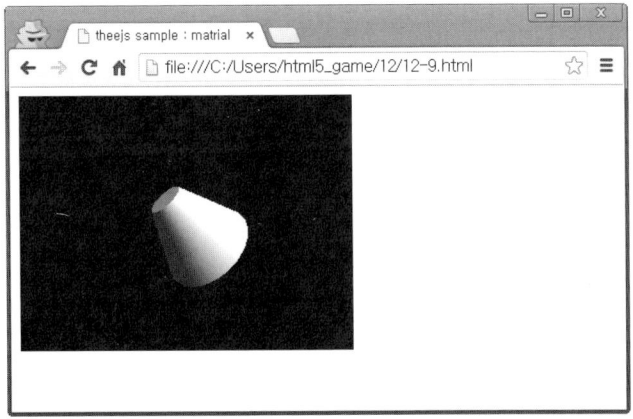

그림 12-11 실행 결과

[3] 점조명

PointLight( ) 메서드는 광원의 위치, 범위 그리고 방향이 같이 계산되는 광원입니다. 약하고 범위가 제한적인 광원을 표현할 때 사용합니다. 일반적으로 실내조명을 구현할 때 많이 사용합니다.

방향성 광원과 마찬가지로 MeshLambertMaterial( ) 메서드 또는 MeshPhongMateral( ) 메서드와 함께 쓰입니다.

```
THREE.PointLight(
    light_color, intensity, distance
)
```

- light_color   조명 컬러 값입니다.
- intensity   조명의 세기입니다.
- distance   조명의 범위입니다. 0일 경우는 범위가 무제한입니다.

```
var light = new THREE.PointLight( 0xff0000, 1, 10 );
light.position.set( 5, 5, 0 );
scene.add( light );
```

위 예제는 (5, 5, 0) 위치에 빨간색 조명을 설치한 예입니다. 최대 거리가 10이므로 광원으로부터 거리가 10만큼 떨어진 곳은 빛이 도달하지 못합니다. (intensity 값이 0이 됩니다.)

다음은 두 개의 포인트 광원을 사용해서 실린더 모양을 비춰주는 예제입니다.

예제 | 12-10

```
<!DOCTYPE html>
<html>
<head>
    <title>theejs sample : Material</title>
    <script src="../libs/gbox3d/core.js"></script>
    <script src="../libs/three.js/three.js"></script>
</head>
<body>
<div id="container" style="width: 320px;height: 240px;" ></div>
<script>
    //장면 객체 생성
    var scene = new THREE.Scene();
    //투영 행렬 값 지정
    var camera = new THREE.PerspectiveCamera(75, 320/240, 0.1, 1000);
    //렌더러 세팅
    var renderer = new THREE.WebGLRenderer();
    renderer.setClearColor(0x000000);
    //창크기
    renderer.setSize(320,240);

    //윈도우 지정
    document.getElementById('container')
            .appendChild(renderer.domElement);
    //주변광 설정
    scene.add( new THREE.AmbientLight( 0x404040 ) );
    //빨간색 조명
    var light = new THREE.PointLight( 0xff0000, 1, 10 );
```

```
    light.position.set( 5, 5, 0 );
    scene.add( light );

    //녹색조명
    var light2 = new THREE.PointLight( 0x00ff00, 1, 10 );
    light2.position.set( -5, 5, 0 );
    scene.add( light2 );

    //지오메트리 객체 만들기
    var geometry = new THREE.CylinderGeometry(
        0.5, 1.5,    //상하 원 크기
        2,           //실린더 길이
        40,          //원 세그먼트 개수
        5            //길이 세그먼트 개수
    );

    var material = new THREE.MeshLambertMaterial({color: 0xffffff});
    var scene_node = new THREE.Mesh(geometry, material);
    scene.add(scene_node);

    camera.position.z = 5;
    var myTimer = new gbox3d.core.Timer();

    var render = function () {
        var deltaTime = myTimer.getDeltaTime();
        requestAnimationFrame(render);

        //1초에 10도씩 움직인다.
        scene_node.rotation.x += THREE.Math.degToRad(10) * deltaTime;
        scene_node.rotation.z += THREE.Math.degToRad(10) * deltaTime;
        renderer.render(scene, camera);
    };
    render();
</script>
</body>
</html>
```

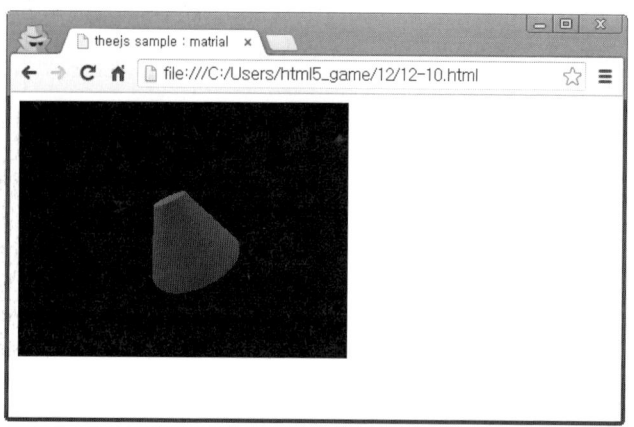

그림 12-12 실행 결과

[4] 셰이딩

빛은 재질의 반사 정도에 따라 우리 눈에 밝기가 단계적으로 보이게 됩니다. shading 속성값에 따라 밝기 단계를 어떻게 보여 줄 것인지가 결정됩니다.

기본적으로 three.js는 다음과 같은 3가지 셰이딩 속성을 제공합니다.

- THREE.SmoothShading   부드러운 셰이딩 효과입니다.
- THREE.FlatShading   각진 셰이딩 효과입니다.
- THREE.NoShading   플랫 셰이딩과 같은 결과입니다.

다음은 3가지 셰이딩 효과를 비교한 예제입니다.

예제 12-11

```
<!DOCTYPE html>
<html>
<head>
    <title>theejs sample : Material</title>
```

```html
    <script src="../libs/gbox3d/core.js"></script>
    <script src="../libs/three.js/three.js"></script>
</head>
<body>
<div id="container" style="width: 320px;height: 240px;" ></div>
<script>
    //장면 객체 생성
    var scene = new THREE.Scene();
    //투영 행렬 값 지정
    var camera = new THREE.PerspectiveCamera(45, 320/240, 0.1, 1000);
    //렌더러 세팅
    var renderer = new THREE.WebGLRenderer();
    renderer.setClearColor(0x000000);
    //창크기
    renderer.setSize(320,240);

    //윈도우 지정
    document.getElementById('container').appendChild(renderer.domElement);
    //주변광 설정
    scene.add( new THREE.AmbientLight( 0x404040 ) );
    //방향성 광원
    var light;
    light = new THREE.DirectionalLight( 0xffffff );
    light.position.set( 1, 1, 1 );
    scene.add( light );

    var materials = [
        new THREE.MeshLambertMaterial(
            {color: 0xffffff,
                shading : THREE.NoShading
            }
        ),
        new THREE.MeshLambertMaterial(
            {color: 0xffffff,
                shading : THREE.FlatShading
            }
        ),
        new THREE.MeshLambertMaterial(
            {color: 0xffffff,
                shading : THREE.SmoothShading
```

```
            }
        )
    ];

    var scene_node = new THREE.Mesh(new THREE.CylinderGeometry(
        0.5, 0.5,    //상하원크기
        2,           //실린더 길이
        40,          //원세그먼트 개수
        5            //길이세그먼트 개수
    ), materials[0]);
    scene_node.position.set(-1.5,0,0);
    scene.add(scene_node);

    scene_node = new THREE.Mesh(new THREE.CylinderGeometry(
        0.5, 0.5,    //상하원크기
        2,           //실린더 길이
        40,          //원세그먼트 개수
        5            //길이세그먼트 개수
    ), materials[1]);
    scene_node.position.set(0,0,0);
    scene.add(scene_node);

    scene_node = new THREE.Mesh(new THREE.CylinderGeometry(
        0.5, 0.5,    //상하원크기
        2,           //실린더 길이
        40,          //원세그먼트 개수
        5            //길이세그먼트 개수
    ), materials[2]);
    scene_node.position.set(1.5,0,0);
    scene.add(scene_node);
    camera.position.z = 5;
    renderer.render(scene, camera);
</script>
</body>
</html>
```

다음은 실행 결과입니다. 왼쪽부터 NoShading, FlatShading, SmoothShading입니다.

그림 12-13 실행 결과

제 13 장

CSS3 기반의 웹 3D 구현과
Ramb3D 엔진 분석

Chapter 13

1. CSS 3D 응용　**2.** 모바일 웹 3D 렌더러　**3.** Ramb3D 엔진

1. CSS 3D 응용

지금까지 살펴보았던 WebGL은 웹에서 고속의 실시간 렌더링을 하기 위한 최선의 도구이지만 한 가지 아쉬운 점이 있다면 아직(2014년 현재) 모바일에서는 제대로 지원이 안 된다는 단점을 들 수 있습니다. 물론 안드로이드 진영에서는 모바일 크롬 브라우저에 베타 테스트 형식으로는 지원 하고 있습니다(최근에는 안드로이드 기본 브라우저와 모바일 파이어폭스에서도 지원).

모바일 크롬 WebGL 사용 설정

1. 주소창에서 chrome://flags를 입력합니다.

2. 'WebGL 사용 안 함' 옵션이 비활성화되어 있는 것을 확인합니다. 그림처럼 활성화되어 있다면 '사용 중지'를 클릭하여 비활성화합니다.

3. 그런 다음 옵션 메뉴 맨 아래에 있는 〈지금 다시 시작〉 버튼을 눌러서 크롬을 다시 시작합니다.

그림 13-1 모바일 크롬 설정

그러나 아직은 정식 지원이 아니어서 일부 스마트폰에서는 제대로 동작하지 않거나 매우 불안하게 동작할 수 있으므로 주의하시기 바랍니다.

CSS3의 3D transform 관련 기능을 잘 활용하면 모바일에서도 동작하는 그럴듯한 3D 효과를 구현할 수 있습니다.

1.1 3D를 위한 기본 레이아웃 구성

CSS3로 3D 효과를 만들고자 마치 3D 게임 엔진의 장면 노드 관리자처럼 DOM을 구성해 보도록 하겠습니다.

```
<!--메인 윈도우 -->
<div id="window-main" style="width: 320px;height: 240px;
    border: 1px solid;overflow: hidden;position: relative;">
<!-- 3D 객체들을 여기에 배치합니다. -->
</div>
```

제한된 윈도우 영역을 만들고자 〈div〉 태그에 width, height 스타일 속성을 주어 구현했습니다. position 속성을 absolute나 relative로 해주어야 overflow : hidden 속성이 의도한 대로 화면 윈도우 영역 밖으로 나간 객체에 대해서 클리핑 처리를 합니다.

여기서는 메인 윈도우 외에 컨트롤 패널을 바로 밑에다 붙일 것이라서 relative 속성을 사용했습니다. absolute 속성은 일반적으로 전체 화면으로 잡을 때 사용합니다. (한 화면에서 윈도우 또는 패널 개념이 1개만 있을 때)

```
<!--카메라 객체 -->
<div class="camera" style="position: absolute;
    -webkit-perspective: 500;
    -webkit-perspective-origin: 50% 50%;
    -webkit-transform-style: preserve-3d;
    -webkit-transform:translate(160px,120px)" >
```

```
<!--3D 객체 -->
<div id="obj-red-box" style="position: absolute;">
    <div style="
        -webkit-transform:translate(-50%,-50%);
        border: 1px solid black;
        background-color: red;
        width : 50px;
        height : 50px;" >
    </div>
</div>
</div>
```

〈div〉 태그를 카메라처럼 사용하려면 perspective, perspective-origin 속성을 설정해야 합니다. CSS3에서 perspective 값은 관찰자와 모니터 평면과의 거리를 나타냅니다. 그래서 값이 클수록 원근감이 없어 보이고 작을수록 원근감이 극대화되어 보이게 됩니다.

perspective-origin 속성은 시야의 중심이 화면 중앙으로 오도록 50% 50%로 설정해서 사용합니다.

카메라로 쓰이는 〈div〉를 포함해서 자식을 가진 모든 〈div〉의 style 속성에 -webkit-transform-style : preserve-3d 속성을 줍니다. 이렇게 해주어야만 그 밑으로 오는 자식들이 모두 동적인 3D 상태가 됩니다.

메인 윈도우 〈div〉 태그 사이에 위의 예제가 들어갑니다. 기본적으로 HTML은 왼쪽 위로 기준이 맞추어져 있습니다. 그러나 우리가 만들려는 3D 엔진의 일반적인 객체의 중심은 가운데 와야 합니다. 그래서 3D 객체를 표현할 〈div〉는 두 개를 계층으로 묶어 표현합니다. 두 개의 〈div〉 중 자식의 단계에 있는 두 번째 〈div〉 태그에 translate(-50%,-50%) 속성을 주어서 가운데 오도록 처리해줍니다.

예제 | 13-1

```
<!DOCTYPE html>
<html>
<head>
    <meta charset="utf-8" />
    <title>css3 3D transform</title>
```

```html
</head>
<body>
<!--메인 윈도우 -->
<div id="window-main" style="width: 320px;height: 240px;
        border: 1px solid;overflow: hidden;position: relative;">
    <!--가운데 십자선 표시 -->
    <svg class='helper-grid' style="position: absolute;
        height :240px;border: 1px solid;" >
        <line x1="0" y1="120" x2="320" y2="120"
            style="stroke:#000000;"/>
        <line x1="160" y1="0" x2="160" y2="240"
            style="stroke:#000000;"/>
    </svg>

    <!--카메라 객체 -->
    <div class="camera" style="position: absolute;
    -webkit-perspective: 500;
    -webkit-perspective-origin: 50% 50%;
    -webkit-transform-style: preserve-3d;
    -webkit-transform:translate(160px,120px)" >

        <!--3D 객체 -->
        <div id="obj-red-box" style="
            -webkit-transform-style:  preserve-3d;
            position: absolute;"
            >
            <div  style="
                -webkit-transform:translate(-50%,-50%);
                border: 1px solid black;
                background-color: red;
                width : 50px;
                height : 50px;" >
            </div>
        </div>
    </div>

</div>

<div style="margin: 20px;" id="input-panel" >
    X : <input class='x-axis' type="range" min="-360"
```

```
                    max="360" value="0" />
        <br />
        Y : <input class='y-axis' type="range" min="-360"
                    max="360" value="0" />
        <br />
        Z : <input class='z-axis' type="range" min="-1000"
                    max="0" value="0" />
</div>

<script>
    var red_box = document.getElementById('obj-red-box');
    document.getElementById('input-panel')
            .addEventListener('change',function(evt) {
        var val_x = this.querySelector('.x-axis').value;
        var val_y = this.querySelector('.y-axis').value;
        var val_z = this.querySelector('.z-axis').value;

        //'-webkit-transform : rorateX(...)'
        red_box.style.webkitTransform =
            "translate3d(" + val_x + "px," + val_y + "px," + val_z + "px" + ")";
    });
</script>
</body>
</html>
```

예제 13-1은 transform 속성의 translate3d() 함수로 사각형을 3차원 공간상의 임의 위치로 이동하는 예제입니다.

자바스크립트에서 −webkit-transform 값을 수정하려면 style.webkitTransform을 사용합니다. 음영으로 표시한 부분이 특정 위치로 이동해주는 코드입니다.

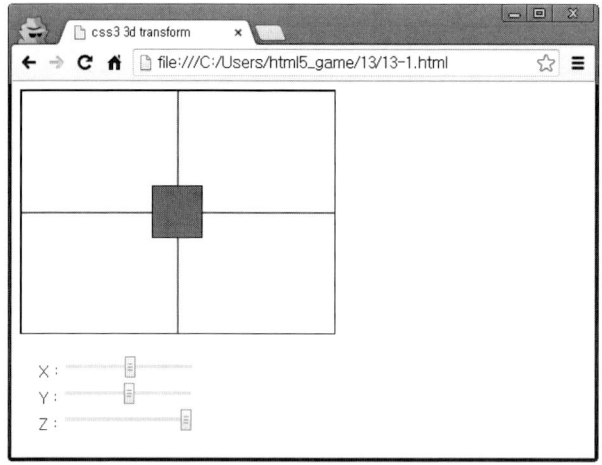

그림 13-2 실행 결과

1.2 회전

-webkit-transform의 rotateX( ), rotateY( ), rotateZ( ) 함수를 이용해서 각축으로 회전할 수 있습니다. 객체 중심으로 회전 효과를 주고자 먼저 translate3d(-50%, 50%, 0) 함수를 호출 합니다.

```
red_box.style.webkitTransform =
     "translate3d(-50%,-50%,0) rotateX("
     + val_x + "deg) rotateY("
     + val_y + "deg) rotateZ("
     + val_z + "deg)" ;
```

회전은 순서에 따라 최종 결과가 달라지므로 x, y, z 순으로 회전 변환을 하는 것과 y, x, z 순서로 회전 변환을 하는 것들이 각각 달라집니다. 제일 먼저 오는 축이 기준이 되고 이후에 오는 회전들 은 먼저 온 축에 대해 종속됩니다.

우리가 일반적으로 익숙한 회전 방식은 FPS 게임과 같은 회전 제어입니다. 다시 말하면 y축 회전은 항상 위를 기준(회전축을 (0, 1, 0) 벡터 값으로 고정)으로 있는 상태를 말합니다. 그래서 y, x, z 순서로 회전을 시켜야 합니다.

```
red_box.style.webkitTransform =
    "translate3d(-50%,-50%,0) rotateY("
    + val_y + "deg) rotateX("
    + val_x + "deg) rotateZ("
    + val_z + "deg)" ;
```

3D 변환은 행렬을 사용합니다. 그래서 순서가 중요합니다. 일반적으로 우리에게 익숙한 방식의 변환은 물체를 이동한 다음 회전하는 것입니다. 그래서 translate 후에 rotate나 scale이 옵니다.

지금까지의 설명을 적용한 전체 예제는 다음과 같습니다.

예제 13-2

```
<!DOCTYPE html>
<html>
<head>
    <meta charset="utf-8" />
    <title>CSS3 3D transform</title>
</head>
<body>
<!--메인 윈도우 -->
<div id="window-main" style="width: 320px;height: 240px;
    border: 1px solid;overflow: hidden;position: relative;">

    <!--가운데 십자선 표시 -->
    <svg class='helper-grid' style="position: absolute;
        height :240px;border: 1px solid;" >
        <line x1="0" y1="120" x2="320" y2="120" style="stroke:#000000;"/>
        <line x1="160" y1="0" x2="160" y2="240" style="stroke:#000000;"/>
    </svg>

    <!--카메라 객체 -->
    <div class="camera" style="position: absolute;
        -webkit-perspective: 500;
        -webkit-perspective-origin: 50% 50%;
```

```
            -webkit-transform-style: preserve-3d;
            -webkit-transform:translate(160px,120px)" >


        <!--3D 객체 -->
        <div id="obj-red-box" style="
            -webkit-transform : translate3d(-50%,-50%,0);
            -webkit-transform-style: preserve-3d;
            position: absolute;">
            <div style="
                border: 1px solid black;
                background-color: red;
                font-size: 120px;
                font-weight: bold;
                color: white;
                text-align: center;
                width : 128px;
                height : 128px;" >1</div>
        </div>
    </div>
</div>


<div style="margin: 20px;" id="input-panel" >
   X : <input class='x-axis' type="range" min="-360"
      max="360" value="0" /> <br />
   Y : <input class='y-axis' type="range" min="-360"
      max="360" value="0" /> <br />
   Z : <input class='z-axis' type="range" min="-360"
      max="360" value="0" />
</div>


<script>

    var red_box = document.getElementById('obj-red-box');

    document.getElementById('input-panel')
        .addEventListener('change',function(evt) {

      var val_x = this.querySelector('.x-axis').value;
      var val_y = this.querySelector('.y-axis').value;
      var val_z = this.querySelector('.z-axis').value;
```

```
      red_box.style.webkitTransform =
          "translate3d(-50%,-50%,0) rotateY("
          + val_y + "deg) rotateX("
          + val_x + "deg) rotateZ("
          + val_z + "deg)" ;
      });
</script>
</body>
</html>
```

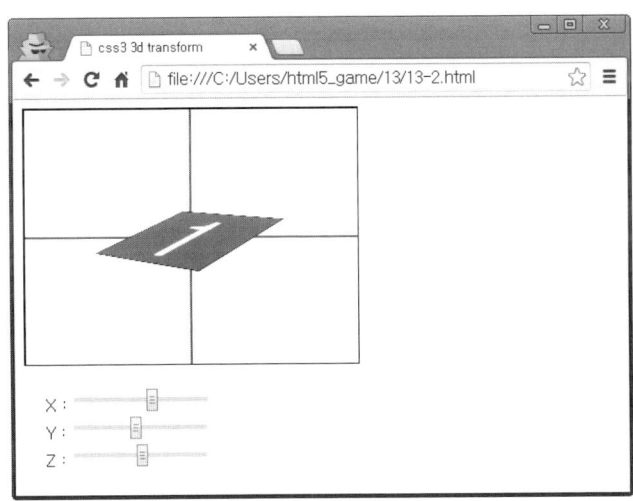

그림 13-3 실행 결과

1.3 행렬 사용하기

행렬은 행(Column)과 열(Row)로 이루어진 수학식입니다. 3D 그래픽에서 수학적인 계산을 하는 데 사용되는 수학적인 도구라고 생각하시면 됩니다. 행렬에 대해 좀 더 자세한 내용을 알고 싶으면 전문적인 그래픽 관련 수학 서적으로 따로 공부해야 합니다.

행렬은 가로, 세로로 구분하는 것을 자주 혼동하는 때가 있습니다. 정리하자면 그림 13-4처럼 '행'은 세로줄을 세는 단위이며 '열'은 가로줄을 세는 단위로 생각하시면 됩니다.

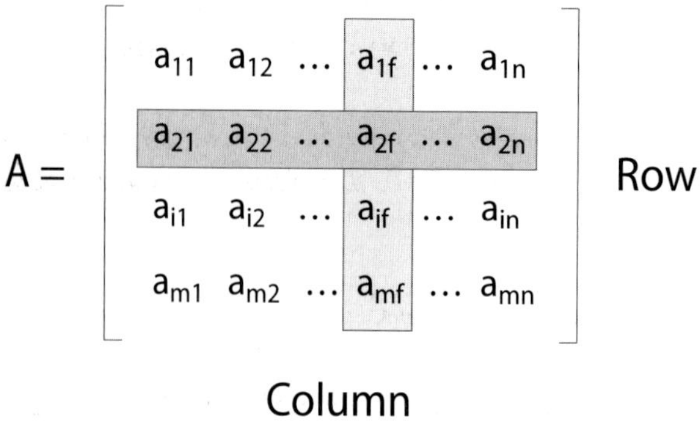

$$A = \begin{bmatrix} a_{11} & a_{12} & \cdots & a_{1f} & \cdots & a_{1n} \\ a_{21} & a_{22} & \cdots & a_{2f} & \cdots & a_{2n} \\ a_{i1} & a_{i2} & \cdots & a_{if} & \cdots & a_{in} \\ a_{m1} & a_{m2} & \cdots & a_{mf} & \cdots & a_{mn} \end{bmatrix} \quad \text{Row}$$

Column

그림 13-4 m×n 행렬

이전 장에서도 다룬 적이 있던 WebkitCssMatrix 객체를 이용해서 행렬을 다루어보도록 하겠습니다.

```
var matrix = new WebkitCssMatrix()
```

새로운 행렬을 만들 수 있습니다. 이렇게 만들어진 행렬은 단위 행렬입니다. 다시 말하면 아무런 변화를 주지 못하는 행렬이라고 생각하시면 됩니다.

WebkitCssMatrix 객체에는 translate(), rotate(), multiply(), inverse() 등의 메서드가 있습니다. 이 메서드는 자바스크립트로 직접 만들거나 gl-matrix 같은 외부 라이브러리의 도움을 얻어 구현할 수도 있지만, 웹킷 엔진 내부적으로 C++로 구현된 부분이라서 속도상 효율이 좋습니다.

다음은 현재 행렬 값에 x, y, z만큼 이동 변환을 한 다음 변환된 행렬 값을 반환해주는 코드입니다.

```
matrix.translate(x, y, z)
```

x, y, z만큼 회전 변환을 합니다. 단위는 각도(degree) 입니다. 역시 변환된 행렬 값을 반환합니다.

```
matrix.rotate(x, y, z)
```

현재 행렬에 인자로 넘겨준 행렬과 곱한 값을 반환합니다. 네이티브 C++로 구현된 부분이라 속
도상의 효율을 얻을 수 있습니다. 현재 행렬 값은 그대로 보존됩니다.

```
matrix.multiply(sencondMatrix)
```

이번에는 역행렬을 구하는 예입니다.

```
matrix.inverse( )
```

다음은 행렬 객체(WebkitCssMatrix)를 이용해서 원하는 객체에 회전과 이동 변환을 적용시켜
보는 예제입니다. 〈div〉를 여러 계층으로 만들어 행렬 곱셈처럼 사용하는 방법도 있지만, DOM
트리가 커지면 성능이 떨어지는 단점이 있습니다. 그래서 변환 행렬을 여러 개 곱하여 계산할 경
우는 행렬 객체를 사용하는 것이 더 유리할 수 있습니다. 예제처럼 문자열로 길게 쓰는 것보다 결
과로 나온 행렬을 하나만 써주면 되기 때문입니다.

예제 | 13-3

```html
<!DOCTYPE html>
<html>
<head>
    <meta charset="utf-8" />
    <title>CSS3 3D transform</title>
</head>
<body>
<!--메인윈도우-->
<div id="window-main" style="width: 320px;height: 240px;
    border: 1px solid;overflow: hidden;position: relative;">
    <!--가운데십자선표시-->
    <svg class='helper-grid' style="position: absolute;
        height :240px;border: 1px solid;" >
    <line x1="0" y1="120" x2="320" y2="120" style="stroke:#000000;"/>
```

```
        <line x1="160" y1="0" x2="160" y2="240" style="stroke:#000000;"/>
    </svg>

    <!--카메라 객체 -->
    <div class="camera" style="position: absolute;
          -webkit-perspective: 500;
          -webkit-perspective-origin: 50% 50%;
          -webkit-transform-style: preserve-3d;
          -webkit-transform:translate(160px,120px)" >

        <!--3D 객체 -->
        <div id="obj-red-box" style="
              -webkit-transform : translate3d(-50%,-50%,0) translateZ(0);
              -webkit-transform-style: preserve-3d;
              position: absolute;">

            <div style="
                  border: 1px solid black;
                  background-color: red;
                  font-size: 120px;
                  font-weight: bold;
                  color: white;
                  text-align: center;
                  width : 128px;
                  height : 128px;" >1</div>
        </div>
    </div>
</div>
<div style="margin: 20px;" id="input-panel" >
    X : <input class='x-axis' type="range" min="-360"
        max="360" value="0" /> <br />
    Y : <input class='y-axis' type="range" min="-360"
        max="360" value="0" /> <br />
    Z : <input class='z-axis' type="range" min="-360"
        max="360" value="0" /> <br />
    X : <input class='x-axis-r' type="range" min="-360"
        max="360" value="0" /> <br />
    Y : <input class='y-axis-r' type="range" min="-360"
        max="360" value="0" />
</div>
```

```
<script>
    var red_box = document.getElementById('obj-red-box');
    console.log(new WebKitCSSMatrix());

    document.getElementById('input-panel')
            .addEventListener('change',function(evt) {
        var val_x = this.querySelector('.x-axis').value;
        var val_y = this.querySelector('.y-axis').value;
        var val_z = this.querySelector('.z-axis').value;

        var val_x_r = this.querySelector('.x-axis-r').value;
        var val_y_r = this.querySelector('.y-axis-r').value;

        //이동행렬
        var trans_matrix = new WebKitCSSMatrix()
                .translate(val_x,val_y,val_z);
        //회전행렬
        var rot_matrix = new WebKitCSSMatrix()
                .rotate(val_x_r,val_y_r,0);
        //이동 × 회전
        var result_matrix = trans_matrix.multiply(rot_matrix);

        red_box.style.webkitTransform =
            "translate3d(-50%,-50%,0) " + result_matrix.toString();
    });
</script>
</body>
</html>
```

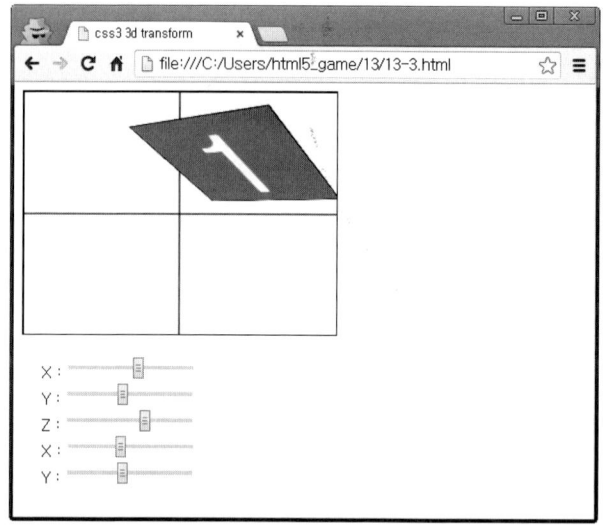

그림 13-5 실행 결과

2. 모바일 웹 3D 렌더러

앞서 언급했듯이 WebGL의 최대 단점은 현재 모바일에서 제대로 지원되지 않고 있다는 점입니다. 그래서 대안으로 CSS3의 3D transform 기능을 활용하는 방법을 소개하고자 합니다. 여러 가지 구현 예제 중에서 three.js의 CSS3 렌더러가 좋은 예가 될 수 있습니다.

three.js의 예제 파일 중에 CSS3DRenderer.js에서 CSS3를 사용한 3D 렌더러를 일부 구현해 놓고 있습니다. 이것을 분석하면서 CSS3로 렌더러를 만드는 개념을 설명하도록 하겠습니다.

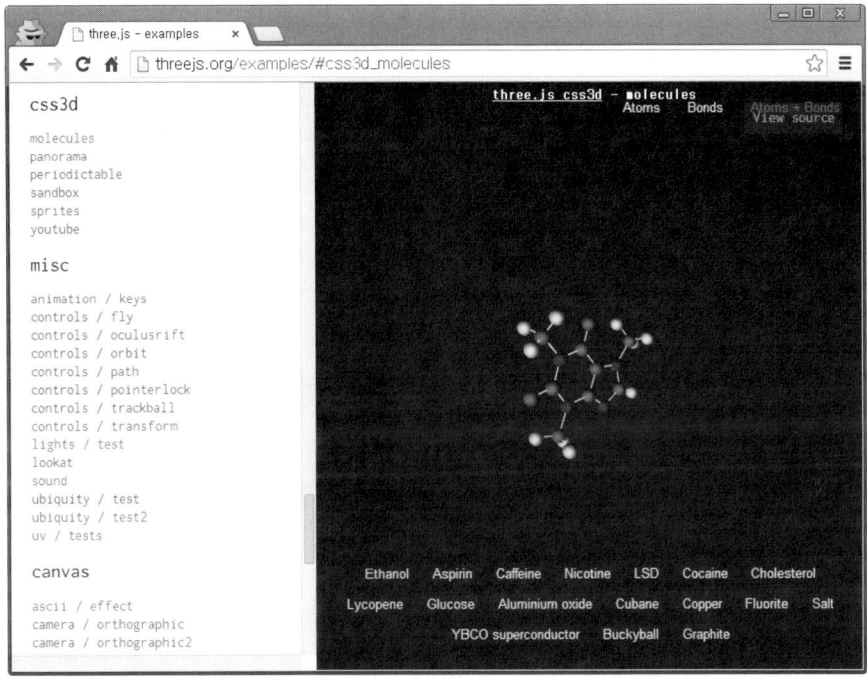

그림 13-6 three.js의 CSS3 렌더러 예제

내려받은 three.js의 압축을 푸시면 src/example/js/renderer/CSS3DRenderer.js 파일을 찾을 수 있습니다. 이 파일이 현재 구현 중인 CSS 렌더러 파일입니다.

```
THREE.CSS3DObject = function ( element ) {

    THREE.Object3D.call( this );

    this.element = element;
    this.element.style.position = 'absolute';
    this.element.style.WebkitTransformStyle = 'preserve-3d';
    this.element.style.MozTransformStyle = 'preserve-3d';
    this.element.style.oTransformStyle = 'preserve-3d';
    this.element.style.transformStyle = 'preserve-3d';
```

```
    this.addEventListener( 'removed', function ( event ) {
        if ( this.element.parentNode !== null ) {
            this.element.parentNode.removeChild( this.element );
            for ( var i = 0, l = this.children.length; i < l; i ++ ) {
                this.children[ i ].dispatchEvent( event );
            }
        }
    } );
};
```

위의 소스는 CSS3DRenderer.js에서 구현된 Object3D로부터 상속받은 CSS3DObject의 생성자 일부분입니다. 인자로 넘겨받은 엘리먼트의 속성 중에서 position 속성은 absolute로, transform-style은 preserve-3d로 설정해주고 있습니다. CSS3DObject는 이후에 나올 CSS3D 렌더러에서 주로 사용되는 객체입니다.

```
var domElement = document.createElement( 'div' );
    domElement.style.overflow = 'hidden';
    domElement.style.WebkitTransformStyle = 'preserve-3d';
    domElement.style.MozTransformStyle = 'preserve-3d';
    domElement.style.oTransformStyle = 'preserve-3d';
    domElement.style.transformStyle = 'preserve-3d';

    this.domElement = domElement;
    var cameraElement = document.createElement( 'div' );

    cameraElement.style.WebkitTransformStyle = 'preserve-3d';
    cameraElement.style.MozTransformStyle = 'preserve-3d';
    cameraElement.style.oTransformStyle = 'preserve-3d';
    cameraElement.style.transformStyle = 'preserve-3d';

    domElement.appendChild( cameraElement );
```

위의 소스는 렌더러의 생성자 일부분 소스입니다. 생성자에서 직접 생성한 domElement가 최상위 엘리먼트가 됩니다. 이 엘리먼트를 원하는 위치에 붙여 넣으면 해당 〈div〉나 엘리먼트들이 컨텍스트 컨테이너처럼 동작하게 됩니다. 만약 전체 화면으로 만들고 싶다면 〈body〉에 자식으로 붙여 줍니다.

그다음에 바로 cameraElement를 생성합니다. 그리고 이것을 바로 domElement 아래에 붙여 줍니다. 카메라에서는 perspective 값이 중요합니다. 일반적으로 perspective 값은 시야각으로 표현하는데, CSS3의 perspective 값은 관찰자와의 모니터 평면의 거릿값으로 지정해 주게 되어 있습니다.

시야각(fov)을 CSS3의 perspective 속성으로 바꿔주려면 다음과 같은 식을 사용합니다.

```
var css_perspective = 0.5 / Math.tan(
        THREE.Math.degToRad( camera.fov * 0.5 ) ) * 화면 높이;
```

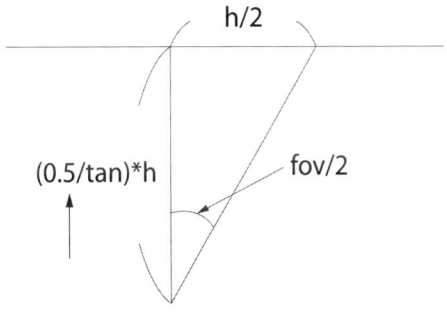

그림 13-7 CSS3의 perspective 속성으로 변경

그림과 같이 구해진 CSS3의 perspective 값은 관찰자와 모니터의 거릿값이 됩니다.

그다음 정확히 투영 값이 적용되게 하려면 카메라의 실제 위치를 관찰자의 눈 위치와 일치시켜야 합니다. 그렇게 하려면 카메라 엘리먼트 위치를 구해진 css_perspective 값만큼 뒤로 이동해줍니다.

```
this.render = function ( scene, camera ) {
    var fov = 0.5 / Math.tan(
        THREE.Math.degToRad( camera.fov * 0.5 ) ) * _height;
    domElement.style.WebkitPerspective = fov + "px";
    domElement.style.MozPerspective = fov + "px";
```

```
        domElement.style.oPerspective = fov + "px";
        domElement.style.perspective = fov + "px";

        scene.updateMatrixWorld();
        if ( camera.parent === undefined ) camera.updateMatrixWorld();
        camera.matrixWorldInverse.getInverse( camera.matrixWorld );

        var style =
            "translate3d(0,0," + fov + "px)"
            + getCameraCSSMatrix( camera.matrixWorldInverse )
            + " translate3d(" + _widthHalf + "px,"
            + _heightHalf + "px, 0)";

        cameraElement.style.WebkitTransform = style;
        cameraElement.style.MozTransform = style;
        cameraElement.style.oTransform = style;
        cameraElement.style.transform = style;
        renderObject( scene, camera );
    };
```

소스 중에 음영으로 처리된 부분이 카메라 엘리먼트의 transform 속성에 넣어줄 문자열을 만드는 부분입니다. perspective 값만큼 카메라 거리를 떨어뜨린 다음 카메라 위치를 나타내는 행렬의 역행렬을 적용시켜줍니다. 그리고 화면의 중심점으로 다시 이동시켜 주는데, 이것은 윈도우 중심으로 투영된 물체들을 다시 배치하기 위해서입니다.

3. Ramb3D 엔진

Ramb3D는 three.js 와 CSS3DRenderer.js를 응용한 2.5D 게임 개발 라이브러리입니다. 그러나 CSS에만 국한된 것이 아니므로 때에 따라서는 WebGL 렌더러와 CSS3 렌더러를 혼합하여 사용할 수 있도록 설계되었습니다. GitHub에 소스를 공유해두었으며 MIT 라이선스를 따르고 있으며 다음 링크에서 내려받으실 수 있습니다.

URL https://github.com/gbox3d/Ramb3D

3.1 Hello Ramb3D

Ramb3D 엔진은 three.js와 jQuery를 필요로 합니다. 그래서 헤더 부분의 선언에는 다음과 같은 내용이 꼭 포함되어야 합니다.

```
<script src='../libs/jquery-2.0.3.min.js'></script>
<script src='../libs/threejs/three.js'></script>
<script src='../libs/threejs/CSS3DRenderer.js'></script>
<script src="../libs/ramb3d/core.js"></script>
```

실제 Ramb3D 부분은 /ramb3d/core.js에 구현되어 있습니다. 장면 관리자인 ramb3d.scene. SceneManager를 생성하면 내부적으로 렌더러를 생성합니다. 그래서 따로 렌더러를 세팅할 필요 없이 장면 관리자를 만들 때 인자로 선택하게 할 수 있습니다.

SceneManager 생성자의 매개 변수는 다음과 같습니다.

```
renderer : {
    renderer_type : 렌더러 선택. WebGL, css3 두 가지 중 선택. 기본값은 css3
    bkg_color : 배경색, 지정 안 하면 투명. '#ff0000' 형식으로 지정
    container : 렌더러가 들어갈 컨테이너 엘리먼트
}
windowSize : {
    width : 가로 크기
    height : 세로 크기
}
```

windowSize를 지정하지 않으면 전체 화면이 됩니다.

```
camera : {
    fov: 시야각, 기본값 45
    near : 근거리값 기본값 1
    far : 원거리값 기본값 5000
    element : 카메라 엘리먼트값, 생략가능
    position : 카메라 위치, 기본값 new THREE.Vector3(0,0,700)
    lookat : 카메라 시점, 기본값 new THREE.Vector3(0,0,0)
}
```

다음은 장면 관리자를 생성하고 빨간색 평면 모양의 평면 도형 객체를 만들어 장면에 붙이는 예제입니다. createPlane( ) 메서드를 사용해서 128 크기의 빨간색 평면 도형을 만들었습니다. parent 인자는 부모 노드를 지정하는 인자입니다. 여기서는 장면 관리자의 루트 노드를 지정하도록 했습니다.

```
var Smgr = new ramb3d.scene.SceneManager();

var object = ramb3d.util.createPlane({
    name : 'hello-plane',
    width : 128,
    height : 128,
    color : '#ff0000',
    render_type : 'css3',
    parent : Smgr.scene
});
```

createPlane() 메서드의 인자들은 다음과 같습니다.

- **name**   노드의 이름입니다.
- **width**   도형의 넓이입니다.
- **height**   도형의 높이입니다.

```
window.addEventListener( 'resize', onWindowResize, false );

function onWindowResize() {
    Smgr.updateAll({
        resize : {
            width : window.innerWidth,
            height : window.innerHeight
        }
    });
}
```

화면 크기가 변화했을 때 물체들이 찌그러짐 없이 일정한 비율을 유지하려면 위와 같이 resize 이벤트 핸들러를 추가해줍니다. window.innerWidth, window.innerHeight는 브라우저의 전체 화면 크기입니다. 또한, 장면 관리자의 updateAll()은 전체 장면을 한 번씩 순회하면서 갱신해주는 메서드입니다.

```
function onDocumentMouseDown( event ) {

    event.preventDefault();

    canvas_dom.addEventListener
        ( 'mousemove', onDocumentMouseMove, false );
    canvas_dom.addEventListener
        ( 'mouseup', onDocumentMouseUp, false );
}

function onDocumentMouseMove( event ) {
    var movementX = event.movementX || event.mozMovementX
        || event.webkitMovementX || 0;
    var movementY = event.movementY || event.mozMovementY
        || event.webkitMovementY || 0;

    console.log(event);

    object.rotation.y += movementX * 0.01;
    object.rotation.x -= movementY * 0.01;
```

```
    Smgr.updateAll();
}

function onDocumentMouseUp( event ) {
    canvas_dom.removeEventListener
        ( 'mousemove', onDocumentMouseMove );
    canvas_dom.removeEventListener
        ( 'mouseup', onDocumentMouseUp );
}

//이벤트 처리
var canvas_dom = Smgr.renderer.domElement;
canvas_dom.addEventListener( 'mousedown', onDocumentMouseDown, false );
```

마우스 드래그로 회전을 시키는 예입니다. 드래그 이벤트가 시작되는 부분은 onDocument MouseDown입니다. 이벤트를 받을 대상은 장면 관리자의 최상위 엘리먼트인 renderer. domElement입니다.

전체 소스는 다음과 같습니다.

예제 | 13-4

```
<!DOCTYPE html>
<html>
<head>
    <meta charset="utf-8" />
    <title>basic</title>
    <script src='../libs/jquery-2.0.3.min.js'></script>
    <script src='../libs/threejs/three.js'></script>
    <script src='../libs/threejs/CSS3DRenderer.js'></script>
    <script src="../libs/ramb3d/core.js"></script>
    <script>
        $(function() {
            var Smgr = new ramb3d.scene.SceneManager();
            var object = ramb3d.util.createPlane({
                name : 'hello-plane',
                width : 128,
                height : 128,
                color : '#ff0000',
```

```javascript
    render_type : 'css3',
    parent : Smgr.scene
});
Smgr.updateAll();

//이벤트 처리
var canvas_dom = Smgr.renderer.domElement;
canvas_dom.addEventListener
    ( 'mousedown', onDocumentMouseDown, false );
window.addEventListener( 'resize', onWindowResize, false );

function onWindowResize() {
    Smgr.updateAll({
        resize : {
            width : window.innerWidth,
            height : window.innerHeight
        }
    });
}

function onDocumentMouseDown( event ) {
    event.preventDefault();
    canvas_dom.addEventListener
        ( 'mousemove', onDocumentMouseMove, false );
    canvas_dom.addEventListener
        ( 'mouseup', onDocumentMouseUp, false );
}

function onDocumentMouseMove( event ) {
    var movementX = event.movementX || event.mozMovementX
        || event.webkitMovementX || 0;
    var movementY = event.movementY || event.mozMovementY
        || event.webkitMovementY || 0;

    console.log(event);

    object.rotation.y += movementX * 0.01;
    object.rotation.x -= movementY * 0.01;
    Smgr.updateAll();
}
```

```
        function onDocumentMouseUp( event ) {
            canvas_dom.removeEventListener
                    ( 'mousemove', onDocumentMouseMove );
            canvas_dom.removeEventListener
                    ( 'mouseup', onDocumentMouseUp );
        }
    });
    </script>
</head>
<body style="margin: 0px;">
</body>
</html>
```

소스를 브라우저에서 실행시키면 화면 중앙에 빨간색 직사각형이 나옵니다. 마우스를 화면에 대고 드래그하면 마치 트랙볼을 돌리는 것처럼 화면 중앙의 사각형을 3차원으로 돌려볼 수 있습니다.

그림 13-8 실행 결과

3.2 창 모드 렌더러

창 모드로 렌더링하려면 ramb3d.scene.SceneManager() 생성자 인자 중 window_size를 정해서 넣어주어야 합니다. 다음은 320×240 크기의 창 모드로 렌더러를 세팅하는 예제입니다.

```
//창모드실행하기
var Smgr = new ramb3d.scene.SceneManager({
    renderer : {
        container : document.querySelector('#mycanvas'),
        bkg_color : '#bbbbbb',
        type : 'css3'
    },
    window_size : {
        width : 320,
        height: 240
    }, camera : {
        fov : 45,
        far : 5000,
        near : 1,
        position : new THREE.Vector3(0, 0, 500),
        lookat : new THREE.Vector3()
    }
});
```

이번에는 단색의 평면이 아닌 스프라이트 이미지를 평면 도형에 씌워서 객체를 생성하도록 하겠습니다. 먼저 스프라이트 이미지의 투명 컬러 부분이 가려지지 않도록 color 값에 rgba(0, 0, 0, 0)을 넣어줍니다. 그리고 texture에는 스프라이트 이미지 파일의 경로를 넣어줍니다.

```
var object = ramb3d.util.createPlane({
    name : 'hello-plane',
    width : 80,
    height : 120,
    texture : '../res/classes/obb/1.png',
    color : 'rgba(0, 0, 0, 0)',
    render_type : 'css3',
    parent : Smgr.scene
});
```

다음은 전체 소스입니다.

```
<!DOCTYPE html>
<html>
<head>
   <meta charset="utf-8" />
   <title>basic 창모드 예제</title>
   <script src='../libs/jquery-2.0.3.min.js'></script>
   <script src='../libs/threejs/three.js'></script>
   <script src='../libs/threejs/CSS3DRenderer.js'></script>
   <script src='../libs/ramb3d/core.js'></script>
   <script>
      $(function() {
         //창모드 실행하기
         var Smgr = new ramb3d.scene.SceneManager({
            renderer : {
               container : document.querySelector('#mycanvas'),
               bkg_color : '#bbbbbb',
               type : 'css3'
            },
            window_size : {
               width : 320,
               height: 240
            },camera : {
               fov : 45,
               far : 5000,
               near : 1,
               position : new THREE.Vector3(0, 0, 500),
               lookat : new THREE.Vector3()
            }
         });

         var object = ramb3d.util.createPlane({
            name : 'hello-plane',
            width : 80,
            height : 120,
            texture : '../res/classes/obb/1.png',
            color : 'rgba(0, 0, 0, 0)',
            render_type : 'css3',
            parent : Smgr.scene
```

```javascript
    });

    Smgr.updateAll();

    //이벤트 처리
    var canvas_dom = Smgr.renderer.domElement;
    canvas_dom.addEventListener
        ( 'mousedown', onDocumentMouseDown, false );

    function onDocumentMouseDown( event ) {
       event.preventDefault();
       canvas_dom.addEventListener
          ( 'mousemove', onDocumentMouseMove, false );
       canvas_dom.addEventListener
          ( 'mouseup', onDocumentMouseUp, false );
}


    function onDocumentMouseMove( event ) {
       var movementX = event.movementX || event.mozMovementX
             || event.webkitMovementX || 0;
       var movementY = event.movementY || event.mozMovementY
             || event.webkitMovementY || 0;

       object.rotation.y += movementX * 0.01;
       object.rotation.x -= movementY * 0.01;

       //매트릭스 CSS3 적용
       //object.updateMatrix();
       Smgr.updateAll();
    }

    function onDocumentMouseUp( event ) {
       canvas_dom.removeEventListener
             ( 'mousemove', onDocumentMouseMove );
       canvas_dom.removeEventListener
             ( 'mouseup', onDocumentMouseUp );
    }
   });
  </script>
</head>
```

```
<body style="margin: 0px;">
   <div id='mycanvas' style="width: 320px;
           height: 240px;border: 1px solid" >
   </div>
</body>
</html>
```

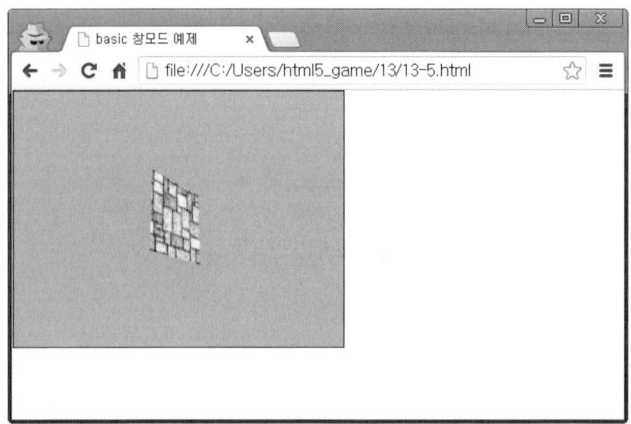

그림 13-9 실행 결과

3.3 더미 노드 다루기

실제 화면에서 모습은 보이지 않지만, 노드의 종속성에 관여하는 노드를 더미 노드(Dummy Node)라고 합니다.

```
var blue_plane = ramb3d.util.createPlane({
   width : 128,
   height : 128,
   color : 'blue',
   render_type : 'css3'
});

var red_plane = ramb3d.util.createPlane({
```

```
      width : 128,
      height : 128,
      color : 'red',
      render_type : 'css3',
      position : new THREE.Vector3(0,0,100)
});

var green_plane = ramb3d.util.createPlane({
      width : 128,
      height : 128,
      color : 'green',
      render_type : 'css3'
});
```

파란색, 빨간색, 녹색 평면을 차례로 만듭니다. 빨간색 평면을 만들 때 position 속성을 (0, 0, 100)으로 정해주어서 해당 위치에 빨간색 평면이 생성과 동시에 위치하도록 합니다. 나머지 평면들은 기본값인 (0, 0, 0)에 위치합니다.

```
var dummy = ramb3d.util.createDummy({
      position :new THREE.Vector3(0,0,0)
});

Smgr.scene.add(blue_plane);
Smgr.scene.add(green_plane);

dummy.add(red_plane);
Smgr.scene.add(dummy);
```

createDummy() 메서드로 (0, 0, 0) 위치에 더미(dummy)를 만들고 red_plane을 자식으로 추가합니다. 이때부터 red_plane은 더미의 변환에 영향을 받게 됩니다. red_plane은 더미 기준으로 (0, 0, 100)의 위치에 항상 있게 됩니다. 만약 더미가 회전한다면 원점을 중심으로 회전하게 됩니다. 이런 원리를 이용해서 트랙볼 카메라 이동을 구현하기도 합니다.

다음은 three.js에서 회전 행렬을 만드는 makeRatoationFromEuler() 메서드를 이용해서 회전 행렬을 만들어 객체에 적용시키는 예입니다.

```
var rotM = (new THREE.Matrix4()).makeRotationFromEuler(
    new THREE.Euler(movementY*0.01,movementX*0.01,0,"XYZ")
);
control_obj.applyMatrix(rotM);
```

Object3D.applyMatrix()는 만들어진 행렬을 3D 객체에 적용시켜주는 메서드입니다.

```
//월드 좌표 구하기
Smgr.scene.updateMatrixWorld(true);
var worldPos = new THREE.Vector3(0,0,0);
worldPos.getPositionFromMatrix(red_plane.matrixWorld);
green_plane.position.copy(worldPos);
```

위의 소스는 빨간색 평면의 월드 좌표를 구하는 예제입니다. 더미의 변환을 고려하지 않는 red_plane의 위치는(로컬 좌표상의 위치) 항상 (0, 0, 100)이 됩니다. 하지만, red_plane은 더미의 자식 노드이기 때문에 더미의 회전이나 이동에 월드 공간상의 위치는 바뀌게 됩니다. 이러한 월드 공간상의 좌표를 월드 좌표라고 합니다.

월드 좌표를 구하기 전에 장면 관리자의 모든 노드의 위치를 다시 계산해주어 합니다. 트리를 순회하며 행렬 곱셈 연산을 모두 수행해주기 때문에 자주 쓰거나 중복해서 쓰면 성능이 저하될 수 있으니 updateMatrixWorld() 메서드는 신중하게 사용하여야 합니다. 이 메서드의 첫 번째 인자는 자식 노드까지 행렬 곱셈을 재귀적으로 해줄 것인지를 정하는 값입니다. true이면 자식 노드까지 재귀적으로 곱셈을 수행해주지만, false면 자신만 곱셈을 해주고 자식 노드까지 들어가지는 않습니다.

장면 관리자의 행렬들을 업데이트하고 나면 계산된 행렬 값인 red_plane.matrixWorld를 getPositionFromMatrix()에 넣어서 월드 좌표 값을 구합니다.

worldPos에 반환값을 넣어주고 다시 그 값을 green_plane에 넣어주면 회전하지 않고 red_plane의 위치만 따라다니게 됩니다.

다음은 전체 소스입니다.

예제 | 13-6

```html
<!DOCTYPE html>
<html>
<head>
  <meta charset="utf-8" />
  <title> dummy sample </title>
  <!--<link rel="stylesheet" href="../libs/ramb3d/gbox3d.three.css"/>-->
  <script src='../libs/jquery-2.0.3.min.js'></script>
  <script src='../libs/threejs/three.js'></script>
  <script src='../libs/threejs/CSS3DRenderer.js'></script>
  <script src='../libs/ramb3d/core.js'></script>
  <script>
    $(function() {
      var Smgr = new ramb3d.scene.SceneManager({
        camera : {
          fov : 45,
          far : 5000,
          near : 1,
          position : new THREE.Vector3(0, 0, 500),
          lookat : new THREE.Vector3()
        }
      });

      var blue_plane = ramb3d.util.createPlane({
        width : 128,
        height : 128,
        color : 'blue',
        render_type : 'css3'
      });

      var red_plane = ramb3d.util.createPlane({
        width : 128,
        height : 128,
        color : 'red',
        render_type : 'css3',
        position : new THREE.Vector3(0,0,100)
      });

      var green_plane = ramb3d.util.createPlane({
```

```
        width : 128,
        height : 128,
        color : 'green',
        render_type : 'css3'
});

var dummy = ramb3d.util.createDummy({
    position :new THREE.Vector3(0,0,0)
});

Smgr.scene.add(blue_plane);
Smgr.scene.add(green_plane);
dummy.add(red_plane);
Smgr.scene.add(dummy);
Smgr.updateAll();

//이벤트 처리
(function(control_obj,Smgr) {
    var canvas_dom = Smgr.renderer.domElement;
    canvas_dom.addEventListener(
            'mousedown', onDocumentMouseDown, false );
    window.addEventListener(
            'resize', onWindowResize, false );

    function onWindowResize() {
        Smgr.updateAll({
            resize : {
                width :  window.innerWidth,
                height : window.innerHeight
            }
        });
    }

    function onDocumentMouseDown( event ) {
        event.preventDefault();

        canvas_dom.addEventListener(
                'mousemove', onDocumentMouseMove, false );
        canvas_dom.addEventListener(
                'mouseup', onDocumentMouseUp, false );
```

```
            }

        function onDocumentMouseMove( event ) {

            var movementX = event.movementX || event.mozMovementX
                    || event.webkitMovementX || 0;
            var movementY = event.movementY || event.mozMovementY
                    || event.webkitMovementY || 0;

            var rotM = (new THREE.Matrix4())
                .makeRotationFromEuler(new THREE.Euler
                    (movementY*0.01,movementX*0.01,0,"XYZ"));
            control_obj.applyMatrix(rotM);

            //매트릭스 값을 CSS3에 적용시키기
            //월드 좌표 구하기
            Smgr.scene.updateMatrixWorld(true);
            var worldPos = new THREE.Vector3(0,0,0);
            worldPos.getPositionFromMatrix(red_plane.matrixWorld);
            green_plane.position.copy(worldPos);
            Smgr.updateAll();
        }

        function onDocumentMouseUp( event ) {
            canvas_dom.removeEventListener(
                    'mousemove', onDocumentMouseMove );
            canvas_dom.removeEventListener(
                    'mouseup', onDocumentMouseUp );
        }
    })(dummy,Smgr);
  });
  </script>
</head>
<body style="margin: 0px;">
</body>
</html>
```

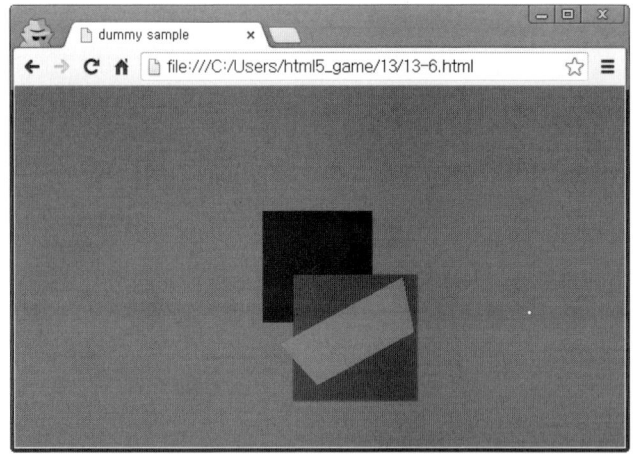

그림 13-10 실행 결과

3.4 클로닝

클로닝은 한번 만들어진 객체를 여러 번 반복적으로 복제해서 사용할 수 있도록 하는 기능을 말합니다. 그래서 게임 엔진에서의 클로닝 지원 여부는 코드 생산성을 크게 좌우합니다. Ramb3D에서는 three.js의 clone() 메서드를 상속받아서 CSS3DObject용 클로닝 메서드를 따로 구현했습니다.

```
THREE.CSS3DObject.prototype.clone = function() {

    var clone_obj = new THREE.CSS3DObject(this.element.cloneNode(true));

    //슈퍼함수콜
    THREE.Object3D.prototype.clone.call(this,clone_obj);

    return clone_obj;
}
```

DOM 엘리먼트를 추가로 복제하는 것만 빼고는 나머지는 기존 Object3D.clone()을 그대로 사용했습니다.

```
var cloneObj = object.clone();
cloneObj.position.set(128,0,0);
cloneObj.element.style.backgroundColor = 'blue';
Smgr.scene.add(cloneObj);
```

clone( ) 메서드로 이전에 만든 객체와 똑같은 객체를 간단하게 복제할 수 있습니다. 그리고 복제 후 다른 속성을 줄 수도 있습니다. 여기서는 위치와 배경색을 바꿔서 장면 관리자에 추가했습니다.

다음 예제는 두 개의 평면을 복제한 후 초당 45도의 속도로 회전시키는 예제입니다. 이전 장에서 소개한 pig2d 엔진에서 사용된 gbox3d.core.Timer()를 이용해서 타이밍 계산을 했습니다.

전체 소스는 다음과 같습니다.

예제 | 13-7

```
<!DOCTYPE html>
<html>
<head>
    <meta charset="utf-8" />
    <title>cloning sample</title>
    <script src='../libs/jquery-2.0.3.min.js'></script>
    <script src='../libs/threejs/three.js'></script>
    <script src='../libs/threejs/CSS3DRenderer.js'></script>
    <script src='../libs/ramb3d/core.js'></script>
    <script src='../libs/gbox3d/core.js'></script>

    <script>
        $(function() {
            //장면 관리자 얻어오기
            var Smgr = new ramb3d.scene.SceneManager();
            //장면 노드 추가
            var object = ramb3d.util.createPlane({
                name : 'hello-plane',
                width : 128,
                height : 128,
                color : 'red',
```

```
            parent : Smgr.scene
        });


        var cloneObj = object.clone();
        cloneObj.position.set(128,0,0);
        cloneObj.element.style.backgroundColor = 'blue';
        Smgr.scene.add(cloneObj);

        var blue_clone = cloneObj;

        cloneObj = object.clone();
        cloneObj.position.set(-128,0,0);
        cloneObj.element.style.backgroundColor = 'green';
        Smgr.scene.add(cloneObj);

        var green_clone = cloneObj;
        var gbox_Timer = new gbox3d.core.Timer();

        function loop() {
            var deltaTime = gbox_Timer.getDeltaTime();
            //초당45도 회전
            blue_clone.rotation.x += THREE.Math.degToRad(45) * deltaTime;
            green_clone.rotation.y -= THREE.Math.degToRad(45) * deltaTime;
            object.rotation.y += THREE.Math.degToRad(45) * deltaTime;
            //장면 업데이트
            Smgr.updateAll();
            requestAnimationFrame(loop);
        }
        loop();
    });
</script>
</head>
<body style="margin: 0px;">
</body>
</html>
```

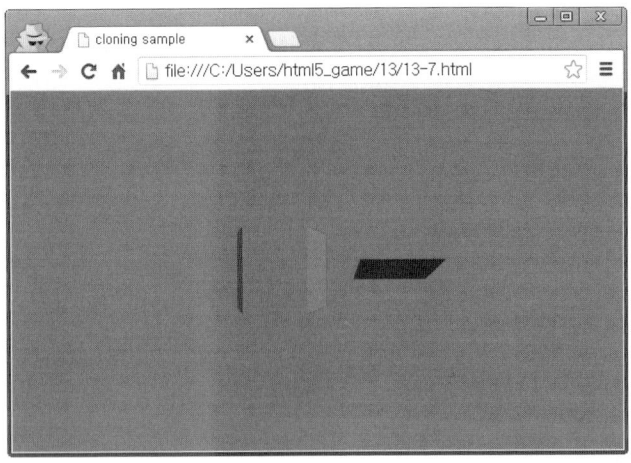

그림 13-11 실행 결과

3.5 트랙볼 카메라 제어

트랙볼 컨트롤 카메라는 마야나 3D Max와 같은 3D 편집 도구에서 많이 쓰이는 카메라입니다.
Ramb3D 엔진에서는 SceneManager.addTBCameraController() 메서드로 트랙볼 카메라
를 생성합니다. 다음은 트랙볼 카메라를 생성하는 예입니다.

```
//트랙볼 카메라 컨트롤러 생성
var tbcc = Smgr.addTBCameraController(
    {
        Smgr : Smgr,
        center : new THREE.Vector3(0,0,0),
        radius : 700
    }
);

tbcc.setRotation(THREE.Math.degToRad(-25),0,0).apply();
```

인자 center는 카메라의 시점입니다. 그리고 radius는 시점과 카메라의 거리입니다. 따라서 카

메라의 회전 반경이기도 합니다. setRotation() 메서드로 카메라의 초기 회전 값을 정할 수 있습니다. 여기서는 x축으로 −25만큼 회전한 상태로 카메라를 세팅했습니다. 트랙볼 카메라 컨트롤러는 모바일 기기의 터치 기기 입력도 지원합니다.

전체 소스는 다음과 같습니다.

예제 | 13-8

```html
<!DOCTYPE html>
<html>
<head>
    <meta charset="utf-8" />
    <title>trackball camera</title>
    <script src='../libs/jquery-2.0.3.min.js'></script>
    <script src='../libs/threejs/three.js'></script>
    <script src='../libs/threejs/CSS3DRenderer.js'></script>
    <script src='../libs/ramb3d/core.js'></script>
</head>
<body style="margin: 0px;">
<script>
    var Smgr = new ramb3d.scene.SceneManager({
        camera : {
            fov : 45,
            far : 5000,
            near : 1,
            position : new THREE.Vector3(0, 0, 500),
            lookat : new THREE.Vector3()
        },
        renderer : {
            type : 'css3'
        }
    });

    var alien_plane = ramb3d.util.createPlane({
        width : 100,
        height : 150,
        texture : '../res/classes/obb/1.png',
        color : 'rgba(0, 0, 0, 0)',
        position : new THREE.Vector3(0,75,0),
```

```
    render_type : 'css3',
    parent : Smgr.scene
});

var bkg_plane = ramb3d.util.createPlane({
    width : 250,
    height: 250,
    texture : '../res/tile/150.jpg',
    render_type : 'css3',
    rotation :  new THREE.Euler(THREE.Math.degToRad(90),0,0),
    parent: Smgr.scene
});

//트랙볼 카메라 컨트롤러 생성
var tbcc = Smgr.addTBCameraController(
        {
            Smgr : Smgr,
            center : new THREE.Vector3(0,0,0),
            radius : 700
        }
);

tbcc.setRotation(THREE.Math.degToRad(-25),0,0)
        .apply();
Smgr.updateAll();

//크기 조정에 대한 처리
window.addEventListener( 'resize', onWindowResize, false );

function onWindowResize() {
    Smgr.updateAll({
        resize : {
            width :  window.innerWidth,
            height : window.innerHeight
        }
    });
}
</script>
</body>
</html>
```

예제를 실행하면 다음 그림처럼 바닥 위에 로켓이 서 있습니다. 마우스를 드래그하면 addTB CameraController()에서 인자 객체의 center 변수에 넣은 값을 기준으로 회전합니다. 마치 로켓이 움직이는 것 같지만 실제로는 카메라가 움직이는 것입니다.

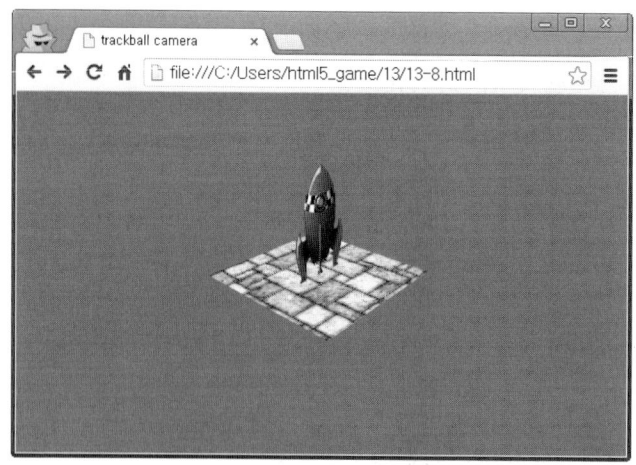

그림 13-12 실행 결과

3.6 빌보드

빌보드는 평면으로 된 3D 객체가 항상 카메라 바라보도록 할 때 사용하는 방법입니다. 그래서 2D로 작업된 이미지를 3D 공간상에 올려 두어도 항상 카메라를 바라보도록 해서 마치 3D 객체인양 행동하게 하는 방식입니다. 태양이나 멀리 떨어진 나무나 가로수 조명등을 표현할 때 많이 사용됩니다. 또한, 스프라이트 이미지를 3차원 공간상에서 표현하려고 할 때도 많이 사용합니다. (이런 식의 화면으로 구성된 게임을 2.5D 게임이라고도 합니다.)

```
var lookatVect = new THREE.Vector3();
lookatVect.subVectors(
    Smgr.camera.position,  //관찰자 위치
    control_obj.position   //시점 위치
);
lookatVect.normalize();
```

```
//회전 각도 구하기
var angle = new THREE.Vector3();
angle.y = THREE.Math.radToDeg(
       Math.atan2(lookatVect.x, lookatVect.z));
if (angle.y < 0) {
    angle.y += 360
}
if (angle.y >= 360) {
    angle.y -= 360
}
```

```
//회전을 반대로 적용시켜 항상 카메라 방향을 바라보게 한다.
alien_plane.rotation.y = THREE.Math.degToRad(angle.y);
```

관찰자 위치 벡터에서 시점을 빼주어서 방향 벡터를 구해서 lookatVect에 넣어줍니다. 여기서
얻어진 방향 벡터는 카메라가 바라보는 방향 벡터입니다. 카메라 방향 벡터의 y축 회전 값을 구해
서 그 값을 반대로 스프라이트 객체에 적용하면 항상 카메라를 바라보게 됩니다.

전체 소스는 다음과 같습니다.

예제 13-9

```
<!DOCTYPE html>
<html>
<head>
    <meta charset="utf-8" />
    <title> billboard </title>
    <script src='../libs/jquery-2.0.3.min.js'></script>
    <script src='../libs/threejs/three.js'></script>
    <script src='../libs/threejs/CSS3DRenderer.js'></script>
    <script src='../libs/ramb3d/core.js'></script>
    <script>
      $(function() {
         var Smgr = new ramb3d.scene.SceneManager();
         var alien_plane = ramb3d.util.createPlane({
            width : 288,
            height : 344,
            texture : '../res/Tree.png',
```

```
        color : 'rgba(0, 0, 0, 0)',
        parent : Smgr.scene,
        position: new THREE.Vector3(0,75,0)
    });

    var bkg_plane = ramb3d.util.createPlane({
        width : 256,
        height: 256,
        texture : '../res/wall.jpg',
        render_type : 'css3',
        rotation :  new THREE.Euler(THREE.Math.degToRad(90),0,0),
        parent : Smgr.scene
    });

    var dummy_lookat = ramb3d.util.createDummy({
        parent : Smgr.scene,
        position :new THREE.Vector3(0,0,0)
    });

    var dummy_eye = ramb3d.util.createDummy({
        position :Smgr.camera.position
    });

    Smgr.scene.add(dummy_lookat);
    dummy_lookat.add(dummy_eye);
    dummy_lookat.rotation.x = THREE.Math.degToRad(-25);
    dummy_lookat.updateMatrix();

    //장면 노드에 있는 노드들의 월드 행렬들을 최신으로 모두 갱신해주기
    Smgr.scene.updateMatrixWorld(true);

    //월드 좌표 구하기
    var worldPos = new THREE.Vector3(0,0,0);
    worldPos.getPositionFromMatrix(dummy_eye.matrixWorld);
    Smgr.camera.position.copy(worldPos);
    Smgr.camera.lookAt( dummy_lookat.position);

    Smgr.updateAll();

    //이벤트 처리
```

```javascript
(function(control_obj) {

    var canvas_dom = Smgr.renderer.domElement;
    canvas_dom.addEventListener
        ( 'mousedown', onDocumentMouseDown, false );

    window.addEventListener( 'resize', onWindowResize, false );

    function onWindowResize() {
        Smgr.updateAll({
            resize : {
                width :  window.innerWidth,
                height : window.innerHeight
            }
        });
    }

    function onDocumentMouseDown( event ) {
        event.preventDefault();
        canvas_dom.addEventListener
            ( 'mousemove', onDocumentMouseMove, false );
        canvas_dom.addEventListener
            ( 'mouseup', onDocumentMouseUp, false );
    }

    function onDocumentMouseMove( event ) {
        var movementX = event.movementX
            || event.mozMovementX || event.webkitMovementX
            || 0;
        var movementY = event.movementY
            || event.mozMovementY || event.webkitMovementY
            || 0;

        //시점 기준 y축 고정 방식의(FPS형) 카메라를 제어할 때 쓰이는 방식
        //객체에 적용시키면 트랙볼임
        control_obj.eulerOrder = 'YXZ';
        control_obj.rotation.y += movementX * 0.01;
        control_obj.rotation.x -= movementY * 0.01;

        //매트릭스 CSS3 적용
```

```
            control_obj.updateMatrix();
            //장면 노드에 모든 노드의 월드 행렬을 최신으로 갱신
            Smgr.scene.updateMatrixWorld(true);

            //월드좌표 구하기
            var worldPos = new THREE.Vector3(0,0,0);
            worldPos.getPositionFromMatrix(dummy_eye.matrixWorld);
            Smgr.camera.position.copy(worldPos);
            Smgr.camera.lookAt( control_obj.position );

            var lookatVect = new THREE.Vector3();
            lookatVect.subVectors(
                Smgr.camera.position, //관찰자 위치
                control_obj.position  //시점 위치
            );
            lookatVect.normalize();

            //회전각도 구하기
            var angle = new THREE.Vector3();
            angle.y = THREE.Math.radToDeg(
                Math.atan2(lookatVect.x, lookatVect.z));
            if (angle.y < 0) {
                angle.y += 360
            }
            if (angle.y >= 360) {
                angle.y -= 360
            }

            //회전을 반대로 적용시켜 항상 카메라 방향을 바라보게 한다.
            alien_plane.rotation.y = THREE.Math.degToRad(angle.y);
            Smgr.updateAll();
        }

        function onDocumentMouseUp( event ) {
            canvas_dom.removeEventListener
                ( 'mousemove', onDocumentMouseMove );
            canvas_dom.removeEventListener
                ( 'mouseup', onDocumentMouseUp );
        }
    })(dummy_lookat);
```

```
    });
  </script>
</head>
<body style="margin: 0px;">
</body>
</html>
```

마우스를 좌우로 드래그하면 빌보드로 만든 나무 이미지는 계속 카메라와 정면을 유지합니다. 하지만, 상하로 움직이면 일반 다른 객체처럼 회전합니다.

그림 13-13 실행 결과

3.7 투영 값 조정

시야각이 좁고 카메라의 거리가 멀리 떨어져 있으면 원근감이 거의 없어 보이고, 시야각이 넓고 카메라와 물체가 가까이 있으면 어안처럼 원근 효과가 과장되어 나타납니다.

그림 13-14 왼쪽의 예제 13-10 실행 결과는 fov(시야각)가 좁고 카메라의 거리가 비교적 멀리 떨어져 있습니다. 그래서 원근 효과가 거의 없어 보입니다.

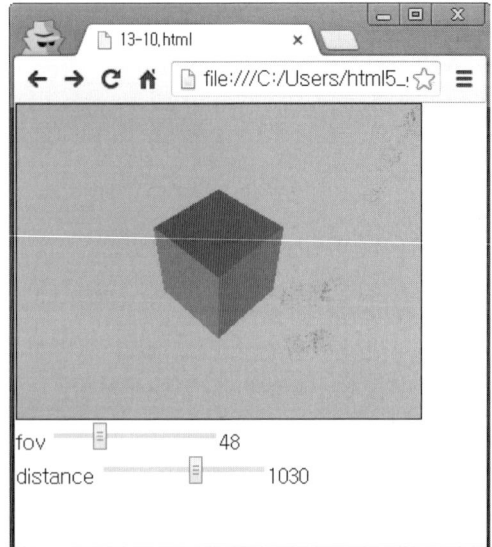 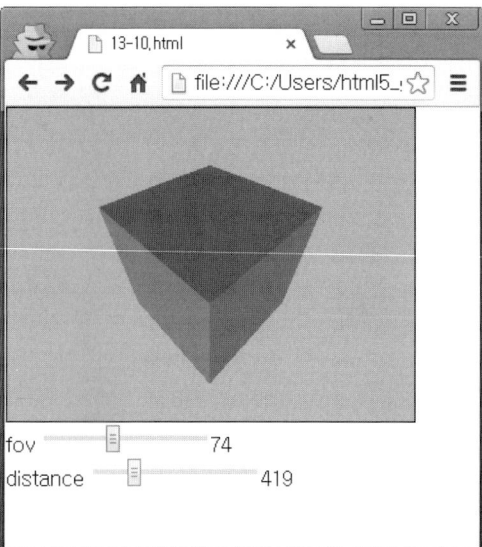

그림 13-14 예제 13-10 실행 결과

이에 비해 오른쪽 그림은 왼쪽 그림과는 다르게 상대적으로 시야각이 넓고 카메라의 거리가 가깝습니다. 그래서 원근 효과가 과장되어 나타납니다. camera.fov 값을 바꿔주면 시야각을 바꿀 수 있습니다.

다음은 앞서 본 예제의 전체 소스입니다.

예제 | 13-10

```
<!DOCTYPE html>
<html>
<head>
    <meta charset="utf-8" />
    <title></title>
    <script src='../libs/jquery-2.0.3.min.js'></script>
    <script src='../libs/threejs/three.js'></script>
    <script src='../libs/threejs/CSS3DRenderer.js'></script>
    <script src="../libs/ramb3d/core.js"></script>
</head>
```

```
<body style="margin: 0px;">
<div id='mycanvas' style="width: 320px;height: 240px;
    border: 1px solid" >
</div>

fov
<input id='fov' type="range" max="180" min="0" value="90" >
   <span>90</span></br>
distance
<input id='dist' type="range" max="1800" min="0" value="500" >
   <span>500</span></br>

<script>
   //창모드 실행하기
   var Smgr = new ramb3d.scene.SceneManager({
      renderer : {
         container : document.querySelector('#mycanvas'),
         bkg_color : '#bbbbbb',
         type : 'css3'
      },
      window_size : {
         width : 320,
         height: 240
      },camera : {
         fov : 45,
         far : 5000,
         near : 1,
         position : new THREE.Vector3(0, 0, 500),
         lookat : new THREE.Vector3()
      }
   });

   var scene = Smgr.scene;
   var camera = Smgr.camera;

   camera.fov = document.querySelector('#fov').value;

   //트랙볼 카메라 컨트롤러 생성
   var tbCam = Smgr.addTBCameraController(
         {
```

```
            Smgr : Smgr,
            center : new THREE.Vector3(0,0,0),
            radius : 500
        }
    );

    tbCam.setRotation(THREE.Math.degToRad(-45),
        THREE.Math.degToRad(-45),0).apply();

    var line = new ramb3d.util.createLine({
        color : new THREE.Color(0xff0000),
        start: new THREE.Vector3(0,-128,0),
        end : new THREE.Vector3(0,128,0),
        thick : {
            w : 256,
            h : 256
        }
    });
    Smgr.scene.add(line);
    Smgr.updateAll();
    document.addEventListener('change',function() {

        //시야각조절
        camera.fov = document.querySelector('#fov').value;
        document.querySelector('#fov').nextSibling.innerText = camera.fov;

        //카메라와거리조절
        tbCam.setRadius( document.querySelector('#dist').value);
        tbCam.apply();
        document.querySelector('#dist').nextSibling.innerText =
            document.querySelector('#dist').value;
        Smgr.updateAll();
    });
</script>
</body>
</html>
```

3.8 WebGL과 CSS3 하이브리드 뷰

WebGL과 CSS3 렌더러를 동시에 겹쳐서 보여주는 효과를 만들 수도 있습니다. 두 개의 렌더러를 관리할 두 개의 장면 관리자를 만들어야 합니다. 그래서 다음 소스처럼 먼저 공통으로 사용될 카메라 값을 만들어 줍니다.

```
var camera_value = {
    fov : 45,
    far : 5000,
    near : 1,
    position : new THREE.Vector3(0, 0, 500),
    lookat : new THREE.Vector3()
};
```

두 개의 장면 관리자를 각각 만들어서 카메라 객체를 하나로 통일해줍니다. 다음과 같이 컨테이너도 각각 두 개를 따로 만들어 줍니다.

```
var Smgr_webgl = new ramb3d.scene.SceneManager({
    camera : camera_value,
    renderer : {
        container : document.querySelector(
            '#chart-main-window .container-webgl'),
        type : 'webgl'
    },
    window_size : {
        width : 640,
        height: 480
    }
});

var Smgr_css = new ramb3d.scene.SceneManager({
    camera : camera_value,
    renderer : {
        container : document.querySelector(
            '#chart-main-window .container-css3d'),
        type : 'css3'
```

```
    },
    window_size : {
        width : 640,
        height: 480
    }
});

Smgr_css.camera = Smgr_webgl.camera;
```

이렇게 만들어진 장면 관리자에 각각 렌더러별 객체를 만들어 따로 관리하도록 할 수 있습니다. 그리고 화면에 보여줄 때는 차례로 updateAll() 메서드를 호출해줍니다.

```
<div id='chart-main-window' style="width: 640px; margin: auto;">
    <div style="position: absolute; margin: 0px;"
        class="container-css3d"></div>
    <div style="position: absolute; margin: 0px;"
        class="container-webgl"></div>
</div>
```

지금까지의 내용을 적용한 전체 소스는 다음과 같습니다.

예제 | 13-11

```
<!DOCTYPE html>
<html>
<head>
    <meta charset="utf-8" />
    <title></title>
    <script src='../libs/jquery-2.0.3.min.js'></script>
    <script src='../libs/three.js/three.js'></script>
    <script src='../libs/three.js/CSS3DRenderer.js'></script>
    <script src='../libs/ramb3d/core.js'></script>
</head>
<body>
<div id='chart-main-window' style="width: 640px; margin: auto;">
    <div style="position: absolute; margin: 0px;"
        class="container-webgl"></div>
```

```
    <div style="position: absolute; margin: 0px;"
        class="container-css3d"></div>
</div>
<script>
    //공통으로 사용할 카메라 값
    var camera_value = {
        fov : 45,
        far : 5000,
        near : 1,
        position : new THREE.Vector3(0, 0, 500),
        lookat : new THREE.Vector3()

    };


    var Smgr_webgl = new ramb3d.scene.SceneManager({
        camera : camera_value,
        renderer : {
            container : document.querySelector
                ('#chart-main-window .container-webgl'),
            type : 'webgl'
        },
        window_size : {
            width : 640,
            height: 480
        }
    });

    var Smgr_css = new ramb3d.scene.SceneManager({
        camera : camera_value,
        renderer : {
            container : document.querySelector
                ('#chart-main-window .container-css3d'),
            type : 'css3'
        },
        window_size : {
            width : 640,
            height: 480
        }
    });
```

```
//배경을 투명하게..
Smgr_css.renderer.domElement.style.backgroundColor = "";
Smgr_css.camera = Smgr_webgl.camera;

var plane = ramb3d.util.createPlane({
    name : 'hello-plane',
    width : 128,
    height : 128,
    color : '#00ff00',
    render_type : 'webgl',
    rotation :  new THREE.Euler(THREE.Math.degToRad(-90),0,0)
});

Smgr_webgl.scene.add(plane);

var object = ramb3d.util.createPlane({
    name : 'hello-plane',
    width : 110,
    height : 246,
    texture : '../res/cohete_on_wf.png',
    color : 'rgba(0, 0, 0, 0)',//투명 컬러를 위해서
    render_type : 'css3'
});

object.position.y = 200;
Smgr_css.scene.add(object);

//트랙볼 카메라 컨트롤러 생성
var tbcc = Smgr_webgl.addTBCameraController(
        {
            Smgr : Smgr_css,
            subSmgr : Smgr_webgl,
            center : new THREE.Vector3(0,0,0),
            radius : 700
        }
);

tbcc.setRotation(THREE.Math.degToRad(-25),0,0).apply();

Smgr_css.updateAll();
```

```
    Smgr_webgl.updateAll();
</script>
</body>
</html>
```

마우스를 드래그하여 여기저기 돌려볼 수 있습니다. 밑부분 녹색 사각형은 WebGL로 렌더링된
객체이며 로켓 객체는 CSS를 사용하여 렌더링한 것입니다. 이처럼 서로 다른 두 렌더러를 섞어서
장면을 구성할 수도 있습니다. 이 방법을 활용하면 예를 들어 WebGL 화면 내에 3D 효과가 있는
웹 페이지를 넣을 수도 있습니다.

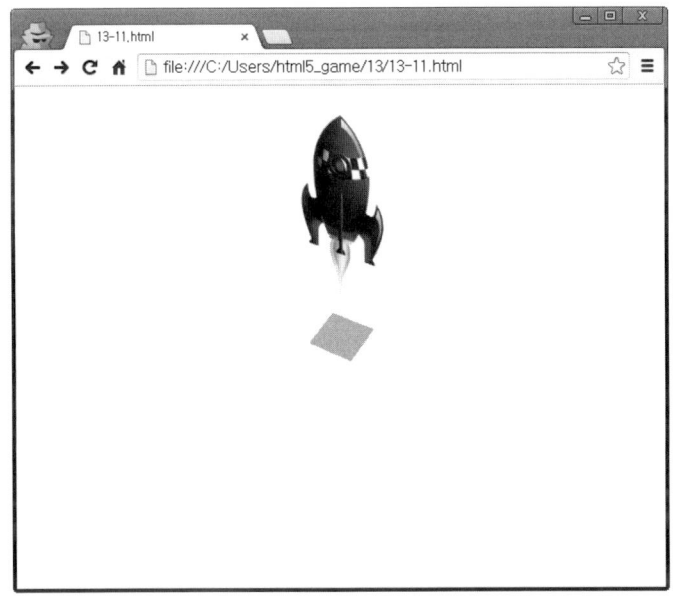

그림 13-16 실행 결과

제 14 장

SVG 응용

 WebGL 부분을 제외하고 지금까지 다룬 내용은 주로 레스터 방식의 그래픽에 대해서 다뤘습니다. 이와는 달리 SVG는 웹에서 2D 벡터 그래픽 표현하기 위한 XML 기반의 언어입니다. 게임에서는 특성상 벡터보다는 레스터 그래픽이 더 많이 사용되지만, 게임 내의 도움말이나 개발 시 필요한 헬퍼 함수들을 구현할 때 응용한다면 SVG도 매우 효과적인 도구가 될 수 있습니다.

raster라는 말은 radere(문지르다)라는 라틴 어에서 유래되었다고 합니다. 이는 비트맵 데이터를 직사각형 격자의 화소(픽셀)에 표시하는 방식으로, 여러 개의 점을 찍어서 전체 그림을 완성하는 방법입니다. 미술 시간에 모자이크나 점묘화 같은 기법으로 그림을 그리는 것과 같습니다. 장점은 데이터 구조가 간단해서 렌더링 시스템을 비교적 쉽게 구현할 수 있다는 것이지만, 저해상도 이미지를 확대 축소할 때 아래 그림의 오른쪽처럼 계단 현상이 발생합니다. 반면 벡터 방식에서는 그림을 그리는 기본 단위가 점이 아니라 선입니다. 그러므로 아래 그림 왼쪽처럼 확대해도 계단 현상이 발생하지 않습니다.

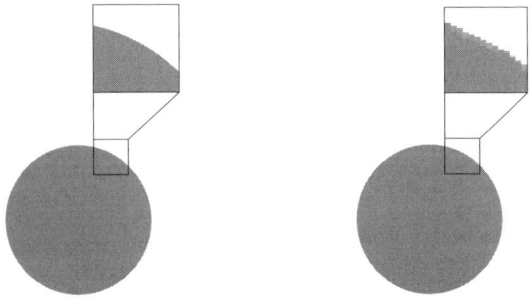

1. SVG 기초

SVG 태그는 〈body〉 부분에 오지만 그 내용은 HTML 태그와는 달리 순수한 XML입니다.

```
<svg width="256" height="256" style="border: 1px solid;">
<svg>
```

앞과 같이 〈svg〉 태그 안에 〈rect〉, 〈line〉, 〈polygon〉과 같은 요소들을 조합해서 벡터 그래픽을 구현합니다. XML 문법을 따르므로 width="256"과 같은 형식으로 속성을 지정해줄 수 있습니다. 앞의 예제에서는 SVG의 크기를 가로, 세로 모두 256으로 지정했습니다.

같은 동작을 하는 함수들이 캔버스에도 있지만, 캔버스는 레스터 기반의 그래픽 인터페이스이기 때문에 확대나 축소를 하면 이미지가 왜곡되고 화면 크기가 클수록 그에 비례해서 속도가 느려집니다.

1.1 사각형 그리기

〈rect〉 태그는 가장 기본적인 사각형을 그려줍니다. x, y 속성으로 왼쪽 위의 위치를 지정할 수 있습니다. 또한, width, height 속성으로 넓이를 지정합니다.

```
<rect x="0" y="0" width="50" height="50" style="
    fill:rgb(255,0,0);
    stroke-width:1;
    stroke:rgb(0,0,0)" />
```

위의 예제는 가로, 세로 크기가 50이고 외곽선이 검은색인 빨간색 사각형을 그립니다. fill 속성은 칠하기 색을 지정하는 속성이며 stroke 속성은 외곽선 색을 지정하는 속성입니다. 이와 함께 stroke-width 속성은 외곽선의 두께를 지정하는 속성입니다.

style 속성에서 fill, stroke 같은 속성을 지정하는 방법도 있고 아예 밖으로 빼서 독립적인 속성으로 지정할 수도 있습니다.

```
<svg fill = "rgb(255,0,0)">
```

속성 대부분은 〈style〉 태그 안에서나 밖에서 독립적으로 사용될 수 있지만, transform과 같이 〈style〉 안에서 쓰이지 않고 밖에서만 사용하는 속성도 있습니다.

다음은 opacity 속성을 주어 반투명 처리를 한 예입니다.

```
<!--반투명 예제 -->
   <rect x="60" y="0" width="50" height="50" style="
   fill:rgb(0,0,255);
   stroke-width:1;
   stroke:rgb(0,0,0);
   opacity: 0.5;" />

<rect x="64" y="60" width="100" height="100" style="
   fill:rgb(255,0,0);
   stroke-width:3;
   stroke:rgb(0,0,0);
   stroke-opacity: 0.3;
   fill-opacity: 0.8;" />
```

fill-opacity, stroke-opacity 속성을 따로 주어서 선의 투명도와 면의 투명도를 따로 설정할 수도 있습니다. 아울러 rx, ry 속성으로 모서리의 라운딩 정도를 정할 수 있습니다.

전체 소스는 다음과 같습니다.

예제 | 14-1

```
<!DOCTYPE html>
<html>
<head>
   <title></title>
</head>
<body>
<svg width="256" height="256" style="border: 1px solid;">
   <rect x="0" y="0" width="50" height="50" style="
   fill:rgb(255,0,0);
   stroke-width:1;
   stroke:rgb(0,0,0)" />

   <!--반투명 예제 -->
   <rect x="60" y="0" width="50" height="50" style="
   fill:rgb(0,0,255);
   stroke-width:1;
   stroke:rgb(0,0,0);
```

```
    opacity: 0.5;" />

    <!--라운딩 예제-->
    <rect x="120" y="0" rx="10" ry="10" width="50" height="50" style="
    fill:rgb(0,255,0);
    stroke-width:1;
    stroke:rgb(0,0,0);
    " />

    <!--선칠하기 구분해서 반투명 예제-->
    <rect x="64" y="60" width="100" height="100" style="
    fill:rgb(255,0,0);
    stroke-width:3;
    stroke:rgb(0,0,0);
    stroke-opacity: 0.3;
    fill-opacity: 0.8;" />

    <!--속이 빈 사각형 -->
    <rect x="0" y="200" width="50" height="50" style="
    fill:none;
    stroke-width:5;
    stroke:rgb(0,0,0)" />
</svg>
</body>
</html>
```

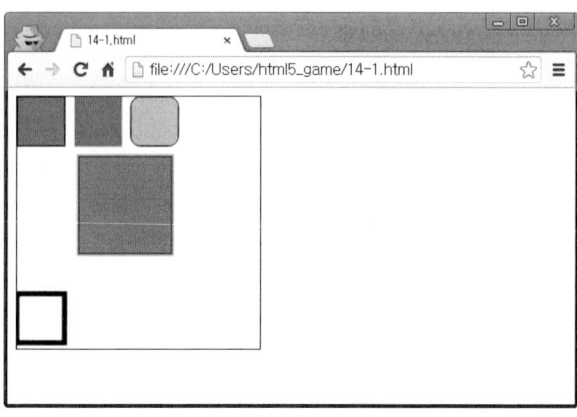

그림 14-1 실행 결과

1.2 원 그리기

〈rect〉 태그의 모서리 곡면 옵션을 이용해도 원을 만들 수 있지만 좀 더 정확한 원을 그릴 수 있도록 SVG는 원을 그리는 〈circle〉과 타원을 그릴 수 있는 〈ellipse〉 등 두 가지 태그를 제공하고 있습니다.

cx, cy로 원의 중심점을 설정하며 r은 반지름입니다. 〈ellipse〉의 경우에는 rx, ry로 가로축, 세로축, 반지름을 따로 정할 수도 있습니다.

예제 | 14-2

```
<!DOCTYPE html>
<html>
<head>
    <title></title>
</head>
<body>

<svg width="256" height="256" style="border: 1px solid;">

    <circle cx="50" cy="50" r="40"
        style = "
        stroke : black;
        fill : red;
        stroke-width : 3;
        " />

    <ellipse cx="100" cy="180" rx="100" ry="50"
        style="fill:yellow;
        stroke:purple;
        stroke-width:2"
        />
</svg>

</body>
</html>
```

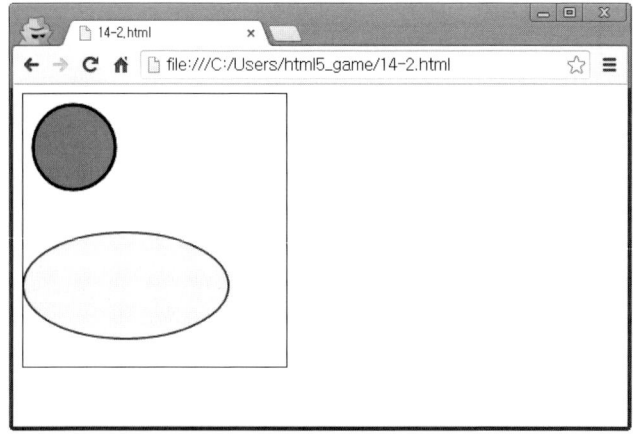

그림 14-2 실행 결과

1.3 선 그리기

SVG에서 단일 직선을 표현하려면 〈line〉 태그를 사용합니다. x1, y1으로 선의 시작점을 지정하고 x2, x2로 선의 끝점을 정합니다. 다음은 시작점 (10, 10)에서 끝점(200, 200)까지 두께가 2인 빨간색 선을 그리는 예제입니다.

```
<line x1="10" y1="10" x2="200" y2="200"
      style="stroke:rgb(255,0,0);stroke-width:2" />
```

여러 개의 각이 있는 닫힌 도형, 즉 다각형을 표현할 때는 〈polygon〉 태그를 사용합니다.

```
<polygon points="200,10 250,190 160,210"
      style="fill:rgb(255,255,0);stroke:purple;stroke-width:1" />
```

points 속성에 각 꼭짓점의 위치를 배열로 넣어줍니다. 숫자를 두 개씩 묶어서 각각 반점(,)으로 분리합니다. 앞의 코드에서 꼭짓점 위치는 (200, 10), (250, 190), (160, 210)입니다. 이것으로 3

개의 꼭짓점을 가지는 삼각형이 그려집니다. 맨 마지막 꼭짓점 값은 맨 처음 값을 직선으로 이어서 도형을 닫히게 합니다.

```
<polyline points="0,40 40,40 40,80 80,80 80,120 120,120 120,160"
        style="fill:none;
        stroke:rgb(0,255,0);
        stroke-width:4" />
```

〈polyline〉 태그는 꺾은 점이 여러 개인 선(열린 도형)을 그릴 때 사용합니다. 기본적으로 〈polyline〉은 오목한 부분에 색을 칠합니다. 그래서 결과물이 선모양으로 나오지 않습니다. 선모양의 결과물을 원하면 fill:none으로 해주어야 오목한 부분에 색을 칠하지 않습니다.

예제 | 14-3

```
<!DOCTYPE html>
<html>
<head>
    <title></title>
</head>
<body>

<svg width="256" height="256" style="border: 1px solid;">
    <line x1="10" y1="10" x2="200" y2="200"
        style="stroke:rgb(255,0,0);stroke-width:2" />
    <polygon points="200,10 250,190 160,210"
        style="fill:rgb(255,255,0);stroke:purple;stroke-width:1" />
    <polyline points="0,40 40,40 40,80 80,80 80,120 120,120 120,160"
        style="fill:none;
        stroke:rgb(0,255,0);
        stroke-width:4" />
</svg>
</body>
</html>
```

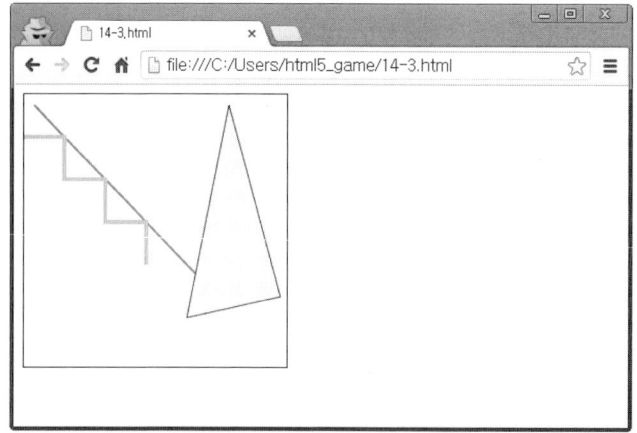

그림 14-3 실행 결과

1.4 패스

〈path〉 태그는 d 속성에 패스를 표현하기 위해서 문자로 된 명령어들을 사용합니다. M은 그리기 시작할 위치를 지정하며 moveto와 같습니다. L은 lineto와 같습니다. 그 위치까지 선을 그리라는 명령어입니다. 이와 함께 Z는 그리기가 끝나서 도형을 닫으라는 명령어입니다.

예제 | 14-4

```
<!DOCTYPE html>
<html>
<head>
    <title></title>
</head>
<body>
<svg width="256" height="256" style="border: 1px solid;">
    <path d="M150 0 L75 200 L225 200 Z" />
</svg>
</body>
</html>
```

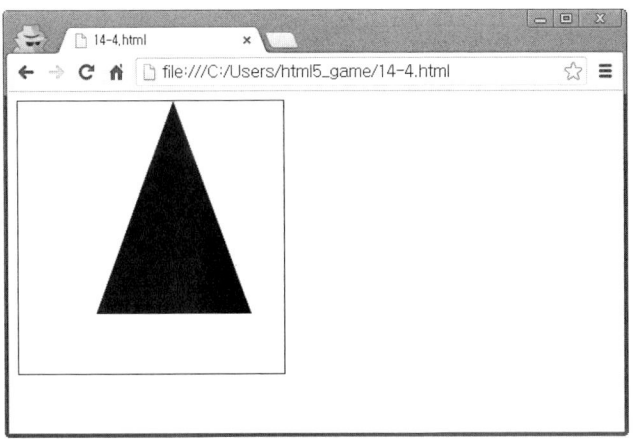

그림 14-4 실행 결과

1.5 텍스트 효과

SVG에서는 ⟨text⟩ 태그를 이용하여 다양한 텍스트 효과를 낼 수 있습니다. 텍스트 속성 중에서 가장 중요한 것은 폰트인데 font 속성으로 폰트 종류를 지정할 수 있습니다. 그리고 font-size로 폰트 크기를 정할 수 있습니다. 글씨 색은 다른 SVG 요소들처럼 fill 속성으로 정합니다. stroke 로는 외곽선의 색을 지정하고 stroke-width로는 외곽선의 두께를 지정합니다.

예제 | 14-5

```
<!DOCTYPE html>
<html>
<head>
    <title></title>
</head>
<body>
<svg width="256" height="256" >
    <text x="64" y="128"
        style = "
        font:sans-serif;
        font-size: 30;
```

```
        fill : red;
        stroke-width:1;
        stroke:rgb(0,0,0)
        ">
            I love SVG!
    </text>
</svg>
</body>
</html>
```

그림 14-5 실행 결과

1.6 그룹과 선 속성

SVG 요소들은 〈g〉 태그를 이용하여 그룹으로 묶어 관리할 수 있습니다. 하지만 〈g〉 태그는 x, y로 위치를 정할 수 없습니다. 그래서 대신 transform 속성을 사용해서 위치를 정합니다. transform의 translate( ) 함수로 위치를 이동시킵니다. 이외에도 회전은 rotate( ) 함수, 확대 축소는 scale( ) 함수를 사용합니다.

```
<g transform = "translate(0,0)" style = "
   fill:none;
```

```
stroke :black;
stroke-width :6;
" >
```

그룹 속성에 주는 속성들은 기본적으로 그룹 내에 들어 있는 모든 요소에 영향을 줍니다. 위의 예제처럼 fill :none 속성을 주면 그룹 아래로 오는 자식 노드들의 속성은 기본적으로 fill:none이 됩니다.

stroke-linecap 속성으로 직선의 끝을 어떻게 처리할 것인지를 정할 수 있습니다. butt, round, square 속성을 줄 수 있습니다. stroke-dasharray 속성으로 직선을 그리는 스타일을 정할 수 있습니다. 예제 14-6처럼 여러 숫자가 오는데, 순서대로 직선과 공백의 길이를 나타냅니다. 패턴의 끝에 오면 다시 처음부터 반복합니다. 예를 들어 5, 5 이면 5만큼 그리고 5만큼 공백이 반복됩니다.

예제 | 14-6

```
<!DOCTYPE html>
<html>
<head>
  <title></title>
</head>
<body>
<svg>
  <g transform = "translate(0,0)" style = "
    fill:none;
    stroke :black;
    stroke-width :6;
  " >
    <path stroke-linecap="butt" d="M5 20 l215 0" />
    <path stroke-linecap="round" d="M5 40 l215 0" />
    <path stroke-linecap="square" d="M5 60 l215 0" />
  </g>

  <g transform = "translate(0,100)" style = "
    fill:none;
    stroke :black;
    stroke-width :6;
```

```
    " >
      <path stroke-dasharray="5,5" d="M5 20 l215 0" />
      <path stroke-dasharray="10,10" d="M5 40 l215 0" />
      <path stroke-dasharray="20,10,5,5,5,10" d="M5 60 l215 0" />
    </g>
  </svg>
</body>
</html>
```

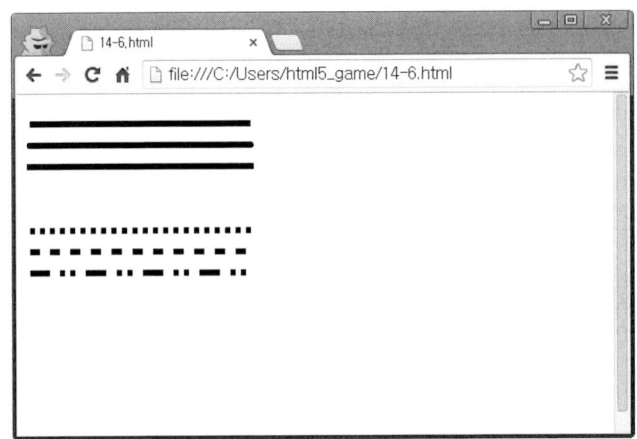

그림 14-6 실행 결과

1.7 그러데이션

〈defs〉 태그 안에서 그러데이션(Gradient) 패턴을 정의하고 id 값을 이용해서 fill = "url(#id)" 형식으로 지정해서 사용할 수 있습니다.

다음 예제에서는 〈linearGradient〉 태그로 가로 패턴을 만들었습니다. x1, y1은 색 패턴의 왼쪽 위를 지정합니다. x2, y2는 색 패턴의 오른쪽 아래를 지정합니다. 이 값들은 픽셀 값 또는 % 값을 사용할 수 있습니다. 아래 예제는 y2=0%이므로 높이가 없이 좌측에서 우측으로 일정하게 색이 변하는 패턴을 만듭니다.

〈stop〉태그는 stop-color로 정해준 색이 최고조가 되는 지점을 정의할 때 사용합니다. stop-opacity 역시 마찬가지입니다.

예제 14-7

```
<!DOCTYPE html>
<html>
<head>
    <title></title>
</head>
<body>

<svg height="256" width="256" style="border: 1px solid;">
    <defs>
        <linearGradient id="grad1" x1="0%" y1="0%" x2="100%" y2="0%">
            <stop offset="0%" style="stop-color:rgb(255,255,0);stop-opacity:1" />
            <stop offset="100%" style="stop-color:rgb(255,0,0);stop-opacity:1" />
        </linearGradient>
    </defs>
    <ellipse cx="100" cy="70" rx="85" ry="55" fill="url(#grad1)" />
</svg>

</body>
</html>
```

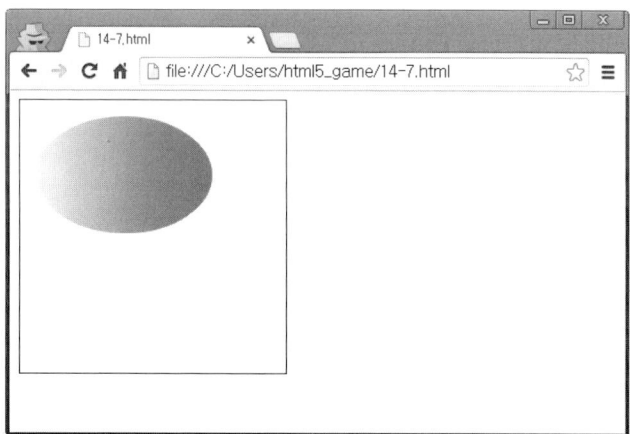

그림 14-7 실행 결과

2. SVG 응용 헬퍼 만들기

2.1 선과 선의 충돌점 보여주기

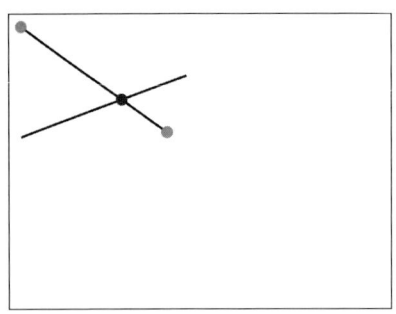

그림 14-8 선과 선의 충돌점

SVG를 이용해서 다음과 같이 화면을 구성합니다. 빨간색 원 두 개는 직선의 끝을 나타내고자 사용하였습니다. 파란색 원은 충돌점을 나타내고자 사용합니다. 빨간색 원은 마우스로 드래그할 수 있습니다. 직선은 빨간색 원이 움직이는 대로 따라다닙니다.

```
<svg >
    <line x1="10" y1="10" x2="50" y2="50"
        style="stroke:rgb(0,0,0);stroke-width:2"/>
    <line x1="10" y1="100" x2="150" y2="50"
        style="stroke:rgb(0,0,0);stroke-width:2"/>

    <circle class="anchor" cx="10" cy="10" r='5' fill="red" />
    <circle class="anchor" cx="50" cy="50" r='5' fill="red" />
    <circle class="anchor" cx="0" cy="0" r='5' fill="blue" />
</svg>
```

직선끼리의 충돌 처리를 위하여 pig2d 엔진의 geo2d.js에서 구현된 선 간의 충돌 처리 함수를 사용했습니다.

gbox3d.geo.Intersection.intersectionLineLine(a1, a2, b1, b2)

- **a1, a2**   첫 번째 직선의 시작과 끝점입니다.

- **b1, b2**   두 번째 직선의 시작과 끝점입니다.

넘겨주는 점들의 데이터 형식은 gbox3d.core.Vect2d입니다.

다음 소스는 빨간색 원을 마우스로 드래그하여 움직일 때 처리해주는 anchor_move() 함수입니다.

```
function anchor_move(evt) {
    evt.preventDefault();
    var x = parseInt(this.attributes.cx.value);
    var y = parseInt(this.attributes.cy.value);

    this.attributes.cx.value = x = evt.webkitMovementX + x;
    this.attributes.cy.value = y = evt.webkitMovementY + y;

    var anchors = document.querySelectorAll('svg circle.anchor');
    var lines = document.querySelectorAll('svg line');

    lines[0].attributes.x1.value = anchors[0].attributes.cx.value;
    lines[0].attributes.y1.value = anchors[0].attributes.cy.value;
    lines[0].attributes.x2.value = anchors[1].attributes.cx.value;
    lines[0].attributes.y2.value = anchors[1].attributes.cy.value;

    var result = gbox3d.geo.Intersection.intersectLineLine(
        new gbox3d.core.Vect2d(
            parseInt(lines[0].attributes.x1.value),
            parseInt(lines[0].attributes.y1.value)),
        new gbox3d.core.Vect2d(
            parseInt(lines[0].attributes.x2.value),
            parseInt(lines[0].attributes.y2.value)),
        new gbox3d.core.Vect2d(
            parseInt(lines[1].attributes.x1.value),
            parseInt(lines[1].attributes.y1.value)),
        new gbox3d.core.Vect2d(
```

```
            parseInt(lines[1].attributes.x2.value),
            parseInt(lines[1].attributes.y2.value))
    );

    //충돌 위치표시하기
    if(result.status == 'Intersection') {
        result.points[0].toSVG(anchors[2]);
        //console.log(result.points[0]);
        //anchors[2].setAttribute('cx',result.points[0].X);
        //anchors[2].setAttribute('cy',result.points[0].Y);
    }
}
```

attributes에 직접 값을 넣어 주면 자바스크립트에서 직접 SVG의 속성을 바꿀 수 있습니다. x1 속성을 바꿔주려면 attributes.x1.value에 원하는 값을 넣어 줍니다. 이때 값을 쓰거나 얻으려면 항상 value 값을 꼭 써주어야 합니다.

this는 이 함수가 호출된 쪽에서 바인드(Bind)된 객체입니다. 그러므로 여기서는 SVG로 만든 빨간색 원 객체들입니다.

webkitMovementX 객체는 아직은 크롬에서만 구현된 객체입니다. 마우스가 움직인 값입니다. 같은 웹킷 브라우저이지만 사파리에서는 아직 동작하지 않습니다. 만약 사파리에서 이 코드를 동작하게 하고 싶으면 수동으로 마우스 이동 값을 계산해주어야 합니다.

intersectLineLine() 메서드는 만약 선끼리 충돌이 일어났으면 반환한 객체의 status 멤버 변숫 값이 "Intersection"이 됩니다. 그리고 points에 충돌한 위치가 들어갑니다. 단일 직선끼리의 충돌은 충돌점이 하나이므로 points[0]에서 충돌 값을 얻으실 수 있습니다. points는 Vect2d 배열입니다.

toSVG() 메서드는 Vect2d의 멤버 함수입니다. 인자로 넘겨준 SVG 객체의 위치 값에 Vect2d의 x, y를 대입해줍니다.

```
var movehandler;

main_window.addEventListener('mousedown',function(evt) {
```

```
      evt.preventDefault();
      console.log(evt.target);
      if(evt.target.classList.contains('anchor') == true) {
         main_window.style.cursor = 'move';
         movehandler = anchor_move.bind(evt.target);
         main_window.addEventListener('mousemove',movehandler);
      }
});

main_window.addEventListener('mouseup',function(evt) {
   evt.preventDefault();
   main_window.style.cursor = 'default';
   main_window.removeEventListener('mousemove',movehandler);
});
```

mousedown 이벤트가 발생하면 mousemove 이벤트 핸들러를 등록합니다. 그리고 mouseup 이벤트가 발생하면 mousemove 이벤트 핸들러를 제거합니다.

evt.target.classList.contains('anchor')는 class 속성 중에 anchor 속성이 들어 있는지 검사하는 메서드입니다. 해당 속성이 들어 있으면 참이 됩니다.

특정 엘리먼트의 style.cursor 값을 바꿔주면 마우스 포인터가 바뀌게 됩니다. 'move' 값을 넣으면 십자 표시가 됩니다.

예제 | 14-8

```
<!DOCTYPE html>
<html>
<head>
   <meta charset="utf-8" / >
   <meta name="viewport" content="width=device-width,
         initial-scale=1,maximum-scale=1.0, user-scalable=no">
   <title> 선끼리 충돌 검사 </title>
   <script src="../libs/pig2d/js/core.js"></script>
   <script src="../libs/pig2d/js/geo2d.js"></script>
</head>
<body>
```

```
<div id="main_window" style="
    margin: 0px;
    width: 320px;
    height: 240px;
    border: 1px solid;
    position: relative;
">
    <svg >
        <line x1="10" y1="10" x2="50" y2="50"
            style="stroke:rgb(0,0,0);stroke-width:2"/>
        <line x1="10" y1="100" x2="150" y2="50"
            style="stroke:rgb(0,0,0);stroke-width:2"/>

        <circle class="anchor" cx="10" cy="10" r='5' fill="red" />
        <circle class="anchor" cx="50" cy="50" r='5' fill="red" />
        <circle class="anchor" cx="0" cy="0" r='5' fill="blue" />
    </svg>
</div>

<script>
    var main_window = document.getElementById('main_window');
    function anchor_move(evt) {
        evt.preventDefault();

        var x = parseInt(this.attributes.cx.value);
        var y = parseInt(this.attributes.cy.value);

        this.attributes.cx.value = x = evt.webkitMovementX + x;
        this.attributes.cy.value = y = evt.webkitMovementY + y;


        var anchors =
            document.querySelectorAll('svg circle.anchor');
        var lines = document.querySelectorAll('svg line');

        lines[0].attributes.x1.value =
                anchors[0].attributes.cx.value;
        lines[0].attributes.y1.value =
                anchors[0].attributes.cy.value;
```

```
        lines[0].attributes.x2.value =
            anchors[1].attributes.cx.value;
        lines[0].attributes.y2.value =
            anchors[1].attributes.cy.value;

        var result = gbox3d.geo.Intersection.intersectLineLine(
            new gbox3d.core.Vect2d(
                parseInt(lines[0].attributes.x1.value),
                parseInt(lines[0].attributes.y1.value)),
            new gbox3d.core.Vect2d(
                parseInt(lines[0].attributes.x2.value),
                parseInt(lines[0].attributes.y2.value)),
            new gbox3d.core.Vect2d(
                parseInt(lines[1].attributes.x1.value),
                parseInt(lines[1].attributes.y1.value)),
            new gbox3d.core.Vect2d(
                parseInt(lines[1].attributes.x2.value),
                parseInt(lines[1].attributes.y2.value))
        );

        //충돌 위치 표시하기
        if(result.status == 'Intersection') {
            result.points[0].toSVG(anchors[2]);
        }
    }
}

var movehandler;
main_window.addEventListener('mousedown',function(evt) {
    evt.preventDefault();
    console.log(evt.target);
    if(evt.target.classList.contains('anchor') == true) {
        main_window.style.cursor = 'move';
        movehandler = anchor_move.bind(evt.target);
        main_window.addEventListener('mousemove',movehandler);
    }
});

main_window.addEventListener('mouseup',function(evt) {
    evt.preventDefault();
    main_window.style.cursor = 'default';
```

```
        main_window.removeEventListener('mousemove',movehandler);
    });
</script>
</body>
</html>
```

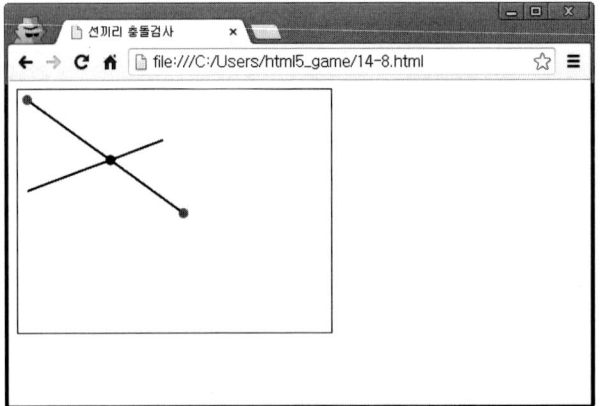

그림 14-9 실행 결과

2.2 점과 다각형의 충돌 검사

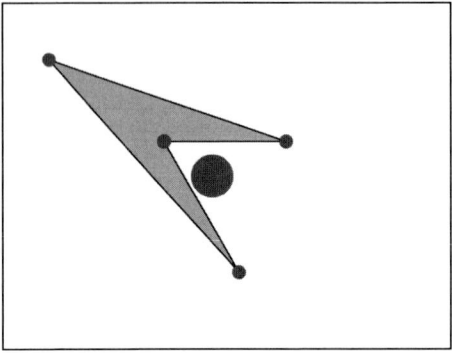

그림 14-10 점과 다각형의 충돌 검사

그림 14-10에서 폴리곤으로 만든 사각형의 4개 꼭짓점은 마우스로 드래그할 수 있습니다. 클래스가 anchor인 원을 드래그해서 다각형 모양을 편집합니다. 클래스가 pin인 빨간색 원은 폴리곤과 충돌이 일어나면 녹색으로 바뀌게 됩니다. SVG 소스 부분은 다음과 같습니다.

```
<svg >
    <polygon points="200,10 250,190 160,210"
        style="fill:lime;stroke:purple;stroke-width:1"/>

    <circle class="anchor" cx="0" cy="0" r='5' fill="red" />
    <circle class="anchor" cx="150" cy="0" r='5' fill="red" />
    <circle class="anchor" cx="150" cy="150" r='5' fill="red" />
    <circle class="anchor" cx="0" cy="150" r='5' fill="red" />
    <circle class="pin" cx="150" cy="120" r='15' fill="red" />
</svg>
```

충돌을 처리하는 데에는 Vect2d의 InPolygon() 메서드를 사용했습니다. 이 함수는 인자로 다각형 정보를 담은 Vect2d 배열을 받습니다. 점의 위치가 인자로 받은 다각형 내부이면 true를 반환합니다.

```
var main_window = document.getElementById('main_window');
var points = [];
function update_points() {
    var anchors = document.querySelectorAll('svg circle.anchor');
    var polygon = document.querySelector('svg polygon');
    var pin = document.querySelector('svg circle.pin');

    points.length = 0;
    var pointstring = ''

    for(var i=0; i < anchors.length;i++) {
        var point = new gbox3d.core.Vect2d();
        point.formSVG(anchors[i]);
        points.push(point);
        pointstring += point.X + ',' + point.Y + ' ';
    }
```

```
      //console.log(pointstring);
      polygon.setAttribute('points',pointstring);
      var pin_pos = new gbox3d.core.Vect2d();
      pin_pos.formSVG(pin);

      if(pin_pos.InPolygon(points)) {
         pin.setAttribute('fill','green');
      } else {
         pin.setAttribute('fill','red');
      }
   }
}
```

Vect2d의 formSVG() 메서드는 인자로 넘겨준 svg 객체의 위치 값(x, y 또는 cx, cy)을 가지고 Vect2d의 X, Y에 값을 써줍니다. toSVG()와 서로 상반되는 역할을 하는 메서드입니다. SVG 객체로 Vect2d의 내용을 채워주는 메서드입니다. attributes.fill.value='green'은 setAttribute ('fill', 'green')으로 바꿔쓸 수 있습니다.

다음은 지금까지 설명한 내용을 구현한 전체 소스입니다.

예제 14-9

```html
<!DOCTYPE html>
<html>
<head>
   <meta charset="utf-8" / >
   <meta name="viewport" content="width=device-width,
      initial-scale=1,maximum-scale=1.0, user-scalable=no">
   <title> 폴리곤예제 </title>
   <script src="../libs/pig2d/js/core.js"></script>
</head>

<body>
<div id="main_window" style="
   margin: 0px;
   width: 320px;
   height: 240px;
   border: 1px solid;
   position: relative;
">
```

```
    <svg >
      <polygon points="200,10 250,190 160,210"
            style="fill:lime;stroke:purple;stroke-width:1"/>

      <circle class="anchor" cx="0" cy="0" r='5' fill="red" />
      <circle class="anchor" cx="150" cy="0" r='5' fill="red" />
      <circle class="anchor" cx="150" cy="150" r='5' fill="red" />
      <circle class="anchor" cx="0" cy="150" r='5' fill="red" />
      <circle class="pin" cx="150" cy="120" r='15' fill="red" />
    </svg>
</div>

<script>
    var main_window = document.getElementById('main_window');
    var points = [];

    function update_points() {
      var anchors =
          document.querySelectorAll('svg circle.anchor');
      var polygon = document.querySelector('svg polygon');
      var pin = document.querySelector('svg circle.pin');

      points.length = 0;
      var pointstring = ''

      for(var i=0; i < anchors.length;i++) {
        var point = new gbox3d.core.Vect2d();
        point.formSVG(anchors[i]);
        points.push(point);
        pointstring += point.X + ',' + point.Y + ' ';
      }

      //console.log(pointstring);
      polygon.setAttribute('points',pointstring);
      var pin_pos = new gbox3d.core.Vect2d();
      pin_pos.formSVG(pin);

      if(pin_pos.InPolygon(points)) {
        pin.setAttribute('fill','green');
      }
```

```
      else {
         pin.setAttribute('fill','red');
      }
   }

   function anchor_move(evt) {
      evt.preventDefault();
      var x = parseInt(this.attributes.cx.value);
      var y = parseInt(this.attributes.cy.value);
      this.attributes.cx.value =x = evt.webkitMovementX + x;
      this.attributes.cy.value =y = evt.webkitMovementY + y;
      update_points();
   }

   update_points();

   function pin_move(evt) {
      evt.preventDefault();
      var x = parseInt(this.attributes.cx.value);
      var y = parseInt(this.attributes.cy.value);
      this.attributes.cx.value = x = evt.webkitMovementX + x;
      this.attributes.cy.value = y = evt.webkitMovementY + y;
      var pin_pos = new gbox3d.core.Vect2d(x,y);
      if(pin_pos.InPolygon(points)) {
         this.setAttribute('fill','green');
      } else {
         this.setAttribute('fill','red');
      }
   }

   var movehandler;

   main_window.addEventListener('mousedown',function(evt) {
      evt.preventDefault();

      // console.log(evt.target);
      if(evt.target.classList.contains('anchor') == true) {
         main_window.style.cursor = 'move';
         movehandler = anchor_move.bind(evt.target);
         main_window.addEventListener('mousemove',movehandler);
```

```
        } else if(evt.target.classList.contains('pin') == true) {
            main_window.style.cursor = 'move';
            movehandler = pin_move.bind(evt.target);
            main_window.addEventListener('mousemove',movehandler);
        }
    });

    main_window.addEventListener('mouseup',function(evt) {
        evt.preventDefault();
        main_window.style.cursor = 'default';
        main_window.removeEventListener('mousemove',movehandler);
    });
</script>
</body>
</html>
```

지금까지 설명했던 것과 같이 이 예제는 간단한 기하충돌을 시뮬레이션해보는 예제입니다. 웹 브라우저에서 예제를 실행하면 녹색의 직사각형이 왼쪽 위에 나타나며, 각 꼭짓점에는 빨간색 작은 점들이 있습니다. 이 빨간색 작은 점들을 마우스로 클릭한 다음 드래그하면 원하는 위치로 움직입니다. 즉, 네 점을 움직여서 원하는 다각형을 만들 수 있습니다. 화면 중앙에 있는 원이 다각형 안에 들어가면 짙은 녹색이 되고 다각형 밖으로 나오면 다음 그림처럼 빨간색이 됩니다.

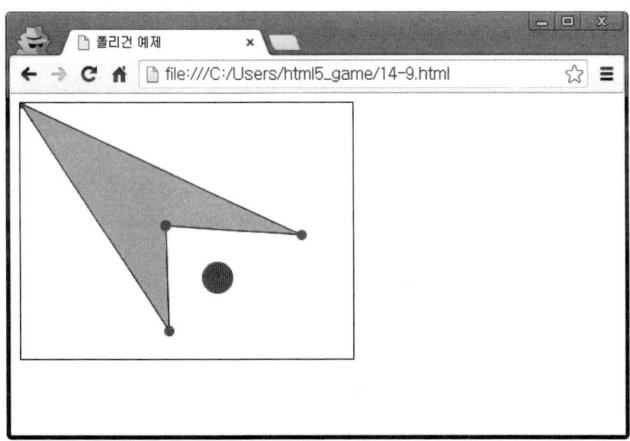

그림 14–11 실행 결과

찾아보기

INDEX